吉林财经大学资助出版；吉林省科技发展计划项目"吉林省农村集体资产管理研究"（20140418029FG）

# 消费者品牌忠诚度的构建
## ——以大米行业为例

徐芳奕 ◎ 著

中国社会科学出版社

## 图书在版编目（CIP）数据

消费者品牌忠诚度的构建：以大米行业为例/徐芳奕著．—北京：中国社会科学出版社，2021.7
ISBN 978 – 7 – 5203 – 8695 – 1

Ⅰ.①消… Ⅱ.①徐… Ⅲ.①大米—消费者行为论—研究—中国 Ⅳ.①F724.782

中国版本图书馆 CIP 数据核字（2021）第 139261 号

| 出 版 人 | 赵剑英 |
| --- | --- |
| 责任编辑 | 刘晓红 |
| 责任校对 | 周晓东 |
| 责任印制 | 戴　宽 |

| 出　　版 | 中国社会科学出版社 |
| --- | --- |
| 社　　址 | 北京鼓楼西大街甲 158 号 |
| 邮　　编 | 100720 |
| 网　　址 | http://www.csspw.cn |
| 发 行 部 | 010 – 84083685 |
| 门 市 部 | 010 – 84029450 |
| 经　　销 | 新华书店及其他书店 |
| 印　　刷 | 北京君升印刷有限公司 |
| 装　　订 | 廊坊市广阳区广增装订厂 |
| 版　　次 | 2021 年 7 月第 1 版 |
| 印　　次 | 2021 年 7 月第 1 次印刷 |
| 开　　本 | 710 × 1000　1/16 |
| 印　　张 | 15.25 |
| 插　　页 | 2 |
| 字　　数 | 213 千字 |
| 定　　价 | 88.00 元 |

凡购买中国社会科学出版社图书，如有质量问题请与本社营销中心联系调换
电话：010 – 84083683
版权所有　侵权必究

# 摘　　要

随着经济的发展和生活水平不断提高，消费者对大米品质要求越来越高。由于我国大米生产结构不合理，高品质的优质米匮乏，非优质米库存积压严重，这使我国大米市场近些年来不断受到国外大米品牌的冲击。日本大米、泰国香米等国外高端品牌大米的价格近乎上倍于本土品牌大米价格，但却很受我国消费者欢迎。我国虽有些家喻户晓的大米品牌如北大荒、福临门和金龙鱼等，但这些品牌大米之间质量和价格相差不大，彼此替代性较强，消费者选购随机性大。可见，在我国的大米市场上，消费者对我国大米品牌的忠诚度较弱。随着移动互联网等新媒体信息技术不断渗入人们的日常生活和工作中，各行各业均面临着翻天覆地的变化，农产品品牌营销手段和渠道更加多元化。2018年，农业部会议通过了《农业农村部关于加快推进品牌强农的意见》，意见中指出强化农产品品牌建设，将塑造出一批全国乃至世界影响力大、竞争力强、文化底蕴深厚的国家级农业品牌。可见，新媒体时代的变化和国家对农产品品牌建设的逐渐重视为我国大米品牌建设提供了机遇和挑战。因此，帮助大米经营主体把握消费者的消费心理，创新营销策略，提高消费者大米品牌忠诚度从而获取稳定的市场份额和长期利润具有重大的理论和实践意义。

如何提高消费者大米品牌忠诚度是本书所要研究的问题。为了解决此问题，本书采用文献研究法对国内外文献进行梳理找出本书的研究空间，并从微观角度将大米品牌含义界定为企业或产品品牌以确定研究范围。基于消费者行为学中著名的科特勒刺激反应理论对消费者品牌忠诚度形成机理进行分析，此机理分析结合以前学者相关研究构成了消费者品牌忠诚度理论模型的基础。在对消费者品牌忠诚度形成机理分析中，由于大米产业和市场因素是影响消费者大米品牌忠诚度形成的客观因素，因此需要采用定量与定性相结合的方法从我国大米产业供给现状和市场供需现状两个方面来对模型构建的背景环境进行分析，构建消费者品牌忠诚度理论模型并提出假设。对理论模型中各变量的测量采用李克特七点量表方法，各变量初始量表是根据以往学者观点、专家咨询意见和访谈法的结果进行设计的。然后通过发放网络问卷的方式进行预调研，采用SPSS统计分析方法对初始量表题项进行修正得到正式调查问卷。正式问卷采取实地调研和网络调研两种方式进行收集数据，通过正式调研数据的预处理、描述性统计、信度和效度检验来对所调研数据进行初步描述并证明量表设计和数据质量良好。通过对消费者品牌态度或行为忠诚两个子模型结构方程的实证分析验证了各影响因素对品牌态度或行为忠诚的直接影响。另外，为了证明已通过适配度检验的两个子模型是否具有稳定性，采用对样本数据随机分组的方式进行模型交叉效度分析。为了证明划分为两个子模型进行实证分析的必要性，本书进行了竞争模型的比较分析。采用信赖区间法对品牌满意度的中介效用进行检验。采用分组结构方程分析法对消费者特征调节效应进行检验。最后提出研究结论和应用价值。

　　本书的结论如下：首先，从大米产业供给和市场供需现状来看：我国大米市场供需结构不平衡导致我国大米品牌营销存在很多问题，如大米市场监管体系不完善，大米企业、产品品牌和大米区域品牌发展不协调等，这些问题对我国消费者大米品牌忠诚度产生直接或间接的影响。其次，从消费者品牌忠诚形成机理来看：消费者品牌忠诚形成的过程既是认知—情感状态—行为或行为倾向的过程，又是刺激—机体—反应的过程。再次，在品牌大米消费过程中，从各变量对品牌忠诚度直接影响来看：品牌功能价值、品牌情感价值、品牌社会价值、品牌满意度和品牌转换成本均正向影响消费者的品牌态度忠诚，其影响程度从大到小；品牌功能价值、品牌社会价值、品牌满意度和品牌转换成本均正向影响消费者的品牌行为忠诚，其影响程度从大到小；至少在目前品牌大米消费的阶段，消费者对品牌功能价值需求在消费者需求中占最主要地位；品牌情感价值虽对品牌满意度和品牌态度忠诚度的形成产生直接的影响，却无证据表明其对品牌行为忠诚形成直接影响。最后，从中介和调节效应来看：品牌满意度在品牌感知价值三维度影响品牌态度忠诚度的过程中具有部分中介作用；品牌满意度在品牌功能价值或品牌社会价值影响品牌行为忠诚的过程中具有部分中介作用；教育程度或收入水平对品牌情感价值和品牌态度忠诚之间关系具有调节作用；无明显的证据表明品牌大米消费者特征在品牌感知价值或品牌转换成本影响品牌行为忠诚过程中具有调节作用；无明显证据表明品牌大米消费者特征在品牌功能价值、品牌社会价值或品牌转换成本三者中任一者影响品牌态度忠诚过程中具有调节作用；没有明显证据表明性别或年龄在品牌情感价值影响品牌态度忠诚过程中具有调节作用。

**关键词**：大米品牌；品牌忠诚度；理论模型

# Abstract

With the development of economy and the improvement of living standard, consumers have higher and higher requirements for rice quality. Due to the unreasonable rice production structure, the lack of high – quality rice, the backlog of non – high – quality rice is serious. This makes China's rice market constantly impacted by foreign rice brands in recent years. Although there are some well – known rice brands in China, such as Beidahuang, Fulinmen, Jinlongyu, etc. , the quality and price of these brands are not much different, they have strong substitutability, and consumers have great randomness in purchasing. It can be seen that in China's rice market, consumers' loyalty to China's rice brands is weak. With the continuous penetration of new media information technology of mobile Internet into people's daily life and work, all walks of life are facing earth shaking changes, and agricultural products brand marketing means and channels are more diversified. In 2018, the meeting of the Ministry of Agriculture passed the "Opinions of the Ministry of Agriculture and Rural Areas on Accelerating the Promotion of Brands and Strong Agriculture", which pointed out that strengthening the brand building of agricultural products will shape a number of national and even global influences, competitiveness and cultural heritage national agricultural brand. It can be seen that the changes of the new media era and the gradual attention of the state to the brand building of agricultural products provide opportunities and challenges for the brand building of rice in China. Therefore, it is of great theoretical and practical significance to help rice operators grasp consumers' consumption psychology, innovate marketing strategies and improve consumers' rice brand loyalty so as to obtain stable market share and long - term profits.

How to improve consumer rice brand loyalty is the problem to be studied in this article. In order to solve this problem, this research uses the literature research method to sort out domestic and foreign literature to find out the research space for this research, and to define the scope of the research by defining the rice brand meaning from a micro perspective into an enterprise or product brand. Based on the famous Kotler's stimulus response theory in consumer behavior, this paper analyzes the formation mechanism of consumer brand loyalty, which is the basis of the theoretical model of consumer brand loyalty. In the analysis of the formation mechanism of consumer brand loyalty, because the rice industry and market factors are the objective factors that affect the formation of consumer brand loyalty, it is necessary to use quantitative and qualitative methods to analyze the background environment of model construction from the two aspects of China's rice industry supply status and market supply and demand status. Construct the theoretical model of consumer brand loyalty and put forward the hypothesis. The measurement of each variable in the theoretical model adopts the method of Likert seven point scale. The initial scale of each variable is designed according to the results of previous scholars' opinions, expert consultation opinions and interview methods. Then, the pre survey is carried out by issuing the network questionnaire, and the formal questionnaire is obtained by modifying the initial scale items with SPSS statistical analysis method. The formal questionnaire collects data through two ways of field survey and network survey. Through the preprocessing, descriptive statistics, reliability and validity test of the formal survey data, it preliminarily describes the survey data and proves that the scale design and data quality are good. By constructing the structural equation of consumers' brand attitude loyalty and behavior loyalty, we can get the direct influence of each influencing factor on brand attitude and behavior loyalty. In addition, in order to prove the stability of the two sub models that have passed the fitness test, the Cross Validity Analysis of the model is carried out by randomly grouping the sample data. In order to prove the necessity of empirical analysis divided into two sub models, the comparative analysis of competition model is adopted. The mediating effect of brand satisfaction is tested using Bootstrap Distribution Effects method, and the moderating effect of consumer characteristics is tested using the group structure equation analysis method. Finally, the research conclusions and application values are put forward.

The specific conclusions are as follows: First of all, According to the current situation of rice industry supply and market supply and demand: the imbalance of supply and demand structure in China's rice market leads to many problems in China's rice brand marketing, such as the imperfect rice market supervision system, the uncoordinated development of rice enterprises, product brands and rice regional brands, which have a direct or indirect impact on China's consumer rice brand loyalty. Secondly, From the formation mechanism of consumer brand: the formation process of brand loyalty is not only the process of cognition – emotion state – behavior or behavior tendency, but also the process of stimulation – organism – reaction. Thirdly, in the process of brand rice consumption, from the direct impact of each variable on Brand Loyalty: brand function value, brand emotional value, brand social value, brand satisfaction and brand switching cost all positively affect consumers' brand attitude loyalty, and the degree of influence is from large to small; brand function value, brand social value, brand satisfaction and brand switching cost all positively affect consumers' brand attitude loyalty brand behavior loyalty, the degree of influence is from large to small; at least in the current stage, consumers' functional value demand for brand occupies the most important position in consumer demand; although there is no evidence that it has a direct impact on the formation of brand behavior loyalty, brand emotional value has a direct impact on the formation of brand satisfaction and brand attitude loyalty. Finally, From the perspective of mediating and moderating effects: brand satisfaction plays a part of mediating role in the process of brand perceived value influencing brand attitude loyalty; brand satisfaction plays a part of mediating role in the process of brand function value or brand social value influencing brand behavior loyalty; education level or income level can moderate the relationship between brand emotional value and brand attitude loyalty. there is no obvious evidence that brand rice consumer characteristics play a moderating role in the process of brand perceived value or brand switching cost affecting brand behavior loyalty; there is no obvious evidence that brand rice consumer characteristics play a moderating role in the process of brand functional value, brand social value or brand switching cost affecting brand attitude loyalty; There is no obvious evidence that gender or age play a moderating role in the process of brand emotional value influencing brand attitude loyalty.

**Key words**: Rice brand; Brand loyalty; Theoretical model

# 目　录

## 第一章　引言 ............................................ 1
### 第一节　研究背景、目的与意义 ...................... 1
### 第二节　国内外研究综述 ............................ 7
### 第三节　研究内容、方法和技术路线 ................. 38

## 第二章　相关概念界定和理论基础 ..................... 45
### 第一节　相关概念界定 .............................. 45
### 第二节　理论基础 .................................. 58
### 第三节　消费者品牌忠诚形成机理分析 ............... 64
### 第四节　本章小结 .................................. 69

## 第三章　我国大米市场供求现状及品牌营销问题分析 ..... 70
### 第一节　我国大米产业供给现状 ...................... 70
### 第二节　我国大米市场需求现状及供求平衡情况 ....... 86
### 第三节　我国大米品牌营销存在的问题 ............... 92
### 第四节　本章小结 .................................. 99

## 第四章　消费者品牌忠诚度理论模型构建及假设 ........ 100
### 第一节　消费者品牌忠诚度理论模型的构建 .......... 100
### 第二节　相关假设的提出 ........................... 106
### 第三节　本章小结 ................................. 114

## 第五章　大米品牌忠诚度问卷设计与预测试 …… 116
### 第一节　问卷内容的设计 …… 116
### 第二节　预调查和初始量表的修正方法 …… 117
### 第三节　初始量表的设计及修正 …… 119
### 第四节　本章小结 …… 130

## 第六章　消费者品牌忠诚度模型分析与检验 …… 132
### 第一节　正式问卷数据收集及预处理 …… 132
### 第二节　描述性统计分析 …… 140
### 第三节　量表的信度与效度检验 …… 143
### 第四节　消费者品牌忠诚度模型分析及假设检验 …… 145
### 第五节　消费者品牌忠诚度模型交叉效度检验 …… 153
### 第六节　消费者品牌忠诚度竞争模型比较 …… 156
### 第七节　本章小结 …… 158

## 第七章　模型中介效应与调节效应检验 …… 159
### 第一节　品牌满意度的中介效应检验 …… 159
### 第二节　品牌大米消费者特征调节效应的检验 …… 168
### 第三节　本章小结 …… 171

## 第八章　研究结论及应用价值 …… 175
### 第一节　本书主要结论 …… 175
### 第二节　应用价值 …… 178
### 第三节　研究创新之处 …… 193
### 第四节　研究不足及设想 …… 194

## 附　录 …… 196

## 参考文献 …… 207

## 致　谢 …… 232

# 第一章

# 引 言

## 第一节 研究背景、目的与意义

### 一 研究背景

从世界粮农组织的历年数据可以看出，中国大米产量在世界居于首位，在大米国际贸易中的地位举足轻重。在2011年以前，我国一直是大米出口大国，然而从2011年开始国际贸易出现逆转。究其原因主要是由于近些年来全球大米产量持续增加，大米国际贸易竞争激烈，价格持续走低，而国内原粮价格持续走高带动着国内大米价格不断上涨，国内外大米价格的倒挂导致我国大米进出口形势也随之转变。我国由大米净出口国转变为净进口国的情况在十多年间一直存在。虽然近两年大米净出口呈增长势头，但中国大米经营主体在国际市场上竞争力一直不强。在国际大米市场中，中国大米经营主体并未站稳一席之地。

根据品牌营销理论，品牌营销可以帮助企业建立歧异性，与其他企业不同的独特差异越大，品牌的价值就越大；歧异性使那些同质性产品给消费者带来不同的价值成为可能，这也是商品附加值的来源；品牌化是一种经营路径并已成为企业的战略资源。然而，我国大米品牌营销并不成功。绝大多数属于中低端品牌，质量和价格并没有明显差异，与国外的高端大米品牌相比不具有明显优势，这使中国大米品牌目前处于小品牌遍地而大品牌未稳，高质量的大米价格高不上去，低价大米成本下不来，库存压力大的状况。近些年来，我国农业部积极推动农产品品牌建设。在2018年开始全面推进农产品品牌建设，以水果、大米、茶叶和水产品为重点加强品牌建设，并针对区域公用品牌建设、品牌营销服务体系建设等开展了相应的基础性研究。我国不但加强顶层设计，还在一定程度上夯实了品牌基础。截至2018年年底，全国农产品标志产品、有机农产品和绿色食品获证者超过1.6万家，农产品总数达3.8万多个。可见，目前从国家和政府政策方面已为我国大米品牌培育提供了支持并取得了一定的成效。当今是新媒体时代，信息技术不断地渗入人们生活和工作的方方面面，消费者心理和行为均发生了很大变化。消费者对大米产品的需求不再停留在"物美价廉"上，而是有了更多的需求。大米品牌在新媒体的传播下营销渠道更加宽广和多元化，这也会导致大米等农产品品牌竞争日趋激烈。我国大米品牌亟待发展、国家大力支持农产品品牌建设，同时又面临着新媒体发展契机的背景下，研究如何提高我国大米经营主体的品牌竞争能力，具有重大的意义。

从大米经营主体角度来说，提高其大米品牌竞争能力就是要把品牌大米卖出去获得长期回报的能力，但这仅是大米经营主体的一厢情愿。根据消费者心理和行为理论，如果消费者认为某个品牌有价值，且是他们所需要的，他们才能购买；但如果某品牌产品式样或价格等不能让其接受，或者另一个牌子产品更好，消费者就不一定会购买该品牌产品。所以对于大米经营主体来说，要达到把品牌大米卖出去的目的，需要了解新顾客会不会购买以及老顾客是否会持续购买该品牌大米，同时也要考虑大米经营主体自身成本问题。

# 第一章 引言

有研究发现,开发一个新顾客的成本远远高于维持一个老顾客的成本[①]。提高消费者的品牌忠诚度,有利于降低销售成本,增加同类新产品进入的障碍,以及提高品牌在同类产品中延伸成功的可能性[②]。忠诚顾客会倾向于与新客户沟通,并向新客户推荐该品牌,是品牌曝光和保证品牌的倡导者[③]。忠实的客户往往愿意为自己喜欢的品牌付出代价,可以轻易地被劝说接受新的使用情况,并倾向于大力增加在该品牌上的支出,增强品牌的边际现金流和盈利能力[④]。品牌忠诚度对留住客户、促进再次购买、长期保留客户关系、提高市场占有率、改善财务业绩和提高长期盈利能力都有着积极的作用[⑤]。整合营销理论也倡导把大米经营主体和消费者联系在一起建立长期忠诚关系,才能实现双赢。因此,对品牌忠诚的消费者是企业最宝贵、最可靠和最稳定的利润来源,提高消费者对大米品牌的忠诚是大米品牌建设的关键。如何提高消费者大米品牌忠诚度,这是本书将要研究的主要问题。通过本书的研究,经营主体可更深入了解消费者对某品牌忠诚度形成的过程,这个过程受哪些外部或内部因素影响,各因素是如何对消费者心理和行为进行影响的以及影响程度是怎样的?本书可帮助经营主体弄清消费者现在需要什么?消费者购买品牌时,关注产品的哪些特征?消费者更乐于消费什么样的品牌?经营主体如何令品牌大米消费者购买过程愉快等问题。本书将以品牌大米消费者为研究对象,通过构建消费者品牌忠

---

[①] Punniyamoorthy, M., Prasanna Mohan Raj, "An Empirical Model for Brand Loyalty Measurement", *Journal of Targeting, Measurement and Analysis for Marketing*, Vol. 15, No. 4, 2007, pp. 222–233.

[②] Reichheld, F. F., Teal, T. eds., *The Loyalty Effect: The Hidden Force Behind Growth, Profits, and Lasting Value*, Boston, MA: Harvard Business School Press, 1996.

[③] Fornell, C., et al., "The American Customer Satisfaction Index: Nature, Purpose, and Findings", *Journal of Marketing*, Vol. 60, No. 4, 1996, pp. 7–18.

[④] Davis, S., "Brand Asset Management: How Businesses can Profit from the Power of Brand", *The Journal of Consumer Marketing*, Vol. 19, No. 4/5, 2002, pp. 351–358.

[⑤] Astuti, J. H., Nagase, K., "Patient Loyalty to Healthcare Organizations: Relationship Marketing and Satisfaction", *International Journal of Management and Marketing Research*, Vol. 7, No. 2, 2004, pp. 39–56.

诚度的结构方程模型来研究品牌忠诚度是如何形成的，并经过实证分析得出相应结论，最后为提高消费者大米品牌忠诚度提出有效途径。

## 二　研究目的

为了研究消费者大米品牌忠诚度如何提高问题，必须要解决以下三个问题：第一，消费者品牌忠诚度形成机理是怎样的？第二，品牌忠诚度受哪些因素影响？各因素与品牌态度或行为忠诚之间的关系是怎样的？影响程度如何？第三，品牌忠诚度及各影响因素如何测量？用于测量品牌大米消费者品牌忠诚度、品牌感知价值、品牌满意度和品牌转换成本的量表如何设计？设计出的量表是否适用于对品牌大米消费者的调查数据？因此，本书将围绕以上三个问题进行研究。

## 三　研究意义

### （一）理论意义

本书把品牌忠诚度理论、农产品营销理论、消费者心理和行为理论融合在一起，结合大米产业、市场实际环境和大米产品的特殊性，通过建立消费者品牌忠诚度理论模型来探讨如何来增加消费者对大米品牌的黏性。具体而言，本书的理论贡献集中在以下几点：

第一，对消费者品牌忠诚度形成机理的理论分析。本书对消费者品牌忠诚度形成机理的论证以消费者心理和行为学理论和消费者行为学中著名的科特勒刺激反应理论作为基础，通过消费者一次消费过程的分析、触发消费者购买动机因素的分析、消费者情感状态的分析、消费者对品牌忠诚度形成的条件分析等来对消费者品牌忠诚度形成过程进行系统分析。

第二，对消费者品牌态度和行为忠诚的影响因素研究更加具体化。本书基于品牌忠诚形成机理的论证并结合相关研究模型构建了消费者品牌忠诚度的理论模型。首先，品牌忠诚度理论模型具体包括品牌态度忠诚模型和品牌行为忠诚模型两个子模型。这样划分以便研究各影响因素分别对消费者心理忠诚和行为忠诚形成的影响。

其次，本书在品牌感知价值变量的设计上，把品牌感知价值分为三个维度，即品牌功能价值、品牌情感价值和品牌社会价值。这种划分是依据马斯洛需求层次理论，按需求层次从低到高进行设置。这样设置的原因在于研究消费者对品牌的忠诚需要从消费者具体需求作为起点更加合理，而以往学者对品牌感知价值维度的确定通常是采用各种品牌认知变量，不具体且具有模糊性，也没从消费者具体需求角度入手。

第三，设计了适用于品牌大米消费者调查的量表。本书基于前人研究成果，通过咨询专家和访谈品牌大米消费者形成品牌感知价值三维度、品牌满意度、品牌转换成本和品牌忠诚度初始量表，经过预测试修正后形成用于测量品牌大米消费者心理的各变量正式量表，通过正式调研后的模型信效度分析可以看出：量表质量较高，确实适用于对品牌大米消费者的调查，也可用于后续的理论研究。

第四，本书证明了消费者品牌忠诚度各因素影响程度大小和相互关系。虽然在以往学者们观点和研究模型中，已经证明了品牌感知价值、品牌满意度和品牌转换成本对品牌忠诚度有着直接或间接的影响，且这些结论有的也为本书再次证明。但不同的是，本书验证了在品牌大米消费过程中：①在品牌感知价值三维度中，品牌功能价值对品牌满意度影响最大。②品牌功能价值、品牌情感价值和品牌社会价值直接或间接影响品牌态度忠诚；品牌功能价值、品牌社会价值直接或间接影响品牌行为忠诚。③品牌功能价值是品牌忠诚度的重要影响因素。在对品牌忠诚度的各影响因素中，品牌功能价值影响是最大的，品牌转换成本影响最小。④虽无证据表明品牌情感价值对品牌行为忠诚有显著影响，但品牌情感价值却有助于品牌态度忠诚的形成。

第五，根据品牌大米消费者特征来研究消费者在选择品牌过程中的行为倾向。本书通过消费者特征的调节效应分析，探索了不同性别、年龄、教育程度和收入水平的消费者在购买品牌大米过程中的消费行为及消费倾向是否更易受哪些因素影响。这是对农产品营销理论的进一步深化。

（二）实践意义

本书对大米经营主体如何提高消费者大米品牌忠诚度和政府需向大米经营主体品牌培育提供哪些支持有着借鉴意义。

第一，通过对消费者品牌忠诚度形成机理的阐述可帮助大米经营主体把握消费者的心理和行为。消费者是企业利润的提供者，忠诚的消费者能为企业提供稳定的利润来源。因此，只有通过把握消费者的消费心理，拥有稳定的品牌忠诚度，企业才能赢得消费者，从而稳定甚至提升市场份额。

第二，帮助大米经营主体实施有效的营销策略。品牌感知价值是影响品牌忠诚度的重要因素，同时也是品牌满意度的影响前因，其中品牌功能价值对品牌满意度和忠诚影响最大。因此，对于大米经营主体可利用营销手段刺激品牌大米消费者的品牌功能价值、品牌情感价值和品牌社会价值的需求，以提高消费者对该品牌的满意度和忠诚。在品牌大米这些需求中，至少在目前阶段，大米经营主体需对提高自身产品品质和功能方面投入更多的精力。消费者即使在通过大米品牌消费而满足其需求的情况下偶尔也会发生背叛行为。品牌转换成本可以为防止消费者对大米品牌背叛行为的发生提供保障。然而大米经营主体需对品牌转换成本的利用要适度，避免虚假忠诚情况。

第三，帮助大米经营主体细分市场。本书对不同特征品牌大米消费者的分析可知：针对教育程度低、收入水平低的消费者需重点提升品牌的情感价值的感知程度。这帮助了大米经营主体根据不同类消费者的需求心理进行品牌和市场定位，这使大米经营主体在进行营销传播过程中有的放矢。有针对性的营销策略可帮助大米经营主体黏住消费者、维护消费者的惯常性购买行为，也可降低大米经营主体的营销成本，从而达到开源节流的效果，增加大米经营主体的利润，使其可持续发展。

第四，为政府等部门保障大米经营主体品牌建设顺利进行提供方向。为保障大米经营主体提高消费者品牌忠诚度的策略有效实施，政府等部门应该从大米质量管理、知识产权保护、市场监管、公共服务和融资方面给大米经营主体提供良好有序的经营环境。该结论可作为政府等相关管理部门决策的参考。

## 第二节　国内外研究综述

### 一　关于农产品品牌建设的研究

国外学者对农产品品牌建设进行了大量的研究：Simon 和 Sullivan[1]指出影响农产品品牌价值的因素有广告、市场调查、销售网络的投入、商品组合、市场进入时机和品牌寿命等。Kevin Lane Keller[2]和 Ailawadi 等[3]则提出竞争品牌营销组合、企业形象和优势、产品线规模、研发能力、市场占有份额等对品牌培育有着重要的影响。Yoo 等[4]发现频繁的价格促销不利于品牌建设，广告的投入、分销密度和店面形象等有利于提升农产品品牌价值。Perez 和 Martinez[5]、Sergaki[6]提出集群生产、龙头企业的主导作用和政府的服务。

---

[1] Simon, C. J., Sullivan, M. W., "Measurement and Determinants of Brand Equity: A Financial Approach", *Marketing Science*, No. 12, 1993, pp. 28 - 52.

[2] Kevin Lane Keller ed., *Strategic Brand Management: Builiding, Measuring and Managing Brand Euity*, New Jersey: Prentice Hall, Inc., 1998.

[3] Ailawadi, K. L., et al., "Revenue Premium as an Outcome Measure of Brand Equity", *Journal of Marketing*, No. 67, 2003, pp. 1 - 17.

[4] Yoo, B., et al., "An Examination of Selected Marketing Mix Elements and Brand Equity", *Academy of Marketing Science*, No. 28, 2000, pp. 195 - 211.

[5] Ana Maria Garcia Perez, Marian Garcia Martinez, "The Agrifood Cooperative Netchain: A Theoretical Framework to Study its Configuration", *Acta Agriculturae Scandinavica*, Vol. 4, No. 1, 2007, pp. 31 - 39.

[6] Panagiota Sergaki, "The Role of Networks on the Competitiveness of Agricultural Cooperatives and Small - Medium Enterprises along the Supply Chain in Greece", *Acta Agriculturae Scandinavica*, Vol. 7, No. 2 - 4, 2010, pp. 180 - 191.

Martinez – Carrasco 等[①]、Bagoulla 等[②]、Josling 等[③]认为产地形象、农产品质量、资源特色和优势、科技创新和推广、营销观念更新、人才培养和集约化管理等都是农产品品牌创建中的要素。

国内学者对农产品建设问题也进行了大量的研究：第一类，农产品品牌从区域品牌建设出发的研究。陆国庆[④]、刘晓彬和李蔚[⑤]和郑琼娥等[⑥]提出了农产品品牌经营的新思路：区域品牌经营。汪希成[⑦]通过对特色农产品品牌创建的 SWOT 分析，提出了以特色产业为基础整合现有同类农产品品牌等策略。许基南和李建军[⑧]把特色农产品的区域品牌形象作为研究对象，认为农产品区域品牌形象可分为产品形象、企业形象、消费者形象和区域形象四个维度。俞燕[⑨]揭示新疆特色农产品区域品牌形成机理及作用机制，最后探讨特色农产品区域品牌提升路径与对策。另外，张传统[⑩]和李静[⑪]均对

---

① Laura Martinez – Carrasco, et al., "Quality Wines and Wines Protected by a Designation of Origin: Identifying Their Consumption Determinants", *Journal of Wine Research*, Vol. 16, No. 3, 2005, pp. 213 – 232.

② Corinne Bagoulla, et al., "Regional Production Adjustment to Import Competition: Evidence from the French Agro – Industry", *American Journal of Agricultural Economics*, Vol. 92, No. 4, 2010, pp. 1040 – 1050.

③ Tim Josling, et al., "Understanding International Trade in Agricultural Products: One Hundred Years of Contributions by Agricultural Economists", *American Journal of Agricultral Economic*, Vol. 92, No. 2, 2010, pp. 424 – 446.

④ 陆国庆:《区位品牌：农产品品牌经营的新思路》,《中国农村经济》2002 年第 5 期。

⑤ 刘晓彬、李蔚:《农产品产区品牌的经营模式及管理策略》,《农村经济》2014 年第 4 期。

⑥ 郑琼娥等:《福建农产品区域品牌发展的对策研究》,《福建论坛》（人文社会科学版）2018 年第 10 期。

⑦ 汪希成:《基于 SWOT 模型的特色农产品品牌创建问题分析——以新疆维吾尔自治区为例》,《农村经济》2006 年第 8 期。

⑧ 许基南、李建军:《基于消费者感知的特色农产品区域品牌形象结构分析》,《当代财经》2010 年第 7 期。

⑨ 俞燕:《新疆特色农产品区域品牌：形成机理、效应及提升对策研究》,博士学位论文, 华中农业大学, 2015 年。

⑩ 张传统:《农产品区域品牌发展研究》,博士学位论文, 中国农业大学, 2015 年。

⑪ 李静:《内蒙古农产品区域品牌发展研究》,博士学位论文, 内蒙古农业大学, 2017 年。

农产品区域品牌发展进行了研究。王岱和杨琛[1]认为在乡村振兴实施农产品品牌布局时，需考虑到区域内农产品自有品牌、定价与定位、个性化需求与品牌扩展和延伸。第二类，非区域品牌角度提升农产品品牌自身能力的影响因素方面。张可成和王孝莹[2]、纪良纲和张帅衔[3]、赵晓华和岩甾[4]、王军和李鑫[5]等认为农业企业应提高自身的集中度，在品牌培育过程中，应以龙头企业为主导进行整合资源，而政府应从政策制定、资金支持和推广等方面对农产品品牌创建进行服务。戴程和杨建州[6]指出农产品品牌升级的重要因素中，企业内部因素包含品牌因素（Brand Factors）和企业因素（Business Factors），企业外部因素包含自然因素（Natural Factors）、市场因素（Marketing Factors）和消费者因素（Consumer Factors）。蔡玉秋等[7]、李建军[8]把农产品品牌与农业产业链联系在一起，构建出以品牌建设要素为内容、农业产业链为主线、品牌建设参与者为主体的框架模型，并提出产业链是保障，品牌知名度、联想、质量和品质的认知、价格和品牌忠诚度是品牌建设的关键。孙开功等[9]认为提升农产品品牌资产可从公司能力联想、品牌知名度、感知质量和品

---

[1] 王岱、杨琛：《乡村振兴背景下农产品品牌战略研究》，《价格理论与实践》2018年第8期。

[2] 张可成、王孝莹：《我国农产品品牌建设分析》，《农业经济问题》2009年第2期。

[3] 纪良纲、张帅衔：《论农产品品牌塑造——基于农民专业合作组织的视角》，《河北经贸大学学报》2013年第6期。

[4] 赵晓华、岩甾：《绿色农产品品牌建设探析——以普洱市为例》，《生态经济》2014年第11期。

[5] 王军、李鑫：《区域特有农产品品牌整合的政府行为研究——以长白山人参品牌为例》，《农业经济问题》2014年第5期。

[6] 戴程、杨建州：《浅析农产品品牌结构模式及其影响因子》，《生态经济》2013年第6期。

[7] 蔡玉秋等：《农产品供应链品牌体系创建和运营的信用管理机制、策略研究》，《理论探讨》2014年第3期。

[8] 李建军：《基于农业产业链的农产品品牌建设模式研究》，《上海对外经贸大学学报》2015年第5期。

[9] 孙开功等：《基于结构方程模型的农产品品牌资产提升研究》，《统计与决策》2016年第10期。

牌忠诚度几个方面进行。戴程等[①]认为农产品品牌在储运、历史人文和传统工艺口碑几个方面特征鲜明，并提出了考虑到农产品市场、产品和品牌等因素的品牌结构模型。

## 二 关于品牌忠诚度的研究

### （一）品牌忠诚度的维度

首先，品牌忠诚度一维度：忠诚行为或忠诚态度。早期的学者将品牌忠诚度看作一种行为：顾客不因时间和情景的不同而经常性地购买相同品牌的产品，顾客表现出来的购买行为较为稳定。这种观点支持者中最著名的是Tucker[②]，他主张消费者的实际购买行为可以用来定义品牌忠诚度，因为很难获知顾客心里在想什么，使用购买行为反映品牌忠诚度更加直接和客观，很多学者都以连续购买的次数来界定品牌忠诚度。持同样观点的学者Carman[③]也提出把消费者在一定时间里购买同品牌的频率作为品牌忠诚度界定的依据，一般而言，消费者购买该品牌的频率越高，其品牌忠诚度也越高。Lyong[④]认为品牌忠诚度产生的原因很难获取，购买行为背后的解释变量很多，每次购买行为的结果可能由不同的变量组合而成，所以很难采取有效的营销策略来维持消费者的品牌忠诚度。但实务中，却有很多企业采取有效的营销手段而获得了消费者的忠诚，拥有了品牌的大批粉丝。这种观点的缺点是单单从行为上无法有效区分顾客的真实忠诚和虚假忠诚的：有些顾客对某一品牌重复购买不一定是因为有真正的购买动力，而是因为周围人影响他的购买决策，即很多人有从众心理。如果所参照的群体转换其他品牌，他也会转换为其他品牌；或者消费者心理参照群体改变了，他也会按照新参照

---

① 戴程等：《中国农产品品牌结构的适应性模型》，《东南学术》2019年第1期。
② Tucker, William T., "The Development of Brand Loyalty", *Journal of Marketing Research*, 1964 (August), pp. 32 – 23.
③ Carman, J. M., "Correlates of Brand Loyalty: Some Positive Results", *Journal of Marketing Research*, No. 7, 1970, pp. 67 – 76.
④ Lyong, H. C., "The Theory of Research Action Applied Brand Loyalty", *Journal of Product and Brand Management*, Vol. 7, No. 1, 1998, pp. 51 – 61.

群体所认可的品牌去选择。因此顾客产生购买行为,有可能是因为真心喜欢该品牌,也可能是与情感无关的因素促成的,如转换成本、促销活动、消费习惯、购买冲动或相较于竞争品牌的市场覆盖率较高等因素。因此,在评价消费者是否对某一品牌具有忠诚,很多学者认为有必要从态度上考虑消费者是否具有真正的忠诚。1978年 Jacoby 和 Chestnut[1]指出品牌忠诚度是对一个品牌的多次行为的结果,同时他们还指出品牌忠诚度对行为的过度计量正逐渐转变为对选择行为认知机制的更加微观的理解,如果品牌忠诚度永远得到管理,而不仅仅是衡量标准,那么就必须对认知活动进行更详细的描述。因此,很多学者倡导注重消费者的内心感受,将品牌忠诚看作顾客对某一品牌的偏好和心理承诺,即忠诚态度,反映了顾客对某一品牌的信赖。Bennett 和 Blythe[2]认为品牌忠诚度是顾客通过对该品牌产品购买经历认知,而产生对该品牌的偏好和承诺,Bennett 和 Blythe 把认知和情感考虑到品牌忠诚度的影响因素里。Asseal[3]也认为:态度的情感因素是非常重要的,可以把品牌忠诚看作是消费者对某品牌的偏好情感,这种态度情感将促进消费者稳定的重复购买行为的形成。国内学者屈云波[4]同样认为,品牌忠诚的程度可以由品牌转换的可能性反映,它是消费者对品牌的一种情感。关于品牌忠诚度是一种具有主观成分的态度,主要指消费者购买的心理承诺而非实际购买行为,因此受到很多学者的批判。如张月莉等[5]认为态度忠诚最大的缺点是难以衡量,主观性太强。因此,在之后的研究里,对品牌忠诚度的衡量采用品牌态度忠诚和品牌行为忠诚相

---

[1] Jacoby, J., Chestnut, R. W. eds., *Brand Loyalty: Measurement and Management*, New York: John Wiley & Sons, 1978.

[2] Bennett, R., Blythe, J. eds., *International Marketing, Strategy Planning, Market Entry & Implementation*, Higher Education Press, 2003, p. 12.

[3] Asseal, H., *Consumer Behavior and Marketing Action (Fourth Edition)*, PWS – KENT Publishing Company, 1992.

[4] 屈云波:《品牌营销》,企业管理出版社1996年版。

[5] 张月莉等:《复杂购买行为模式下的品牌忠诚研究》,《北京理工大学学报》(社会科学版)2007年第6期。

结合的二维度观点。

其次,品牌忠诚度二维度:忠诚行为与忠诚态度。早期学者对品牌忠诚度到底是行为观还是态度观而不断地博弈,然而,随着研究的深入,越来越多的学者则认为,对品牌忠诚度的研究只使用单一维度进行衡量是不够的,因为判断消费者对某品牌忠诚度与否是一个复杂的过程。因此,许多学者认为对品牌忠诚度可以划分为两个维度,即忠诚行为与忠诚态度,这种品牌忠诚度的二维划分是品牌忠诚度最经典、最广为应用的主流划分方式。代表学者有很多,譬如 Jacoby 和 Chestnut 指出品牌忠诚度的测量是行为和态度的结合,品牌忠诚度一方面体现在实际购买行为上,另一方面体现在偏好或潜在态度上。Baldinger 和 Rubinson[1] 指出顾客只有在行为和态度上同时忠诚于某个品牌才是真正品牌忠诚,否则便是假的品牌忠诚。学者 Griffin[2] 将品牌态度忠诚和品牌行为忠诚组合在一起,按态度的强度和购买的频率把品牌忠诚度划分为四种类型,即无忠诚、潜在忠诚、惰性忠诚和高度忠诚。Sindell[3] 则基于 Griffin 的分类方法,将品牌忠诚度类型具体划分为七种类型,即惰性、方便、潜在、激励、价格、垄断和超值忠诚。坚持这种观点的国内外学者还有 Chaudhuri 和 Holbrook[4]、计健和陈小平[5]、裘晓东和赵平[6]、陆娟和

---

[1] Baldinger, A. L., Rubinson, J., "Brand Loyalty: The Link Between Attitude and Behavior", *Journal of Advertising Research*, Vol. 36, No. 6, 1996, pp. 22 – 34.

[2] Jill Griffin, ed., *Custome Loyalty: How to Earn it and How to Keep it*, New York: Jossey – Bass, 1995.

[3] Kathleen Sindell ed., *Loyalty Marketing for the Internet Age*, Dearbom Trade, 2000.

[4] Chaudhuri, A., Holbrook, M. B., "The Chain of Effects from Brand Trust and Brand Affect to Brand Performance: The Role of Brand Loyalty", *Journal of Marketing*, Vol. 65, No. 2, 2001, pp. 81 – 94.

[5] 计健、陈小平:《品牌忠诚度行为——情感模型初探》,《外国经济与管理》1999年第1期。

[6] 裘晓东、赵平:《品牌忠诚度及其测评研究》,《现代财经》(天津财经学院学报)2002年第8期。

张东晗[1]、严浩仁[2]等。品牌忠诚度经典二维度，在近些年来仍然被学者们广为应用，如朱振中等[3]、张明立等[4]、Thomas Cleff 等[5]、曾润喜和顿雨婷[6]、赵相忠和张梦[7]等。

最后，品牌忠诚度的多维度划分。有些学者认为二维度方法不足以理解顾客品牌忠诚度形成过程，品牌忠诚度是消费者在做出购买决策时，通过对某品牌的关注、关心和学习的结果；消费者在购买体验后对该品牌进行评价，如果评价较好，很可能会强化消费者的购买行为，进而促进其品牌忠诚的形成。Oliver[8] 对品牌忠诚度维度的划分是最具有代表性的，他把反映顾客形成品牌忠诚度分为四个阶段，主要是认知、情感、意向和行为阶段，最后两个阶段将购买承诺和反复采购品牌的行为区分开来。品牌忠诚度第一个阶段：认知忠诚，即顾客基于先前或其他知识或最近购买经验的信息，对该品牌有着超越其他品牌的偏好和信任；第二阶段：情感忠诚，即对以往的购买和使用该品牌产品或服务，产生对该品牌一定的感情或偏爱；第三阶段：意向忠诚是一种由于对某一品牌的深厚感情而产生的消费该品牌的行为倾向；第四阶段：行为忠诚，即最后把对该品牌的感情和喜爱而产生的购买意愿转变为实际购买行为，并自

---

[1] 陆娟、张东晗：《消费者品牌忠诚影响因素实证分析》，《财贸研究》2004年第6期。

[2] 严浩仁：《服务业转换成本的形成机理与管理策略》，《商业经济与管理》2003年第8期。

[3] 朱振中等：《基于品牌至爱的品牌忠诚形成机制研究》，《外国经济与管理》2014年第11期。

[4] 张明立等：《服务主导逻辑下品牌关系互动对品牌忠诚的影响》，《管理学报》2014年第8期。

[5] Thomas Cleff, et al., "The Effect of Online Brand Experience on Brand Loyalty: A Web of Emotions", *Journal of Brand Management*, Vol. 15, No. 1, 2018, pp. 7–24.

[6] 曾润喜、顿雨婷：《新媒体社会责任感知对受众品牌忠诚的影响机制——一个有调节的中介模型》，《现代传播》（中国传媒大学学报）2019年第4期。

[7] 赵相忠、张梦：《基于品牌知晓度的内容营销与品牌忠诚研究》，《商业研究》2019年第1期。

[8] Oliver, R. L., "Whence Consumer Loyalty?", *Journal of Marketing*, Vol. 63, No. 4, 1999, pp. 33–44.

动克服阻力完成购买行为。品牌忠诚度四维度的划分充分考虑了顾客在购买前所经历的心理历程，较充分地考虑了顾客的心理因素。品牌忠诚度四维度的支持者还有 Rauyruen 等[1]、Dick 和 Basu[2]、Oliver[3]、Harris 和 Goode[4]、HA 和 Park[5] 和 Mabkhot 等[6]。还有些学者认为忠诚是一个多维度的概念，受到上述所有因素的影响，也受到信任和承诺的影响；传统忠诚度二维度中，品牌忠诚态度往往作为一维度处理，但其实品牌忠诚态度是复杂的和多方面的，营销调研人员应将顾客的消费经历与传统的功能性方法相结合。如 Punniyamoorthy 和 Prasanna 认为品牌忠诚度由几个不同的心理过程决定，它需要进行多变量测量。Hartmann 和 Ibanes[7] 认为产品的感知转换成本、感知技术服务质量和服务过程中的质量、服务增值的感知、环境、企业的社会责任、价格感知和品牌信任构成品牌忠诚度的属性。

（二）品牌忠诚度的影响因素

早期的学者们认为品牌忠诚度形成的唯一影响因素是顾客满意，

---

[1] Rauyruen, P., et al., "B2B Services: Linking Services Loyalty and Brand Equity", *Journal of Services Marketing*, Vol. 23, No. 2 – 3, 2009, pp. 175 – 185.

[2] Dick, A. S., Basu, K., "Customer Loyalty: Toward an Integrated Conceptual Framework", *Journal of Academy of Marketing Science*, No. 22, 1994, pp. 99 – 109.

[3] Oliver, *Satisfaction: A Behavioral Perspective on the Consumer*, New York: Irwin/McGraw – Hill, 1997.

[4] Harris C. Loyd, Mark, M. H. Goode, "The Four Levels of Loyalty and the Pivotal Role of Trust: A Study of Online Service Dynamics", *Journal of Retailing*, No. 80, 2004, pp. 139 – 158.

[5] HA, Y. W., Park, M. C., "Antecedents of Customer Satisfaction and Customer Loyalty for Emerging Devices in the Initial Market of Korea: An Equity Framework", *Psychology and Marketing*, Vol. 30, No. 8, 2013, pp. 676 – 689.

[6] Hashed Ahmad Mabkhot, et al., "The Influence of Brand Image and Brand Personality on Brand Loyalty, Mediating by Brand Trust: An Empirical Study", *Jurnal Pengurusan*, No. 50, 2017, pp. 1 – 18.

[7] Hartmann, P., Ibanes, V. A., "Managing Customer Loyalty in Liberalized Residential Energy Markets: The Impact of Energy Branding", *Energy Policy*, Vol. 35, No. 4, 2007, pp. 2661 – 2672.

# 第一章 引言

当顾客满意了才会有重复购买或推荐他人购买的行为。Anderson 和 Sullivan[①]认为消费者的持续满意会使企业获得长期声誉，即使产品和服务价格提高，消费者依然能持续购买。Westbrook[②]认为顾客满意通常会使消费者产生对企业有利的行为，如反复购买和口碑宣传等。Crosby[③]认为消费者满意就一定会维持消费者的忠诚，追求消费者满意是提高企业绩效的最主要的指标。然而随着对品牌忠诚理论的深入研究发现：顾客满意不一定导致品牌忠诚。其中最著名的研究有：Reichheld[④]论证了失去对品牌忠诚的消费者中 65%—85% 都声称自己曾经对该品牌产品或服务供应商感到满意或者非常满意，而很多不满意的消费者却仍然与当前企业保持着购买关系。Jones 和 Sasser[⑤]通过对汽车服务业的消费者进行调查发现：满意程度高但忠诚率低的消费者比例很高。当市场上有更好的产品或服务出现时，满意的消费者也很可能会转换其他品牌，因此，仅使消费者满意不一定就能维持其品牌忠诚度。Dick 和 Basu 把消费者满意仅作为服务品牌的一种情感因素，对消费者情感的测量，很难对消费者的品牌忠诚行为作出准确判断。Henning 和 Klee[⑥]认为在实践中，满意的消费者仍然会转向替代品牌，因此，消费者满意不足以对消费者品牌忠诚进行解释，营销人员需关注除消费者满意以外的对品牌忠诚决定的因素。

---

① Anderson, E. W., Sullivan, M. W., "The Antecedents and Consequences of Customer Satisfaction", *Marketing Science*, No. 12, 1993, pp. 125 – 143.

② Westbrook, R. A., "Product/Consumption – Based Affective Responses and Post – Purchase Processes", *Journal of Marketing Research*, No. 24, 1987, pp. 258 – 270.

③ Crosby, L. A., "Expanding the Role of CSM in Total Quality", *International Journal Service and Management*, No. 2, 1991, pp. 5 – 19.

④ Frederick F. Reichheld, "Loyalty based Management", *Harvard Business Review*, No. 3 – 4, 1993, pp. 64 – 73.

⑤ Thomas O. Jones, W. Earl Sasser Jr., "Why Satisfied Customers Defect", *Harvard Business Review*, Vol. 73, No. 6, 1995, pp. 88 – 99.

⑥ Henning Thurau, T., Klee, A., "The Impact of Customer Satisfaction and Relationship Quality on Customer Retention: A Critical Reassessment and Model Development", *Psychology & Marketing*, Vol. 14, No. 8, 1997, pp. 737 – 764.

◇ 消费者品牌忠诚度的构建

从上面学者的观点可以看出：消费者满意不是品牌忠诚度唯一的影响因素，甚至并不是最重要的因素，还有很多其他方面的因素影响着品牌忠诚度。随着现代营销实践和理论的发展，很多学者相继发现品牌忠诚度更多的影响因素，如品牌形象、品牌转换成本、品牌承诺、品牌信任、顾客体验和品牌感知价值等，从更广泛的角度来对品牌忠诚度进行解释。例如，Ratchford[1] 经过对理论模型的研究发现：品牌知识如消费者投资的人力成本一般会给该品牌带来更大的效益，因此，消费者对于某品牌的产品知识会带来消费者对该品牌的忠诚。Heinonen 等[2]把顾客体验作为品牌忠诚度的前提条件之一。Ismail[3] 在对旅馆业顾客体验的影响因素和关于如何利用顾客体验建立消费者的品牌忠诚度方面的研究时发现：顾客体验对品牌忠诚度有显著积极的影响。Keh 等[4]强调顾客体验在增加品牌价值的过程中对品牌忠诚度具有整合作用；企业对员工的承诺在品牌传播过程中与品牌忠诚形成的关系密切。郑文清等[5]以耐克品牌为例，构建营销策略、顾客感知价值和品牌忠诚度的关系模型后发现：营销策略不但可显著影响顾客感知价值和品牌忠诚度，还可通过顾客感知价值进而来影响品牌忠诚度，且影响程度较大。张明立等[6]以大众消费者品牌作为研究对象，把品牌忠诚度划分三个维度，即品牌行为忠诚、承诺和依恋，并研究品牌忠诚度三个维度与品牌

---

[1] Ratchford, R. T., "The Economics of Consumer Knowledge", *Journal of Consumer Research*, No. 27, 2001, pp. 397 - 411.

[2] Heinonen, K., et al., "Customer - Dominant Logic of Service", *Journal of Service Management*, Vol. 21, No. 4, 2010, pp. 531 - 548.

[3] Ismail, A. R., "Experience Marketing: An Empirical Investigation", *Journal of Relationship Market*, Vol. 10, No. 3, 2011, pp. 167 - 201.

[4] Keh, H. T., et al., "The Beautiful, the Cheerful, and the Helpful: The Effects of Service Employee Attributes on Customer Satisfaction", *Psychology and Marketing*, Vol. 30, No. 3, 2013, pp. 211 - 226.

[5] 郑文清等：《营销策略对品牌忠诚的影响：顾客感知价值的中介作用》，《经济经纬》2014 年第 6 期。

[6] 张明立等：《服务主导逻辑下品牌关系互动对品牌忠诚的影响》，《管理学报》2014 年第 8 期。

互动关系发现：身份象征利益、信任利益、社会利益分别对品牌行为忠诚、品牌承诺和品牌依恋产生显著积极影响。朱振中等[1]重新界定了品牌至爱的含义和维度，构建了品牌认同和品牌体验影响品牌忠诚的机制的理论模型。邓爱民等[2]构建了以转换成本、顾客满意度、品牌信任、服务质量和网站特性为外因，品牌忠诚度为内因的反映品牌忠诚度影响因素和作用机制的实证模型，并得出顾客满意度和转换成本均是电子商务下品牌忠诚度的主要因素。Abu – EL-Samen[3]以阿联酋网络银行使用者为研究对象，经过研究发现：品牌感知价值对品牌意识和品牌忠诚度的关系具有中介作用。Civilai等[4]把澳大利亚手机供应商作为对象来研究消费者对服务功能属性的体验是如何促成品牌认知和重复购买的。蔡国良等[5]把母婴产品市场作为调查对象发现：在消费者产品低感知风险情况下，消费者知识对品牌忠诚度产生显著正向影响；在消费者产品高感知风险下，消费者知识影响品牌忠诚度表现为"U"形；消费者知识可通过信息搜寻倾向来影响品牌忠诚度；情感信任价值对品牌忠诚度产生显著正向影响，且产品感知风险对二者关系具有调节作用。刘振华[6]在对化妆品行业消费者品牌忠诚度进行研究中发现，顾客满意、信

---

[1] 朱振中等：《基于品牌至爱的品牌忠诚形成机制研究》，《外国经济与管理》2014年第11期。

[2] 邓爱民等：《网络购物顾客忠诚度影响因素的实证研究》，《中国管理科学》2014年第6期。

[3] Amjad, A., Abu – ELSamen, "Online Service Quality and Brand Equity: The Mediational Roles of Perceived Value and Customer Satisfaction", *Journal of Internet Commerce*, Vol. 14, No. 4, 2015, pp. 509 – 530.

[4] Civilai, L., et al., "Antecedents of Consumers Brand Engagement and Brand Loyalty", *Journal of Marketing Management*, Vol. 32, No. 5, 2016, pp. 558 – 578.

[5] 蔡国良等：《消费者产品知识和信息推荐代理对品牌忠诚度的影响研究》，《中国软科学》2016年第10期。

[6] 刘振华：《顾客品牌忠诚度影响因素实证研究——以化妆品行业为例》，《财会通讯》2017年第29期。

任、转换成本及顾客归属感对品牌忠诚度影响程度依次减弱。Wang 等[①]提出包括员工、顾客在内的利益相关群体是通过彼此明确的契约承诺而形成品牌忠诚度。许衍凤等[②]把老字号品牌作为对象研究发现：消费者会因品牌延伸而降低对老字号品牌的忠诚；文化契合度可通过感知风险对品牌忠诚度产生正向影响；消费者创新性在文化契合度—感知风险—品牌忠诚度关系中具有中介调节作用，且消费者创新性越低，中介作用越明显。王丹丹[③]构建了品牌内化—顾客体验—品牌忠诚理论模型来研究品牌忠诚形成路径，证明了顾客体验不但对品牌忠诚度有正向影响，还可中介品牌内化和品牌忠诚度的关系。黄敏学等[④]把消费者参与社区活动的体验划分为三个维度，即互动体验、娱乐体验和信息体验，然后来研究这些体验对品牌忠诚度影响的机制。最后发现：互动体验对品牌忠诚度影响不显著；娱乐体验通过社区认同的完全中介作用来促进品牌忠诚的形成；信息体验对品牌忠诚度产生直接和间接影响，社区认同是两者关系的部分中介。

（三）我国农产品品牌忠诚度的相关理论

农产品品牌忠诚度是消费品市场品牌忠诚度范畴中的一个领域，由于农产品具有有别于其他产品和服务的特殊属性，因此，农产品品牌忠诚度不同于耐用品和服务市场品牌忠诚度。对于我国的农产品品牌忠诚度研究主要针对茶叶、乳制品、生鲜产品等，其研究的主要内容也主要针对品牌忠诚度的维度、影响因素或驱动因素的研

---

① Wang, Z., et al., "Effects of Employees' Positive Affective Displays on Customer Loyalty Intentions: An Emotions – Associal – Information Perspective", *Academy of Management*, Vol. 60, No. 1, 2017, pp. 109 – 129.

② 许衍凤等：《基于文化契合度的老字号品牌延伸对品牌忠诚的影响研究》，《北京工商大学学报》（社会科学版）2018 年第 2 期。

③ 王丹丹：《服务企业品牌忠诚的形成路径分析——对如家、浙商银行和小南国的纵向案例研究》，《管理评论》2018 年第 7 期。

④ 黄敏学等：《社区体验能提升消费者的品牌忠诚吗——不同体验成分的作用与影响机制研究》，《南开管理评论》2015 年第 3 期。

究。其主要学者和观点内容如下：卢秀龙和吴声怡[1]认为茶叶品牌忠诚度的提高可从提供安全、高品质的茶叶产品及服务和低价格水平入手，并通过提高消费者满意度和信任度，增加消费者重复购买意愿进而提高消费者的品牌忠诚度。王海涛等[2]以品牌猪肉为研究对象，认为猪肉品牌忠诚度是一种多维度的复合型概念，以评价、价格容忍、推荐倾向、消费者承诺、消费量及消费频率等行为所展现出来。苏宝财和林春桃[3]以福建乌龙茶为研究对象，得出消费者饮茶年限、收入水平和乌龙茶感官品质及知名度均对乌龙茶区域品牌忠诚度有显著影响。张曙光[4]认为农产品品牌忠诚度是消费者所表现出来的对某农产品品牌的偏向性行为和心理过程，其形成与消费者本身的特性密切相关，并不完全依赖于产品的品质和知名度。赵春燕[5]强调农产品品牌具有很明显的分散性，每个农产品品牌均有很多忠诚的消费者，且每个消费者对每个农产品品牌仅是有限忠诚；农产品品牌忠诚度会受到农产品安全性、包装、消费者从众心理、创新和口感等很多因素的影响。陈晓峰[6]以江苏部分地区乳制品为研究对象，认为构建品牌信任和忠诚，除了需积极承担社会责任外，还应关注消费者的品牌感知和评判。胡振涛等[7]以品牌茶叶为研究对象，揭示了武当茶区域品牌的影响因素及其相互关系，并提出应从加强茶叶品质和茶叶品牌文化内涵等方面提高品牌茶叶的

---

[1] 卢秀龙、吴声怡：《基于消费者的茶叶品牌选择影响因素分析——以福州市为例》，《福建论坛》（人文社会科学版）2012年第10期。

[2] 王海涛等：《猪肉品牌连锁店顾客忠诚度评价及其影响因素实证研究——基于南京市消费者的问卷调查》，《中国农业科学》2012年第3期。

[3] 苏宝财、林春桃：《福建乌龙茶区域品牌忠诚的影响因素分析——以福州消费者为例》，《中国农学通报》2013年第20期。

[4] 张曙光：《农产品消费者的品牌忠诚度》，《河南农业》2014年第22期。

[5] 赵春燕：《基于混沌理论的原产地农产品品牌忠诚度概念模型构建》，《江苏农业科学》2015年第5期。

[6] 陈晓峰：《企业社会责任与顾客忠诚度关系的实证分析——基于牛乳制品消费者的视角》，《科研管理》2014年第1期。

[7] 胡振涛等：《武当道茶区域品牌忠诚影响因素的结构模型分析——基于消费者感知视角》，《中国农业资源与区划》2015年第1期。

◇ 消费者品牌忠诚度的构建

忠诚度。王培[1]构建了茶叶品牌忠诚度机理模型，他认为企业形象、服务质量和转换成本会显著影响消费者的茶叶品牌忠诚度。王雪颖等[2]通过聚类分析等方法对中国农产品品牌评价领域的文献进行总结发现，这些文献研究内容主要是构建品牌竞争力评价体系、模型、影响因素及消费者角度的品牌延伸、品牌价值模型等。李蕾等[3]通过构建以顾客价值和服务质量为基础的电子商务下农产品消费者满意和忠诚的理论模型，得出结论为感知价值、服务质量是影响顾客满意度和服务质量的重要影响因素。张国政等[4]从农产品质量安全角度出发结合农产品消费者感知价值理论，把农产品消费者感知价值分为五个维度，即友好价值、情感价值、功能价值、经济价值和安全价值。通过实证研究发现：五维度对消费者农产品的购买意愿均有正向积极影响，其中质量安全价值影响最为显著。张晓梅等[5]通过对黑龙江省"迎春黑蜂"品牌忠诚度的研究发现，品牌行为忠诚形成的主要因素有品牌认知、感知质量、品牌信任和感知价值，心理忠诚的主要驱动因素有感知质量、品牌认知和消费者承诺。何景师和颜汉军[6]以生鲜消费者为研究对象，构建基于消费者体验、品牌认同和忠诚度模型发现，网站、物流配送、实体店和社区互动体验均能增加消费者对该品牌的认同，提升消费者的品牌忠

---

[1] 王培：《顾客感知价值对茶叶广告品牌忠诚的影响研究》，《福建茶叶》2016 年第 12 期。

[2] 王雪颖等：《中国农产品品牌评价研究的内容解析》，《数据分析与知识发现》2017 年第 7 期。

[3] 李蕾等：《农产品电子商务顾客满意度和忠诚度的形成机制研究——基于感知价值和服务质量的视角》，《世界农业》2017 年第 11 期。

[4] 张国政等：《农产品顾客感知价值及其对购买意愿的影响——基于认证农产品的实证分析》，《湖南农业大学学报》（社会科学版）2017 年第 2 期。

[5] 张晓梅等：《"迎春黑蜂"品牌忠诚驱动因素实证研究》，《林业经济问题》2018 年第 3 期。

[6] 何景师、颜汉军：《基于线上线下互动融合的生鲜电商顾客体验、品牌认同与忠诚度研究》，《商业经济研究》2018 年第 7 期。

诚度。廖毅和聂静虹[①]以东莞市"麻涌香蕉"为例，在探究产品网购意愿影响因素时发现：产品质量和品牌感知均对网购意愿产生间接积极的影响，而网购成本、网购风险感知和网购维度间接负向影响网购意愿。产品质量感知对网购意愿的直接影响程度远大于品牌感知；服务质量感知对网购意愿有着积极正向影响。

### 三 关于品牌满意度的研究

（一）品牌满意度的维度及影响因素

目前为止，大量的国内外学者对品牌满意度做出了很多的研究，提出了很多关于品牌满意度的理论模型，反映其形成过程及影响因素。首先，对于品牌满意度的维度研究。品牌满意度的前身是顾客满意度，在很长一段时间里，国外学者认为顾客满意度是消费者忠诚唯一的驱动因素，因此各国在理论和实践中非常重视顾客满意度的研究，出现了很多倾向于对顾客满意度指数的应用研究，即从总体、综合的角度，将顾客满意度的衡量指数化。如在美国、德国、欧盟和瑞典等国家相继建立了顾客满意度指数体系，该指数是用来预测国民经济绩效并能辅助传统经济指标分析的一种经济指标。如1989年由Claes Fornell[②]设计，瑞典建立了全国性顾客满意度指数（SCSB）模型，在该模型中，顾客满意度由三个维度构成，即与期望的差距、商品或服务满意度和同理想产品或服务的比较。在瑞典建立了顾客满意度指数后，美国的顾客满意度指数（ACSI）于1994年建立，该模型把顾客满意度的维度界定为社会满意、服务满意和产品满意三个维度。这里的商品满意是指产品无论是在价格、质量和功能上还是在设计和包装上均给消费者带来满足状态；服务满意是指购买过程中的各种服务给消费者带来了满足状态；社会满意是指消费者在消费商品和享受服务的过程中所感受到经济组织的

---

① 廖毅、聂静虹：《区域品牌水果的网购意愿影响因素——以东莞市"麻涌香蕉"为例》，《地域研究与开发》2018年第5期。

② Claes Fornell, "A National Customer Satisfaction Barometer: The Swedish Experience", *Journal of Marketing*, No. 56, 1992, pp. 6–21.

各项活动有利于维护社会稳定和保护生态等而感到满足。其次，对于品牌满意度影响因素的研究。最初的学者大多把消费者满意与期望、差异联系在一起。例如，Olshavsky 和 Miller[①] 把大学生作为实验对象发现，期望对质量评价和满意度具有重大影响作用。Tse 和 Wilton[②] 通过差距（GAP）模型的使用，发现满意度受顾客期望和顾客期望与顾客质量感知之间差距两个因素的影响，同时也受质量感知的显著直接影响。基于以上学者的研究成果，世界各国建立了顾客满意度指数的应用体系，顾客满意度的影响因素进一步具体化。如瑞典（SCSB）模型中的顾客满意度受两个因素影响，即顾客期望和价值感知。美国（ACSI）对瑞典（SCSB）模型进行修正后，把质量感知从价值感知中独立出来，认为顾客满意度受三个方面因素影响，即价值感知、总体质量感知和顾客期望。不久欧盟建立了欧洲顾客满意度指数（ECSI）模型，顾客满意度的影响因素又增加了另一个潜在变量——企业形象，即顾客通过企业的各种特点的印象而建立起来的与组织相关的联想，这些联想将影响顾客对企业提供的产品或服务的期望值和满意度。另外，有些学者对顾客满意度的影响因素不断探索出更多的内容。如 Zeithaml 和 Bitner[③] 认为产品质量、服务质量、价格、情境因素和个人因素皆会影响顾客满意度。Kotler[④] 的观点是消费者对产品的期望与消费者产品感知绩效比较后产生消费者满意度，它是知觉绩效和期望的函数，反映消费者通过购买经历而产生愉悦的感觉状态。

我国的品牌满意度指数研究大多是基于国外研究来开展的。于

---

① Olshavsky, R. W., Miller, J. A., "Consumer Expectations, Product Performance, Perceived Product Quality", *Journal of Marketing Research*, Vol. 9, No. 1, 1972, pp. 19–21.

② David, K. Tse, Peter, C. Wilton, "Models of Consumer Satisfaction: An Extension", *Journal of Marketing Research*, Vol. 25, No. 5, 1988, pp. 204–212.

③ Zeithaml, V. A., Bitner, M. J., *Service Marketing*, London: McGraw–Hill, 1996, p. 123.

④ Kotler, P., *Marketing Management: Analysis, Planning, Implementation, and Control (9th Edition)*, Upper Saddle River, NJ: Prentice–Hall, 1997.

洪彦[1]将消费者满意度分为总体满意程度、实际感受与消费者期望的比较和实际感受与理想产品的差距三个维度。其中消费者实际感受同期望的比较是消费者满意最重要的因素；消费者心理实际感受与其心目中理想产品的差距越小，消费者满意程度就越高。消费者心理实际感受与其心目中理想产品差距这一变量的引入，对企业而言可以体现出其提升产品或服务的空间；总体满意程度是基于上述几个方面因素对产品或服务的整体满意与否的感受。查金祥和王立生[2]认为购物网站的满意度由消费者自身对网站的期望和消费者对购物网站服务质量的感知共同决定的。谢佩洪等[3]对我国B2C顾客满意进行研究表明，对消费者满意度影响最大的因素是交易能力，其次是支付方式和物流配送。另外，网页设计、信息质量、商品特征和安全隐私对满意度的正向影响依次提升。仲伟仁等[4]基于美国顾客满意度指数（ACSI）模型，展开有关顾客网络购物满意度的行为影响因素研究，研究结果表明：相对于传统实体店购物行为，网络购物满意度还受网络购物感知质量和顾客网络购物期望影响。唐晓波和陈馥怡[5]在TAM扩展模型的基础上，结合微信的特点，纳入媒介丰富度、社会临场感和社会影响的因素并构建了微信用户满意度影响因素理论模型。樊欣荣和施国洪[6]以南京大学、东南大学和江苏大学三所高校师生为研究对象进行调研，经过实证研究表明：服务信息、服务环境、服务交互和服务结果均对读者满意度产生正

---

[1] 于洪彦：《顾客满意度涵义诠释》，《中国统计》2003年第9期。
[2] 查金祥、王立生：《网络购物顾客满意度影响因素的实证研究》，《管理科学》2006年第1期。
[3] 谢佩洪等：《转型时期我国B2C电子商务中顾客满意度影响因素的实证研究》，《科研管理》2011年第11期。
[4] 仲伟仁等：《基于ACSI模型的网络购物满意度影响因素实证研究》，《软科学》2014年第2期。
[5] 唐晓波、陈馥怡：《微信用户满意度影响因素模型及实证研究》，《情报杂志》2015年第2期。
[6] 樊欣荣、施国洪：《移动图书馆服务质量与读者满意度、忠诚度关系研究》，《图书馆》2017年第2期。

向影响。

(二) 顾客满意度与品牌忠诚度关系

国内外学者对顾客满意度与品牌忠诚度的关系做了大量的研究后基本达成一致：顾客满意度对品牌忠诚度有着直接的影响，并经常作为其他因素对品牌忠诚度影响的中介变量，关于顾客满意度对品牌忠诚度的直接影响，国内外学者们的研究大致有线性与非线性影响两个方面。

1. 顾客满意度对忠诚线性影响

最初，学者们认为顾客满意直接能带来顾客的忠诚，顾客满意是忠诚的决定性因素，是企业利润的来源。如 Hirschman[1]在其抱怨退出理论中，认为消费者满意度增加会减少其抱怨，从而使消费者忠诚度提高。Westbrook 和 Yi[2]均认为消费者满意度通常会引起如重复购买和口碑宣传等有利行为结果。Anderson 和 Sullivan 通过对瑞典顾客满意度研究分析得出了顾客满意和重购意愿的相关性很高，产品质量感知越高，满意度随之提高，进而增加消费者的重购意愿。Oliver 认为只有消费者获得满意感才有可能会对品牌忠诚，品牌满意是品牌忠诚的前提。Groholdt[3]在多个行业中研究消费者满意度和品牌忠诚度关系发现，满意度与忠诚的关系在某些行业中几乎是正相关。金玉芳[4]把化妆品的消费者作为调研对象，构建了顾客满意、经济价值、品牌信任、感知质量和品牌忠诚度的关系理论模型，通过分析可知消费者满意度直接正向影响品牌忠诚度。张月莉等论证了在复杂购买行为模式下，品牌满意度正向影响品牌忠诚度。邓爱民等在网络购物情形下，通过对消费者品牌忠诚度影响因

---

[1] Hirschman, A. O., *Exit, voice, and loyalty: Responses to decline in firms, organizations, and states*, Cambridge, MA: Harvard University Press, 1970.

[2] Yi, Y., "The Determinants of Consumer Satisfaction: The Moderating Role of Ambiguity", *Advances in Consumer Research*, No. 20, 1993, pp. 502 – 506.

[3] Groholdt, L. K., "The Relationship between Customer Satisfaction and Loyalty: Cross - industry Differences", *Total Quality Management*, Vol. 11, No. 4, 2000, pp. 509 – 514.

[4] 金玉芳：《消费者品牌信任研究》，博士学位论文，大连理工大学，2005 年。

素的研究发现：消费者满意度可以作为品牌信任间接影响品牌忠诚度的中介；在网络环境下，转换成本和消费者满意度均是品牌忠诚度的主要影响因素。余意峰等[1]通过调研后进行实证研究表明：旅游者的原真性感知对旅游满意度和忠诚度均产生显著直接影响；旅游满意度直接影响忠诚度；原真性感知通过旅游满意度对忠诚度产生间接影响，但原真性感知对忠诚度的直接影响效应比间接影响效应更加显著。

2. 顾客满意度对忠诚非线性影响

国内外很多学者主张顾客满意度和忠诚两者并非简单的线性关系。Ruyter 等[2]研究证明：顾客满意度和忠诚之间关系还受顾客参与程度的影响，参与程度低的顾客满意度和忠诚之间没有明显的关系，但高参与程度的顾客两者之间的关系显著。Mittal 和 Lassar[3] 认为，消费者满意不一定引致消费者的忠诚。满意的消费者可能希望得到更满意的尝试，勇于转移到别的品牌；不满意的消费者由于无法从其他替代品牌中获得更好的服务或产品，他们只能在无奈之下继续消费原来的服务或产品。Patterson[4] 发现满意与忠诚的关系在转换成本越低的情况下越强。沈蕾和邓丽梅[5]通过对上海市主要商业银行的客户满意度研究后发现：商业银行的客户满意度与忠诚度两者存在着非线性相关的关系。张新安等[6]认为：虽然消费者满意程

---

[1] 余意峰等：《旅游者原真性感知对满意度与忠诚度的影响——基于湖北恩施州的实证研究》，《经济地理》2017 年第 1 期。

[2] Ruyter, K., et al., "On the Relationship between Perceived Service Quality, Service Loyalty and Switching Costs", *International Journal of Service Industry Management*, No. 5, 1998, pp. 436–450.

[3] Banwarl Mittal, Walfrled M. Lassar, "Why do customers switch? The dynamics of satisfaction versus loyalty", *Journal of Services Marketing*, Vol. 12, No. 3, 1998, pp. 177–194.

[4] Patterson, P. G. A., "Contingency Model of Behavioral Intentions in a Services Context", *European Journal of Marketing*, Vol. 38, No. 9/10, 2004, pp. 1304–1315.

[5] 沈蕾、邓丽梅：《基于顾客满意度的品牌忠诚模型实证研究》，《管理评论》2006 年第 2 期。

[6] 张新安等：《感知实绩、顾客满意与顾客忠诚——微观层次上的审视》，《南开管理评论》2003 年第 5 期。

度提高，消费者会更加忠诚，但前者并不是后者的充分条件而仅是必要条件。郑秋莹等[1]采用 Meta 分析方法对影响"顾客满意—顾客忠诚"关系的因素进行探讨，发现二者关系强弱的影响因素有文化特征、行业差异和调查方法；多问项测量满意度研究比单问项测量满意度研究中的二者关系弱；二者的关系还体现在卷入程度低的行业弱于卷入程度高的行业、不确定性规避程度较低、男性化程度较低和个人主意倾向较低的国家明显低于较高的国家。乔光辉[2]发现游客的本身特征如受教育程度、婚姻情况、职业和所在地等因素会导致游客满意度和旅游地品牌忠诚度存在显著差异。邱晔等[3]以手机产品为研究对象，通过实证研究发现手机的功能体验、情感、感官对消费者均正向影响满意度和品牌忠诚度。

**四 关于品牌转换成本的研究**

（一）转换成本的维度及影响因素

Klemperer[4]提到消费者面临着前所未有的产品品牌之间切换的巨大成本，交换成本至少有三种类型：交易成本、学习成本以及人工或合同成本。Samuelson 和 Zeckhauser[5]把转换成本分为评估成本、组织成本、经济风险成本和利益损失成本四个维度。Fornell 提出当消费者简单地声明转换其他品牌的时候，他们可能会发现障碍物包括搜索成本、交易成本、学习成本、忠实的客户折扣、客户习惯、

---

[1] 郑秋莹等：《基于 Meta 分析的"顾客满意—顾客忠诚"关系影响因素研究》，《管理评论》2014 年第 2 期。

[2] 乔光辉：《生态旅游目的地形象、游客满意度与忠诚度结构模型研究——以云台山世界地质公园为例》，《经济经纬》2015 年第 6 期。

[3] 邱晔等：《功能、感官、情感：不同产品体验对顾客满意度和忠诚度的影响》，《消费经济》2017 年第 4 期。

[4] Klemperer, D., "Markets with Consumer Switching Cost", *Quarterly Journal of Economics*, Vol. 102, No. 2, 1987, pp. 375 – 394.

[5] Samuelson, V., Zeckhauser, R., "Status Quo Bias in Decision Marketing", *Journal of Risk and Uncertainty*, No. 1, 1988, pp. 7 – 59.

# 第一章
## 引 言

情绪成本和认知努力,加上买方的财务、社会和心理逻辑风险。Ping[①]称转换成本领域包括货币支出,终止当前关系、确保替代方案等时间和精力耗费,转换过程中产生的精神成本,转换时涉及时间、金钱和转换供应商的损失。Dick 和 Basu 提到转换成本的领域包括货币支出和非货币成本(例如,花费的时间和心理上的努力)。此外,还可能包括由于结束当前关系而导致的忠诚度损失,例如,客户可以对与供应商的关系进行特定交易的投资,随着时间的推移,客户可能已经制定了与供应商进行交易的程序。Jones 等[②]将美发店和银行作为研究对象,把转换成本划分为组织成本、转换后认知成本、机会成本、风险成本、沉没成本和搜索评估成本六个维度,各维度均与再次购买正向相关。Lee 等[③]指出顾客的转换成本可分为两种:搜寻成本和交易成本。搜寻成本指的是消费者搜寻服务和价格等信息所需付出的代价,而交易成本是消费者更换供货商所花费的时间和努力。Patterson 和 Smith[④]将转换成本划分为沉没成本、继续成本和学习成本。Hu 和 Hwang[⑤]也采用这一分类法对我国台湾地区移动通信业进行了研究。严浩仁在国外研究的基础上对转换成本进行具体分类,转换成本通常被划分为三类,即连续性成本、沉没成本和学习成本,其中连续成本具体包括风险成本和机会

---

[①] Ping, Robert A., "The Effects of Satisfaction and Structural Constraints on Retailer Exiting, Voice, Loyalty, Opportunism, and Neglect", *Journal of Retailing*, Vol. 69, No. 69, 1993, pp. 320 – 352.

[②] Jones, M. A., et al., "Why Customer Stay: Measuring the Underlying Dimensions of Services Switching Costs and Managing Their Different Strategic Outcomes", *Journal of Business Research*, Vol. 55, No. 6, 2002, pp. 427 – 532.

[③] Jonathan Lee, et al., "The Impact of Switching Costs on the Customer – Loyalty France", *Journal of Services Marketing*, Vol. 15, No. 1, 2001, pp. 35 – 48.

[④] Patterson, P. G., Smith, T., "A Cross – Cultural Study of Switching Barriers and Propensity to Stay with Service Providers", *Journal of Retailing*, Vol. 79, No. 2, 2003, pp. 107 – 120.

[⑤] Anne Wan – Ling Hu, Ing – San Hwang, "Measuring the Effects of Consumer Switching Costs on Switching Intention in Taiwan Mobile Telecommunication Services", *Journal of American of Business*, Vol. 9, No. 1, 2006, pp. 75 – 85.

成本，学习成本具体包括组织成本，转换前搜索评估成本和转换后行为认知识成本。桑辉[①]认为网上消费者转换成本的影响因素主要有：产品复杂性、产品异质性、在线关怀性、在线便利性、使用的宽度和相关经验。Haj – Salem 和 Chebat[②]把消费者接受作为前提，将转换成本划分为正负面转换成本来研究这两类转换成本对消费者情感的影响。

（二）转换成本与品牌忠诚度的关系

1. 转换成本对品牌忠诚度的直接影响

Ruyter 等对服务业消费者转换成本问题进行研究，且对服务忠诚的含义进行界定和验证了顾客转换成本、服务质量和服务忠诚三者之间的关系。Jones 等认为财务转换成本和关系转换成本均会增加消费者的积极情感，增加消费者的购买意向。李先国和段祥昆[③]对移动通信消费者进行实证研究时发现，在 2G 市场中，关系型转化成本、程序转换成本及财务型转化成本对品牌忠诚度影响依次减弱；而在 3G 市场中，财务转换成本、关系型转换成本与程序性转换成本对品牌忠诚度的影响依次增强。李玉萍[④]研究在网络电子商务环境下，网上转换成本对顾客重复购买意愿有显著的正向影响。

2. 转换成本对品牌忠诚度的调节作用

Jones 等指出品牌忠诚度受转换成本影响的条件是当消费者的满意度维持在某个水平时。Wangenhem[⑤]提出转换成本对顾客满意与顾

---

① 桑辉：《网上顾客转换成本的影响因素及其结果的实证研究》，《南开管理评论》2007 年第 6 期。

② Haj – Salem, N., Chebat, J., "The Double – edged Sword: The Positive and Negative Effects of Switching Costs on Customer Exit and Revenge", *Journal of Business Research* (in press), Vol. 67, No. 7, 2013, pp. 1106 – 1113.

③ 李先国、段祥昆：《转换成本、顾客满意与顾客忠诚：基于移动通信客户行为的研究》，《中国软科学》2011 年第 4 期。

④ 李玉萍：《网上转换成本对顾客重复购买意愿影响的研究》，《价格理论与实践》2014 年第 12 期。

⑤ Wangenhem, F. V., "Stituational Characteristics as Moderators of the Satisfaction Loyalty Link: An Investigation in a Business – to – Business Context", *Journal of Consumer Satisfaction, Dissatisfaction and Complain Behavior*, Vol. 16, 2003, pp. 145 – 156.

客忠诚具有调节作用，通过调节两者关系进而影响两者间的相互转换过程。Lam 等[1]通过对韩国和法国移动通信行业的研究发现：当消费者感知到转换成本较高时，即便消费者消费体验没有达到满意，仍然会继续维持和以前运营商的关系。金立印[2]指出转换成本对品牌忠诚度有直接明显的调节主要体现在替代者吸引力和消费者满意度同时较低或较高时。转换成本对于品牌忠诚度会在替代者吸引力较高和消费者满意度较低时失效；而相反时，只要替代者所提供利益不足以弥补转换成本时，消费者仍然会忠诚该品牌。郭鑫[3]把零售业超市顾客作为研究对象，通过构建转换成本、顾客价值、顾客满意和品牌忠诚的关系模型进行实证分析得出：转换成本对顾客价值、顾客满意和品牌忠诚三者关系具有调节作用。林春桃等[4]通过对福州消费者的问卷调查数据进行实证研究发现：乌龙茶消费者转换成本对消费者满意度和行为忠诚的关系有显著正向调节作用。胡彦蓉等[5]对顾客满意、服务品牌资产和品牌忠诚之间关系进行实证研究发现：转换成本对顾客满意与品牌忠诚关系具有调节作用，但效应不显著。汪蓉和韦恒[6]对我国移动通信市场数据进行研究后发现：转换成本对品牌忠诚度和转换意愿关系具有负向调节效应。黄速建等[7]通过构建了顾客忠诚度、心理契约违背和转换成本

---

[1] Lam, S. Y., et al., "Customer Value, Satisfaction, Loyalty, and Switching Costs: An Illustration from a Business – to – Business Service Context", *Journal of the Academy of Marketing Science*, Vol. 32, No. 3, 2004, pp. 293 – 311.

[2] 金立印：《服务转换成本对顾客忠诚的影响——满意度与替代者吸引力的调节效应》，《管理学报》2008 年第 6 期。

[3] 郭鑫：《顾客价值、顾客满意和转换成本对顾客忠诚影响实证研究》，《商业时代》2012 年第 10 期。

[4] 林春桃等：《基于转换成本调节作用的乌龙茶品牌忠诚研究——以福州消费者为例》，《茶叶科学》2013 年第 2 期。

[5] 胡彦蓉等：《服务品牌资产、顾客满意与品牌忠诚的关系研究：基于顾客的视角》，《数学的实践与认识》2015 年第 6 期。

[6] 汪蓉、韦恒：《理性行为视角下顾客忠诚影响顾客转换意愿的三维交互机制研究——以我国移动通信市场为例》，《哈尔滨商业大学学报》（社会科学版）2017 年第 4 期。

[7] 黄速建等：《心理契约违背对顾客忠诚度的影响研究——基于转换成本的调节效应》，《辽宁大学学报》（哲学社会科学版）2018 年第 2 期。

关系模型发现,转换成本对前两者关系具有负向调节作用。

**五 关于品牌感知价值的研究**

(一)品牌感知价值的维度及影响因素

第一,品牌感知价值的维度。最初很多学者认为感知价值维度是质量和价格之间的比例或权衡,如 Zeithaml[1]。其他学者如 Bolton 和 Drew[2] 认为感知价值二维度过于简单,因此出现了很多学者提出了更广泛的感知价值内涵:Sheth 等[3]提出感知价值的维度有五个,即社会、情感、功能、认知和条件价值。Vigneron 和 Johnson[4] 提出社会性、享乐主义、独特性、炫耀性和质量价值是有声望品牌感知价值的五种类型,其中反映公我意识的是社会和炫耀价值,反映私我意识的是独特性价值、享乐主义和质量。Parasuraman 和 Grewal[5] 则将感知价值理解为一个动态概念,它包括四种价值类型:获取、交易、使用中和赎回价值。Sweeney 和 Soutar[6] 基于以往研究,将价格从功能价值中分离出来,并去掉了认知价值和条件价值,通过实证研究提出了社会价值、质量价值、价格价值和情感价值四个维度。范秀成、罗海成[7]在总结 Sweeney 和 Soutar 与 Zeithaml 的观点基

---

[1] Zeithaml, V. A., "Consumer Perceptions of Price, Quality, and Value: A Means-end Model and Synthesis of Evidence", *Journal of Marketing*, Vol. 52, No. 3, 1988, pp. 2 – 22.

[2] Bolton, R. N., Drew, J. H., "A Multistage Model of Customers' Assessments of Quality and Value", *Journal of Consumer Research*, Vol. 17, No. 4, 1991, pp. 371 – 384.

[3] Jagdish N. Sheth, et al., "Why We Buy What We Buy: A Theory of Consumption Values", *Journal of Business Research*, Vol. 22, 1991, pp. 159 – 170.

[4] Vigneron, F., Johnson, L. W., "A Review and a Conceptual Framework of Prestige-seeking Consumer Behavior", *Academy of Marketing Science Review*, Vol. 1, No. 1, 1999, pp. 1 – 15.

[5] Parasuraman, A. and Grewal, D., "The Impact of Technology on the Quality-Value-Loyalty Chain: A Research Agenda", *Journal of the Academy of Marketing Science*, Vol. 28, No. 1, 2000, pp. 168 – 174.

[6] Jillian, C. Sweeney, Geoffrey N. Soutar, "Geoffrey, Consumer Perceived Value: The Development of a Multiple Item Scale", *Journal of Consumer Research*, Vol. 77, 2001, pp. 203 – 220.

[7] 范秀成、罗海成:《基于顾客感知价值的服务企业竞争力探析》,《南开管理评论》2003 年第 6 期。

# 第一章 引言

础上，将感知价值分为社会价值、情感价值和功能价值，他把 Sweeney 和 Soutar 所说的质量价值和价格价值统一为功能价值。陶鹏德等[①]提出感知价值由两个维度构成：感知利得和感知利失，其中感知风险和感知价格组成了感知利失，而社会价值、情感价值及功能价值构成了感知利得。Marbach 等[②]把品牌感知价值分为审美价值、卓越、游戏、效率和利他主义值。邵景波等[③]运用扎根理论对中国情境下的奢侈品牌进行研究，提出了奢侈品牌价值感知的五维度模型，这五维度分别为：品牌关系价值、社会价值感知、功能价值感知、财务价值感知和个人价值感知。张国政等从农产品质量安全角度出发结合农产品消费者感知价值理论，把农产品消费者感知价值划分为功能价值、安全价值、情感价值、经济价值和友好价值五个维度。陈超等[④]以转基因食品消费者为调查对象，构建感知价值的功能价值、情感价值、社会价值和经济价值四个维度。刘燕等[⑤]基于 Norman[⑥] 关于消费者受产品服务等三个层面即本能、行为和反射层面影响的观点提出感知价值三个维度——功能性、享乐性和象征性价值。李桂华等[⑦]将品牌感知价值划分为终端产品差异化

---

① 陶鹏德等：《零售商自有品牌感知价值对购买意愿影响的实证研究》，《南京社会科学》2009 年第 9 期。

② Julia Marbach, et al., "Who are You and What do You Value? Investigating the Role of Personality Traits and Customer-perceived Value in Online Customer Engagement", *Journal of Marketing Management*, Vol. 32, No. 5-6, 2016, pp. 502-525.

③ 邵景波等：《奢侈品母品牌价值感知对延伸品购买意愿的影响——顾客满意和品牌信任的链式中介作用》，《预测》2019 年第 3 期。

④ 陈超等：《消费者感知价值对转基因食品购买意愿的影响研究——以转基因大豆油口碑为调节变量》，《江苏农业科学》2017 年第 7 期。

⑤ 刘燕等：《感知价值对酒店品牌依恋的影响机制：一个有调节的中介模型》，《旅游学刊》2019 年第 4 期。

⑥ Norman, D. A., *Emotional Design: Why We Love (or Hate) Everyday Things*, New York: Basic Books, 2005, pp. 35-37.

⑦ 李桂华等：《要素品牌感知价值对消费者重购意向的影响——以品牌信任为中介的实证研究》，《管理现代化》2019 年第 1 期。

◇ 消费者品牌忠诚度的构建

感知和终端产品质量感知两个维度。郭安禧等[1]在探讨游客感知价值维度对重游意向的影响机理中,把游客感知价值分为实体价值、经济价值、学习价值三个维度。

第二,品牌感知价值的影响因素。Chen 和 Dubinsky[2]对消费者在电子商务环境中的感知价值概念模型进行探索性研究发现:消费者感知价值的影响因素有感知产品质量、感知风险、产品价格和在线购物体验价格。崔冬冬和张新国[3]以轿车品牌为研究对象,指出企业形象和品牌声誉能够提高品牌的感知价值,充分利用品牌的象征作用有利于增加品牌竞争力和提高市场占有率。Amjad 以阿联酋网络银行使用者为研究对象,通过分析得出结论:品牌意识和形象正方向显著影响品牌感知价值。欧霞和陆定光[4]从广告、促销、产品、服务、价格五个关键元素入手,评估发现:服务、产品、价格对感知价值有显著影响。张曦[5]构建了酒店体验营销、感知价值和忠诚关系的模型,通过实证分析发现体验营销包括行动体验、感官体验、思考体验和情感体验且均显著影响感知价值。万静[6]认为在线零售渠道中感知价值的主要影响因素为感知风险和感知利益,离线零售渠道中感知价值的主要影响因素为感知质量和感知成本。吴卿毅和黄斐[7]经过两个实验研究发现:负面口碑中的消极情绪在在

---

[1] 郭安禧等:《旅游者感知价值维度对重游意向的影响机制——基于团队旅游者的视角》,《世界地理研究》2019 年第 1 期。

[2] Chen, Z., and Dubinsky, A. J., "A Conceptual Model of Perceived Customer Value in E - commerce: A Preliminary Investigation", *Psychology and Marketing*, Vol. 20, 2003, pp. 323 – 347.

[3] 崔冬冬、张新国:《轿车品牌资产来源与提升对策》,《统计与决策》2012 年第 5 期。

[4] 欧霞、陆定光:《品牌体验对感知价值、品牌忠诚度的影响研究——以香港化妆品行业为例》,《新闻大学》2016 年第 3 期。

[5] 张曦:《体验营销、感知价值与顾客忠诚度关系研究——基于休闲度假酒店的经验证据》,《哈尔滨商业大学学报》(社会科学版) 2016 年第 4 期。

[6] 万静:《感知价值与顾客多渠道购物意愿的关系探讨》,《商业经济研究》2018 年第 6 期。

[7] 吴卿毅、黄斐:《在线口碑数量、效价及情绪传递对产品价值感知的影响》,《商业研究》2019 年第 6 期。

线少量口碑时会促使消费者对产品的负面感知降低;反之,不会影响价值感知;在线口碑数量足够多会极化消费者的价值感知。王建军等[1]基于S—O—R模型和社会关系理论构建了网络口碑对消费者购买意愿的机理模型,通过实证检验发现:陌生口碑对消费者感知价值存在显著正向影响。

(二) 品牌感知价值与品牌忠诚度的关系

1. 品牌感知价值与购买意愿关系

Parasuraman[2]指出消费者感知价值有直接决定消费者的重复购买意愿的作用。陶鹏德把品牌感知价值分为品牌功能价值、社会价值、情感价值三个利得维度和感知价格、感知风险两个维度,研究发现:品牌情感和功能价值对品牌购买意愿有显著的影响,而品牌感知价格、风险和社会价值对品牌购买意愿没有显著影响。Tsao和Tseng[3]认为消费者在购买某品牌产品或服务时所体验的价值越高,重复使用和重复购买的行为倾向越高。Chen等[4]认为消费者感知价值增加显著正向影响消费者对某品牌的产品或服务重复购买意愿。刘振华[5]基于国内外学者对感知价值和消费者购买意愿关系研究的基础上,以互补品为研究重点,把感知价值分为功能、情感和社会价值三个维度,并对不同类型互补品的购买意愿进行研究发现:对于充分互补品,消费者感知功能、情感、社会价值正向影响消费者的购买意愿。感知功能、情感和社会价值依次从强到弱影响消费者

---

[1] 王建军等:《网络口碑、感知价值与消费者购买意愿:中介与调节作用检验》,《管理工程学报》2019年第4期。

[2] Parasuraman, A., "Reflections on Gaining Competitive Advantage through Customer Value", *Journal of the Academy of Marketing Science*, Vol. 25, 1997, p. 154.

[3] Tsao, W.-C., Tseng, Y.-L., "The Impact of Electronic Service Quality on Online Shopping Behavior", *Total Quality Management*, Vol. 22, 2011, pp. 1007-1024.

[4] Chen, H. S., et al., "A Study of Relationships Among Green Consumption Attitude, Perceived Risk, Perceived Value Toward Hydrogen-electric Motorcycle Purchase Intention", *AASRI Procedia*, No. 2, 2012, pp. 163-168.

[5] 刘振华:《感知价值对不同互补品购买意愿的影响——核心产品品牌形象的调节作用》,《商业经济研究》2017年第24期。

的购买意愿。对于必要互补品，消费者感知功能和情感价值对消费者购买意愿具有正向影响。李子键和朱战国[1]研究了本地食品消费者购买意愿的形成机理发现：食品感知质量对感知价值、消费态度和购买意愿均具有积极正面影响，消费者当地食品感知价值正面显著影响消费态度和购买意愿。张国政等从农产品质量安全角度出发运用农产品消费者感知理论，经过实证研究得出结论：友好价值、情感价值、功能价值、经济价值和安全价值为农产品消费者感知价值五个维度，此五个维度均对农产品购买意愿有积极正向影响，其中影响最为显著的是安全价值。王晓珍等[2]从网络购物角度入手，构建框架发现：感知价值在价格框架与消费者购买意愿中具有部分中介作用。陈超等以转基因食品消费者为调查对象，构建感知价值的功能价值、情感价值、社会价值和经济价值四个维度，并对感知价值四个维度对购买意愿的影响进行实证分析发现：感知价值四个维度均对消费者的转基因食品购买意愿有显著正向影响，其中对购买意愿影响程度最大的是情感价值。崔登峰和黎淑美[3]认为区域价值是特色农产品品牌感知价值的关键要素，特色农产品品牌区域价值显著正向影响消费者购买行为倾向。万静认为在多渠道情景下，离线感知价值对在线购物意愿有正面影响；不同的零售渠道下感知价值均对购买意愿具有积极的影响。杨炌等[4]以手机品牌作为研究对象，认为品牌功利价值和享乐价值是构成手机品牌感知价值的两个维度，并构建了品牌态度、品牌感知价值和品牌购买意图的结构方程，研究了品牌态度、功利价值、享乐价值和购买意图的关系。

---

[1] 李子键、朱战国：《国内消费者本地食品购买意愿形成机理研究——基于感知质量和感知价值的视角》，《世界农业》2017年第8期。

[2] 王晓珍等：《网购价格框架对消费者感知价值与购买意愿的影响》，《商业经济研究》2017年第14期。

[3] 崔登峰、黎淑美：《特色农产品顾客感知价值对顾客购买行为倾向的影响研究——基于多群组结构方程模型》，《农业技术经济》2018年第12期。

[4] 杨炌等：《功利和享乐主义视角下感知价值对购买意图的影响研究——以手机品牌为例》，《商业经济研究》2018年第1期。

研究发现：在形成消费者品牌意图过程中功利价值作用高于享乐价值；企业可以通过提高享乐价值而增加消费者的品牌态度，提高功利价值促进购买意图的形成，进而提高品牌的竞争力。李桂华等将品牌感知价值划分为终端产品差异化感知和终端产品质量感知两个维度，而这两个维度均对消费者的重购意向具有显著的影响。

2. 品牌感知价值与品牌忠诚度关系

首先，品牌感知价值对品牌忠诚度的直接影响。Sirohi 等[1]指出当市场环境竞争很激烈时，品牌感知价值会显著地正向影响品牌忠诚度，是品牌忠诚度的主要驱动因素。Chen 提到消费者品牌感知价值在形成消费者品牌忠诚度的过程中发挥重要作用。董雅丽和何丽君[2]也提到增加消费者感知价值有利于提高消费者的品牌忠诚度，品牌忠诚度最终驱动因素是品牌感知价值。Chen 等在研究感知价值与氢电动摩托车购买意愿关系后得出感知价值均显著影响消费态度和购买意愿的结论。欧霞和陆定光结合零售服务业对品牌感知价值、品牌偏好度以及品牌忠诚度评估发现：感知价值与品牌偏好对品牌忠诚度有显著正向影响。张曦构建了酒店体验营销、感知价值和忠诚关系的模型，通过实证分析发现感知价值的三个维度即感知质量、感知服务和感知品牌形象均对品牌忠诚度具有显著的正向影响。

其次，品牌感知价值对品牌忠诚度的间接影响。很多学者认为，品牌感知价值是通过品牌满意来影响品牌忠诚度的。Akroush 等[3]认为购买某品牌产品或服务的感知价值对零售环节中消费者的心理具有反应，也就是说品牌感知价值会对消费者购买该品牌产品或服务

---

[1] Sirohi, N., et al., "A Model of Consumer Perception and Store Loyalty Intentions for a Supermarket Retailer", *Journal of Retailing*, Vol. 74, No. 2, 1998, pp. 223 – 245.

[2] 董雅丽、何丽君：《基于消费者感知价值的品牌忠诚研究》，《商业研究》2008 年第 11 期。

[3] Akroush, M., et al., "The Influence of Mall Shopping Environment and Motives on Shoppers Response, a Conceptual Model and 526 A. A. Abu ELSamen Empirical Evidence", *International Journal of Services and Operations Management*, Vol. 10, 2011, pp. 168 – 198.

的满意度有影响。Amjad 以阿联酋网络银行使用者为研究对象，经过研究发现：消费者满意度对品牌感知价值和品牌忠诚度的关系具有中介作用。郑文清等与刘丽和张宁[1]实证检验了满意度、感知价值和忠诚度的关系，进一步分析满意度作为中介变量对感知价值与客户忠诚度关系的影响，结果表明：顾客满意度在感知价值与忠诚度的关系中具有中介作用。薛永基等[2]以旅游顾客为研究对象发现，感知价值还会通过对行为态度和满意度的影响对品牌忠诚度具有直接和间接正向的影响。邵景波等通过实证研究发现，品牌满意在品牌感知价值和购买意愿之间起到完全链式中介作用。郭安禧等在探讨游客感知价值维度对重游意向的影响机理中，把游客感知价值分为实体价值、经济价值、学习价值，通过实证验证得出：游客满意在实体价值、学习价值到重游意向路径中起部分中介作用，在经济价值到重游意向路径中起到完全中介作用。

最后，品牌感知价值作为其他变量影响购买意愿或品牌忠诚度的中介变量。蒋廉雄和卢泰宏[3]通过构建品牌形象与顾客价值—满意—忠诚关系模型来研究品牌忠诚度形成机制时发现，感知价值作为品牌形象影响品牌忠诚度的中介变量。郑文清等以"耐克"为测试品牌，测试结果发现：营销策略可通过消费者感知价值对品牌忠诚度产生间接影响，因此，消费者感知可作为营销策略和品牌忠诚度的中介变量。Pina 和 Bravo[4]在对汽车和鞋子的豪华品牌和高档品牌研究中，通过对不同收入水平的消费者调查可以看出：延伸态度通过延伸的感知价值直接或间接地与品牌忠诚度呈正相关，感知价

---

[1] 刘丽、张宁：《顾客感知价值、满意度与忠诚度的关系研究——电子商务环境下的实证分析》，《信息资源管理学报》2016 年第 3 期。

[2] 薛永基等：《自然游憩品牌游客认知、感知价值与品牌忠诚》，《商业研究》2017 年第 7 期。

[3] 蒋廉雄、卢泰宏：《形象创造价值吗？——服务品牌形象对顾客价值—满意—忠诚关系的影响》，《管理世界》2006 年第 4 期。

[4] Jose M. Pina, Rafael Bravo, "The Role of Perceived Value in Vertical Brand Extensions of Luxury and Premium Brands", *Journal of Marketing Management*, Vol. 31, No. 7 - 8, 2015, pp. 881 - 913.

值在品牌态度、延伸态度与购买意向的关系中起部分中介作用。王建军等从社会媒体角度出发，构建了网络口碑对消费者购买意愿的机理模型，通过实证检验发现：陌生口碑对消费者感知价值存在显著正向影响，感知价值在陌生口碑与购买意愿作用过程中起部分中介作用。

**六　简要述评**

前面综述了农产品品牌建设相关理论、品牌忠诚度理论、品牌满意度、品牌转换成本、品牌感知价值的相关文献。通过对以往的学者们的研究成果进行梳理、分类和总结得出以下一些结论。

第一，农产品品牌建设理论与品牌忠诚度理论交叉领域的研究较少。通过文献梳理发现：中外学者对农产品品牌忠诚度的研究不多。我国农产品品牌建设的理论研究尚处于初级阶段，研究集中在农产品区域品牌建设方面，从宏观角度探究整个区域的农产品品牌发展，但从微观角度对农产品企业或产品品牌建设的研究较少。在我国农产品品牌建设理论中，学者们大多以某些生鲜农产品品牌作为研究对象，而以大米品牌为研究对象的极少，从提高农产品品牌忠诚度角度来提高农产品品牌竞争能力的研究也不多。因此，关于大米品牌忠诚度问题的研究是需要拓展的方向。

第二，品牌忠诚度的影响因素众说纷纭，始终没有统一共识。有研究表明品牌忠诚度最主要的影响因素有品牌感知价值、品牌满意度和品牌转换成本等。但这些研究大多把品牌忠诚度作为单一维度或仅对品牌行为忠诚或态度忠诚进行研究，而没有同时分别研究各因素对品牌态度忠诚或行为忠诚的影响。同时，这些理论同样大多针对非农品牌的产品或服务做研究，虽有扩展到农产品领域，但涉入较浅，需要进一步深入研究。

第三，在品牌感知价值对品牌忠诚度的影响研究中，虽然很多学者证明了品牌感知价值是品牌忠诚度的一个影响因素，但进一步探讨品牌感知价值各维度对品牌忠诚度影响的研究较少。另外，品牌感知价值的维度划分也没有达到统一的共识，绝大多数学者在对感知价值维度划分时并没有从消费者需求角度进行划分。虽然有学者把品牌感知价值按马斯洛需求层次理论划分为品牌功能价值、品牌情感价值和品牌社会价值,但并没有研究此三维度对品牌忠诚度的影响程度和各自重要性如何。因此,这需要进一步研究。

鉴于此,本书将以大米产业及市场供求现状为背景,首先从微观角度,对消费者品牌忠诚形成机理进行全新的阐述,构建消费者品牌忠诚度的理论模型,重点验证品牌感知价值三维度、品牌满意度和品牌转换成本分别对品牌态度忠诚或行为忠诚的影响,从而确定各因素的影响程度和相互关系。最后对不同特征消费者的品牌忠诚会更易受哪些因素的影响进行探索。本书将在以往学者观点的基础上做进一步的拓展。

# 第三节 研究内容、方法和技术路线

## 一 研究的主要内容

本书所要解决的问题是如何提高消费者的大米品牌忠诚度,最终目标的实现需要解决研究目的的三个问题,围绕这三个问题,需要做以下几件事:第一,消费者品牌忠诚形成机理是怎样的?第二,消费者品牌忠诚度理论模型的构建;第三,消费者品牌忠诚度及各影响因素的测量;第四,对消费者品牌忠诚度模型实证分析。研究的主要内容具体如下:

第一章,引言。第一,介绍了本书的实践和理论背景并提出本书所要研究的问题。第二,若要提高消费者大米品牌忠诚度必须具体解决三个问题,这三个问题便是本书的研究目的。第三,提出本书的理论和实践意义。第四,本书的国内外文献综述。在这部分内容里,首先是对国内外关于农产品建设、品牌忠诚度、品牌感知价值、品牌满意度、品牌转换成本相关理论的研究进行综述。其次对国内外学者的研究情况进行简要评价,通过国内外文献研究述评发

# 第一章 引言

现本书的研究拓展空间有：鉴于农产品品牌的研究在我国近几年来集中在农产区域品牌研究上，为了强调农产品经营主体品牌个性化和差异化，本书可从微观角度对大米经营主体的企业品牌或产品品牌进行研究；品牌态度忠诚和行为忠诚的影响因素至今无统一共识，可为本书提供从全新角度进行研究的空间；品牌感知价值维度划分观点不统一以及其具体维度对品牌忠诚度影响研究匮乏，为本书提供了品牌感知价值新角度划分和品牌感知价值各维度对品牌忠诚度影响研究的空间。最后是对本书的主要内容、所使用的研究方法和技术路线的简要介绍。

第二章，相关概念界定和理论基础。首先，对本书涉及的相关概念进行界定。大米品牌含义是从微观角度被界定为企业或产品品牌，另外，还界定了品牌大米消费者、大米经营主体的含义。这些概念的界定可为后面的问卷调查确定调查范围；通过品牌忠诚度及相关影响因素概念的界定可为后面理论模型构建和量表设计奠定基础。其次，对本书涉及的理论基础进行介绍，具体理论包括整合营销理论、农产品营销理论、品牌营销理论、马斯诺需求层次理论和消费者心理及行为理论。最后，是对消费者品牌忠诚形成机理的分析，这部分内容将是第四章消费者品牌忠诚度理论模型构建的重要基础。通过本章内容可为本书在确定研究对象、量表设计、模型构建方面奠定基础。

第三章，我国大米市场供求现状及品牌营销问题分析。通过第二章的消费者品牌忠诚形成机理的分析可知，产业、市场环境因素是影响消费者品牌忠诚度形成的主要客观影响因素。因此，需要对本研究所处的产业和市场背景进行研究。在本章中，首先，从大米生产、流通加工和大米销售及贸易角度来反映我国大米产业供给现状；其次，通过我国大米产品特征分析、我国大米消费者需求分析和我国大米供需平衡情况分析来反映我国消费者需求现状及大米市场供需平衡情况；最后，根据我国大米市场供需现状，对我国大米品牌营销存在的问题进行分析。本章内容为理论模型构建的背景环境分析，可作为研究结论解释的基础。

第四章，消费者品牌忠诚度理论模型构建及假设。首先，对以前学者的品牌忠诚度模型及相关模型进行评述，介绍每个模型的基本原理，并对每个研究模型进行评价和总结。然后，以这些研究模型和第二章中消费者品牌忠诚形成机理分析为基础，根据我国大米产业、市场的实际情况和大米产品的特殊性，把消费者对品牌感知价值按马斯洛需求层次理论划分为品牌功能价值、品牌情感价值和品牌社会价值后，并与品牌转换成本、品牌满意度共同构建对品牌态度和行为忠诚影响的理论模型并提出相应假设。

第五章，大米品牌忠诚度问卷设计与预测试。为了验证模型，需对各变量进行测量，在对理论模型各变量正式测量前需对各变量测量量表进行设计和修正。本章主要是为理论模型中各变量的正式测量进行准备的过程。各变量通过量表进行测量，样本数据通过问卷调查的方式取得。因此，在本章中，首先，量表的初始设计是基于前人研究成果，通过咨询专家和对品牌大米消费者焦点访谈的基础上得出的，从而确保初始量表调查题项的科学性和易理解性，且适用于品牌大米消费者的调查。然后通过网络问卷调查方式收集数据进行预测试，并对各变量初始量表进行修正，最终形成正式的量表和调查问卷。

第六章，消费者品牌忠诚度模型分析与检验。本章是使用第五章最终形成的正式量表和问卷进行正式调研收集数据，然后进行模型验证的过程。第一，数据收集及预处理。首先，对调研样本数量的初步预估，确定最少的样本收集量。其次，正式调研，主要采取实地调研和网络问卷调查两种方式，并对两种调研过程进行有效的控制。最后，对所获取的数据进行缺失值处理、两种不同来源数据的同质性检定、基本数据的正态性检定及数据非正态性的修正，以保证样本数据可有效地用于结构方程分析。第二，通过对正式调研数据进行描述性统计分析，说明数据的特征。第三，对量表进行信度和效度检验以证明量表设计和数据质量较好。第四，对消费者品牌忠诚度模型进行分析和检验，来检验假设是否成立，并对实证结果进行解释。第五，为了测试已通过适配的模型是否具有稳定性，采用对样本数据随机分组的方式对模型进行交叉效度分析。第六，对消费者品牌忠诚度的两个竞争模型进行比较以探讨品牌功能价值、品牌情感价值、品牌社会价值、品牌满意度和品牌转换成本对品牌态度忠诚与品牌行为忠诚的影响是否有所不同及划分两个子模型的必要性。

第七章，模型中介效应与调节效应检验。本章内容主要是对各变量与品牌忠诚度除直接影响关系以外的其他路径关系的检验。具体内容包括：对品牌满意度作为品牌感知价值（功能价值、情感价值和社会价值）到品牌态度或行为忠诚间的中介进行检验；探索品牌大米消费者的性别、年龄、教育程度、收入水平是否会在品牌感知价值或品牌转换成本影响品牌态度或行为忠诚的过程中具有调节作用。

第八章，研究结论及应用价值。根据前面实证检验结果得出相应的结论，并把研究结论与我国大米品牌营销问题分析相结合，提出本书大米经营主体和政府培育品牌方面的应用价值。最后，说明本书研究的两点不足和今后的研究设想。

## 二　研究的方法

1. 文献研究法

首先，通过对国内外相关文献的查阅和分析，整理出关于品牌感知价值、品牌满意度、品牌转换成本和品牌忠诚度的研究进程，并对其进行评述，以总结出现有研究的不足和本书的着重点。其次，本书基于马斯洛需求层次理论、消费者心理和行为理论和消费者行为理论中著名的科特勒刺激反应理论对消费者品牌忠诚形成的机理进行描述。最后，基于整合营销理论、农产品营销理论、品牌营销理论、马斯洛需求层次理论、消费者心理和行为理论、消费者品牌忠诚形成机理构建了消费者品牌忠诚度模型并提出相应假设。

## 2. 调查法

本书的调查法具体包括访谈法和问卷调查法。①访谈法。品牌忠诚度等各变量量表的题项设计是基于以往学者的观点，并咨询了相关专家的建议。由于以往学者关于品牌忠诚度方面的研究调查大多针对非农商品或服务，因此，有必要对品牌大米消费者进行访谈以增进题项表述的可理解性。本书采取焦点小组访谈调查方式，小组调查人员共10人，参与访谈的品牌大米消费者为20名。访谈的目的是确保品牌大米消费者对各变量题项的理解与各变量题项设计要调查的内容具有一致性。②问卷调查法。本书的问卷调查分为三个部分：第一，对大米购买偏好及渠道的调查（见附录A）。此次调研通过网络问卷的形式以东北三省、江苏、北京和广东这几个省市的大米消费者为调查对象，在2018年1—6月对不同年龄段的大米消费者进行随机调查，调查参与人员共10人。第二，通过对各变量量表内容访谈后，形成了初始调查问卷（见附录B）。然后在2017年6月，通过网络发放问卷的方式进行预调查，调查参与人员共10人。使用预调查所收集的样本对初始量表进行预测试和修正，最终形成正式的调查问卷。第三，初始量表经修正后，形成正式调查问卷（见附录C）。正式调查问卷包含两部分调查，即实地调查和网络调查。首先，实地调查。实地调查参与人员人数为20人，根据调查人员家庭所在地，调查地点主要集中在吉林、辽宁、北京、广东、江苏和河北六个省市；调研时间为2017年12月到2018年9月；调研地点集中在批发市场、农贸市场、大米实体专卖店、大中型超市、社区小型超市或便利店超市等；调查方式采用一对一的直接采访的形式与消费者进行沟通，并填写问卷。其次，采取网络问卷调查。参与调查人员共10人，在2017年7月到2018年11月通过发送问卷链接的方式让消费者在线填写问卷，并负责与调研对象进行在线互动。

## 3. 定量分析法

本书关于大米产业和市场供求现状中数据的描述采用SPSS统计

分析法；然后使用问卷调查方式获取预调查数据后，仍采用SPSS统计分析方法对量表的初始题项进行筛选，删除不合格的题项，形成正式问卷，为后面实证研究做准备。

4. 实证研究法

本书采用结构方程（SEM）进行实证研究。正式调研获取数据后，本书采用结构方程模型来验证理论模型和研究假设，分析品牌感知价值、品牌满意度、品牌转换成本和品牌忠诚度之间的关系，探寻各变量之间的作用规律。结构方程分析法可以展现立体、多层次的符合真实人类思维形式的驱动力分析，这是传统线性相关分析和线性相关回归分析无法做到的。在传统线性相关分析中，相关系数无法反映单个变量与整体的因果联系；与传统线性回归分析中只能提供变量间的直接效应相比，结构方程模型可以反映可能存在的间接效应，甚至可以替代路径分析、因子分析、协方差分析和多重回归等方法；结构方程模型可以明显地展示出单个变量对整体的影响效果及与其他变量之间的关系；结构方程的多个群组分析方法可以证明不同组内变量之间的关系是否依然稳定。

◇ 消费者品牌忠诚度的构建

### 三 研究的技术路线

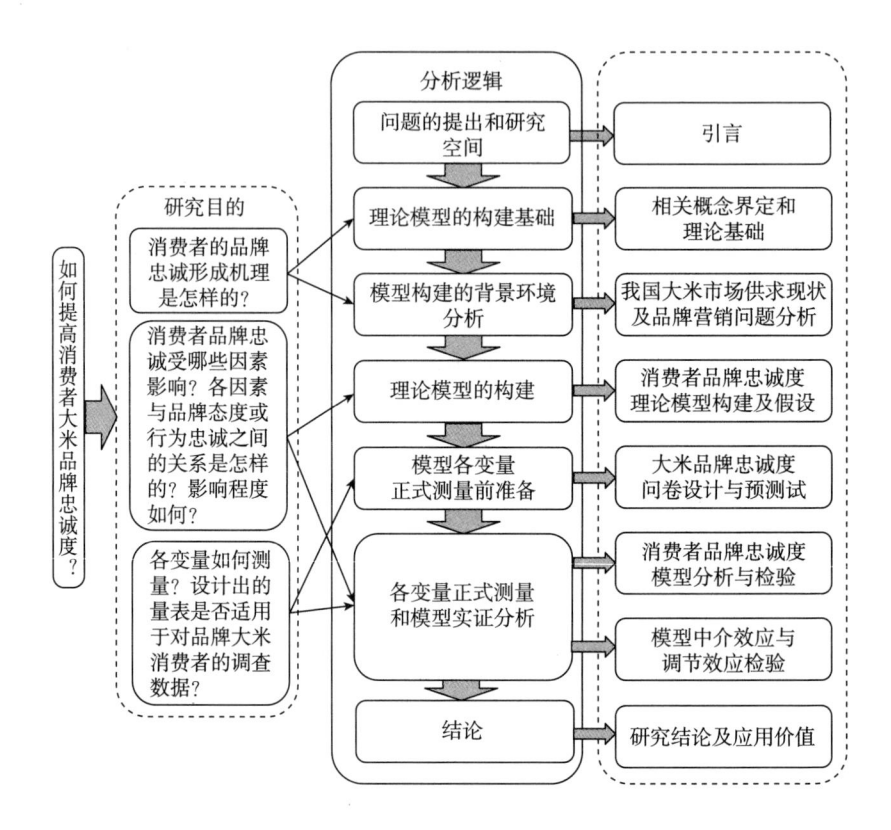

**图1-1 研究的技术路线**

# 第二章
# 相关概念界定和理论基础

## 第一节 相关概念界定

相关概念和研究的理论基础是研究的根基,是研究对象确定和变量量表设计和测量的前提,也是本研究顺利实施的保障。

### 一 大米品牌

**(一) 大米品牌的概念界定**

大米品牌是品牌在大米这种农产品上的延伸。品牌概念最初来源于《韦伯斯特词典》:如烙在动物身上表示所有权的热铁烙成的印记或用于表明内容物品质制造而印在包装容器表面,例如,品质、成分或等级都可以成为面粉优秀品牌的认定标志。近代营销学界对品牌的权威解释是美国市场营销协会做出的,它把品牌定义为一种名称、标记、术语、设计和符号或是以上的组合,用以辨认某个或某群消费者的产品或服务,并可以区别于竞争者的产品和服务。这个定义注重品牌标志性特征,对此,营销学权威菲利普-科特勒(Philip Kotler)和品牌研究专家凯文莱思·凯勒(Kevin Lane Keller)对品牌基本特征进一步解释为:这些差别可能是与品牌产品性能有关的有形的、理性的或功能的方面;也可能是无形的、感性的、更有象征性的且与品牌所含观念有关的方面。基于品牌以上

◇ 消费者品牌忠诚度的构建

含义,我国著名的营销学家卫军英等认为品牌内涵可以从品牌依附物、品牌标志物和品牌象征物三个方面来解释,其中品牌依附物主要是指品牌的物质属性,即满足需求和有用性的物质形态,任何消费者的需求最终都可以归为对功能价值的追求;产品和服务虽是品牌的物质基础,但不意味着产品和服务本身就是品牌,而名称、商标和标志可以将特定的产品或服务与同类区分出来,这些便是品牌标志物;品牌本身并不仅仅在于品牌依附物和品牌标志物而是还有品牌象征物,任何品牌产品提供给消费者的不仅仅是单纯的功能价值,还有一种情感体验所带来的感觉价值,感觉价值往往超越功能价值,也就是说消费者消费的是品牌而不是产品[1]。张锐等在对品牌的内涵和外延进行阐述时提到:从品牌化事物的层次角度看,品牌可区分为微观品牌(Micro-brand)和宏观品牌(Macro-brand)。前者以单个品牌主体,如个人、企业、社团、政府、非营利组织、产品和服务作为品牌行为的研究对象;而后者是以地区、城市、国家、产业和区域等品牌活动作为研究对象[2]。大米品牌与其他非农产品或服务品牌相比具有与人类健康直接相关、需要安全及产业化的生产管理的独特自然属性、彰显核心竞争力的自然资源优势和受科技水平影响的原创技术性等特征[3]。有时,大米品牌是区域品牌,它不属于任何企业或个人,而是区域内相关主体共同所有,具有非排斥性和非竞争性,是依附于某一地区而存在的集体品牌,但这种大米品牌属于宏观品牌。

由于关于区域等宏观品牌的研究通常无法体现微观个体品牌的差异性,因此,在本书中,大米品牌内涵是从微观角度进行定义的,大米品牌就是大米经营主体为了使其大米产品区别于其他大米产品的有形和无形要素,具体包含企业品牌和产品品牌。其中,企

---

[1] 卫军英、任中峰:《品牌营销》,首都经济贸易大学出版社2009年版。
[2] 张锐等:《论品牌的内涵与外延》,《管理学报》2010年第7期。
[3] 于富喜:《新常态下我国农产品品牌战略管理研究》,《改革与战略》2017年第6期。

业品牌，通常以企业名称为品牌名称的大米品牌。企业品牌通常表现为企业标识，例如：福临门五常长粒香，其中福临门为企业标识，五常为产地标识，长粒香为大米品类标识。产品品牌，既指反映大米经营主体核心价值观的大米产品名称、符号、标记等方面的组合体，又指一系列有关大米产品的代表。从大米品牌名称上看，产品品牌通常表现为产品标识，如五梁红五常稻花香2号，其中五梁红为产品标识，五常为产地标识，稻花香2号为大米品类标识。

（二）品牌大米市场参与主体

品牌大米就是大米品牌所提供的大米产品，在品牌大米市场上所涉及的参与主体如下：

1. 品牌大米消费者

品牌大米消费者就是有过品牌大米购买经历的消费者。分析消费者购买行为的产生、特点及其客观规律是大米品牌建设的关键内容。结合消费者心理和行为相关理论，品牌大米消费者行为一般具备以下特点：①复杂性。人们发生消费行为必然有动机驱使，但产生行为的动机极其复杂和隐蔽。同一动机可产生多种行为，同一行为也可能是多种动机使然。同时，消费者行为还受各种经济、文化、社会及自身的外部和内部因素的影响，这种影响是直接的，或是间接的，也可以是交互影响。②多样性。多样性体现在消费者在选择产品方式、需求和偏好方面侧重有所不同，同一消费者在不同时期和环境下，对产品选择也会有很大差别。③可诱导性。可诱导性体现在消费者对自己的需求仅有模糊性认识。通过有效促销手段，可以刺激或影响消费者的需求，甚至改变他们的消费习惯和观念。④期望性。每个消费者都希望以最少的支出来实现自己最大的需求。这使消费者在付出代价的同时对商品各方面均有所要求和期望。⑤一致性。一致性体现在消费者的行为与本人的职业、社会地位和收入水平相符；还与当地生活和文化环境保持一致，同时还受社会舆论和观念的影响。⑥时代性。随着时代的变化，消费者的消费需求、观念和方式会随之变动。

2. 品牌大米经营主体

通过前面对大米品牌概念的界定，结合我国大米品牌实际情况，本书所指的品牌大米的经营主体根据所拥有的大米品牌类型具体包括三个部分：①仅有自己企业品牌或产品品牌的大米经营主体；②既有自己的企业品牌或产品品牌又有大米区域品牌的大米经营主体，但大米区域品牌仅是自己品牌的关联物；③自己的企业品牌或产品品牌与大米区域品牌同时使用的大米经营主体。品牌大米经营主体按大米品牌所有者类型可分为四类：一是大米生产者即农民、专业大户或家庭农场等；二是大米加工企业；三是大米经销者，如批发或零售，如农民生产合作社、个体和私营企业等；四是上述几个组织一体化的农业产业化组织，如"公司+合作社+农户""公司+农户"或"农户+基地+公司"等。品牌大米经营主体在复杂且不断变化的环境下，与目标消费者、其他企业和社会公众相互协作、服务或监督，开展大米品牌营销活动。这里的营销环境包括品牌大米经营主体所面临的宏观和微观环境。宏观营销环境有政治法律、经济、人口环境、科学技术、自然、社会文化环境等；品牌大米经营主体的微观营销环境与其本身有很大的联系，对其营销活动有直接或间接影响的各种参与者，如品牌大米经营主体内部、农资农具等供应商、大米营销中介和消费者、竞争对手和社会公众等。

## 二 品牌忠诚度

（一）品牌忠诚度的概念界定

品牌忠诚度的概念最初雏形来源于Copeland[1]关于顾客消费习惯与营销方法的一篇论文中，他认为消费者对品牌态度有认可、偏爱和坚持。此后，学者们对品牌忠诚度进行了一系列研究，研究的过程如下：

---

[1] Melvin T. Copeland, "Relation of Consumers' Buying Habits to Marketing Methods", *Harvard Business Review*, Vol. 1, 1923, pp. 282–289.

第一阶段，最初的学者把品牌忠诚度与行为联系在一起。Tucker[1]认为了解消费者心理很困难，但是购买行为则是更加直观，如果顾客连续3次购买同一品牌就可以认为该顾客对此品牌忠诚。Newman 和 Werbel[2]指出品牌忠诚度是指消费者不会轻易放弃这个品牌，会重复选择这个品牌的产品，且只考虑购买这个品牌产品。Tellis[3]重点强调品牌忠诚度体现为重复相同品牌采购的频率或相对数量。后来有些学者如 Zeithaml 等[4]指出品牌忠诚度除了顾客的一系列行为表现出与某一品牌保持一定关系，还有其他特征如顾客会主动向他人宣传该品牌及持续购买。

第二阶段，有些学者提出消费者对品牌忠诚包含某些心理因素如承诺、偏好、情感等。Jacoby 和 Olson[5]强调品牌忠诚度并不是一个随机的行为结果，而是长时间的存在，主要指顾客面对很多不同品牌时，所形成的一种心理上对某一品牌承诺的购买经历。Deighton 和 Henderson[6]认为品牌忠诚度是通过消费者以前的购买经历，使其从心理上对该品牌的偏好。屈云波[7]主张品牌忠诚程度可用品牌转换的可能性反映，且是品牌情感的衡量。罗子明[8]又阐述了品牌忠

---

[1] Tucker, William, T., "The Development of Brand Loyalty", *Journal of Marketing Research*, 1964 (August), pp. 32 – 23.

[2] Newman, Werbel, "Multivariate Analysis of Brand Loyalty for Major Household Appliances", *Journal of Marketing Research*, Vol. 10, No. 4, 1973, pp. 404 – 409.

[3] Tellis, Gerard, J., "Advertising Exposure, Loyalty, and Brand Purchase: A Two - stage Model of Choice", *Journal of Marketing Research*, Vol. 25, 1988, pp. 134 – 144.

[4] Zeithaml, Berry, Parasuraman, "The Behavioral Consequences of Service Quality", *Journal of Marketing*, Vol. 60, No. 2, pp. 31 – 46.

[5] Jacoby, J., Olson, J. C., "An Attitudinal Model of Brand Loyalty: Conceptual Underpinnings and Instrumentation Research", *Purdue Papers in Consumer Psychology*, No. 159, 1970, pp. 14 – 20.

[6] Deighton, Joha, Henderson, Caroline, M., "The Effects of Adverting on Brand Switching and Repeat Purchasing", *Journal of Marketing Research (JMR)*, Vol. 31, No. 1, 1994, pp. 28 – 43.

[7] 屈云波：《品牌营销》，企业管理出版社1996年版。

[8] 罗子明：《消费者品牌忠诚度的构成及其测量》，《北京商学院学报》1999年第2期。

◇ 消费者品牌忠诚度的构建

诚度的高低，消费者如果对该品牌呈现出高频率的重复性购买和浓烈的选择性偏好，甚至把该品牌作为唯一的选择，则此类消费者为高水平品牌忠诚度的消费者；消费者如果对该品牌低频率重复购买和选择偏好不强，则此类消费者为低水平品牌忠诚度的消费者。Hofimeyr 和 Rice[1] 认为，客户必须表现出对该产品的渴望，营销人员才可把客户视为对该产品品牌或组织具备忠诚。

第三阶段，对品牌忠诚度从心理和行为方面进行明确定义。有些学者对品牌忠诚度定义时，心理因素划分为多维度，如 Dick 和 Basu 认为顾客的品牌忠诚度可被看作是个人相对态度和重复惠顾之间关系的强调，这种关系被视为由社会规范和情境因素所调节的，并把心理因素划分为认知、情感和相对态度，这些心理因素是消费者品牌忠诚形成的先决条件且被认为有助于激励、感知和行为后果。相似的，Oliver[2] 经过对以前学者研究成果的总结，修订品牌忠诚度的定义为：品牌忠诚度是一种消费者将来一直重复或优先选择某种品牌的深刻承诺，即使市场情况和营销策略发生变化有可能导致转换行为，消费者仍然重复购买同一品牌或相同品牌的不同产品。陆娟、张东晗把品牌忠诚度看成是心理决策和行为过程的统一，他把以前学者的观点进行总结后，将品牌忠诚度归纳为三种表现：心理上的浓烈购买欲望、行为上的重复性和心理行为交互作用下的资金预算。还有一些学者直接把品牌忠诚度定义为品牌情感忠诚和行为忠诚。如计健、陈小平提出品牌行为忠诚可能产生于购买中的营销刺激、市场占有率高于其他同类品牌以及转换成本等非情感因素，也可能产生于消费者对该品牌喜欢的情感因素；品牌情感忠诚体现为该品牌的特色、观念、生活态度和价值观念与消费者的相一致，这使消费者对品牌产生了认可情感和购买的欲望。这种定

---

[1] Hofimeyr, J., Rice, B., *Commitment – led Marketing*: *The Key to Brand Profits is in the Customer's Mind*, Cape Town: Juta, 2003, p. 86.

[2] Oliver, R. L., "Whence Consumer Loyalty?", *Journal of Marketing*, Vol. 63, No. 4, 1999, pp. 33 – 44.

义被大量学者广为应用,如 Chaudhuri 和 Holbrook、裘晓东和赵平、朱振中、张明立、Thomas Cleff、曾润喜、赵相忠等。

基于以上学者们的观点,本书对品牌忠诚度概念界定为:品牌忠诚度是一种消费者将来一直重复购买或优先选择某种品牌的黏性,包含品牌行为忠诚和品牌态度忠诚。其中,品牌行为忠诚是指以消费者的行为基础来衡量品牌忠诚度,表现为消费者重复购买某一品牌的产品或服务;品牌态度忠诚是指消费者对某品牌的真正喜爱,这种喜爱源于该品牌所体现出来的内涵与消费者的生活态度、价值观念相一致,这种一致性激起了消费者情感上的共鸣,而消费者基于对该品牌的认知和情感产生了购买的倾向。因此,态度忠诚表现出虽然不见得自己会购买,但会通过传播该品牌的口碑、向他人推荐的方式鼓励他人来购买该品牌。消费者行为表现为忠诚,但不一定从态度上也表现为忠诚,主要因为消费者转换其他品牌的成本过高而无奈选择该品牌,这便导致了未来有流失消费者的可能性。

(二)品牌忠诚度主要影响因素

通过第一章的国内外研究综述可以知道,很多学者认为品牌满意度、品牌转换成本和品牌感知价值均对品牌忠诚度有着直接或间接的影响。此三个因素又是本书后面消费者大米品牌忠诚度理论模型内的构成要素,其概念界定如下:

1. 品牌满意度

品牌满意度是由顾客满意度发展而来的,最早提出品牌满意度概念的学者是 Cardozo[1],他在 1965 年指出消费者满意度是减少购买其他产品的可能性,增加对该种产品再次购买的可能性。综观已有文献可知,学者们对满意度的含义众说纷纭,从品牌满意度范畴方面归纳起来主要有两种,即基于特定交易经历(Transaction – specif-

---

[1] Cardozo, R. N., "An Experimental Study of Customer Effort, Expectation, and Satisfaction", *Journal of Marketing Research*, Vol. 2, No. 3, 1965, pp. 244 – 249.

ic）和基于累积交易经历（Cumulative Satisfaction）的消费者满意度。第一种观点是指消费者在一定的情境下消费某品牌产品或服务所获得价值的立即性的反应。这种立即性反应是消费者短期内对自己在特定场合或时机的满意程度进行判断。如 Howard 和 Sheth[1] 把品牌满意度界定为消费者对自己付出与收益的合理性进行评估的心理状态，是品牌产品或服务实际与理想差距的认知。Bearden 和 Teel[2] 把满意度看作消费者在一定的使用情形下，对消费者消费该品牌产品所取得价值程度的一种立即情感反馈。Baloglu[3] 同样也把消费者满意度作为消费者消费后的一种情感反馈。第一种观点的缺点是强调消费者对特定购买场合或时机的满意程度，具有短期性和立即性特点。与第一种观点不同的是第二种观点强调消费者基于累积经验的整体态度。如 Cadotte 等[4]提出消费者会比较以前的购买经历和消费后的感知来评价满意程度。Bolton 和 Drew 认为满意度是由消费者经过消费过程后对所有经验综合后所产生的感情因素，这些感情因素会对该品牌的服务质量、重购意愿和行为倾向的评价产生作用。从累积满意度的观点来看，消费者满意度是一种整体评价，这种整体评价是消费者对其所购买的品牌产品或服务经历总结后的结果。第二种观点与第一种观点相比更能反映出消费者是用跟企业交易的全部经历感受来考虑是否保持与当前企业的交易关系或能否进行再次购买决定。可见，第二种观点更加符合当代企业营销的要求。因此，累积交易经历的客户满意度研究成为顾客满意研究的主流。另外，很多学者把"预期"引入到第二个观点中，为学术界研

---

[1] Howard, J. A., Sheth, J. N., *The Theory of Buyer Behavior*, New York: John Willey and Sons, 1969.

[2] Bearden, W. O., Teel, J. E., "Selected Determinants of Complaint Reports", *Journal of Marketing Research*, Vol. 20, No. 1, 1983, pp. 21 – 28.

[3] Baloglu, S., "Dimensions of Customer Loyalty: Separating Friends from Well – wishers Cornell Hotel and Restaurant", *Administration Quarterly*, 2002, 43 (1): 47 – 49.

[4] Cadotte, E. R., et al., "Expectations and Norms in Models of Consumer Satisfaction", *Journal of Marketing Research*, Vol. 24, No. 3, 1987, pp. 301 – 314.

究满意度含义做出了巨大贡献，是解释消费者满意度最具影响力的理论[1]。如 Oliver[2]是一种将消费者消费心理感受与消费预期相互比较后而产生的与消费者体验相关的一种情绪状态。Churchill 等[3]提到消费者满意是建立在消费者对购物投入与回报的基础上对其所购买并使用产品或服务的预期结果的评价。Kotler 认为满意度是顾客对产品的可感知效果与预期比较后形成的愉悦或失望的感觉状态。查金祥、王立生以 Oliver 品牌满意度理论研究为基础，把范畴维度的累积交易观点和性质维度的综合性观点融合在一起，把品牌满意度定义为消费者对品牌产品或服务质量情况认知并与先前预期结果比较后产生的一种情绪的整体反应。仲伟仾、席菱聆、武瑞娟将品牌满意度的含义定义为消费者在以前消费经验的基础上将取得商品或服务与之前期望相互比较后的主观心理反应。顾客满意度不仅仅是顾客期望与实际感知的差别认识，也是顾客的一种情绪性反应。把预期引入消费者满意度的概念之中，使满意度的概念比以往更加丰富，目前绝大多数学者对消费者品牌满意度的含义界定都包含"预期"内容。

在上述关于品牌满意度的两种观点中，本书采用第二种观点即累积交易经历（Cumulative Satisfaction）观点，并加入"预期"内容。因此，本书的品牌满意度可以定义为：品牌满意度是消费者以通过购买和使用该品牌产品或服务的累积经验为基础的整体性态度，这种满意既与产品质量、服务质量、价格及情境因素有关，也与个人对该品牌产品或服务的预期有关。

---

[1] Golden, P. N., et al., "What is Quality? An Integrative Framework of Processes and States", *Journal of Marketing*, Vol. 76, No. 4, 2012, pp. 1 – 23.

[2] Oliver, R. L., "A Congitive Model of the Antecedents and Consequences of Satisfaction Decisions", *Journal of Marketing Research*, Vol. 17, No. 4, 1980, pp. 460 – 469.

[3] Churchill, et al., "An Investigation into the Determinants of Consumer Satisfaction", *Journal of Marketing Research*, No. 3, 1982, pp. 491 – 504.

## 2. 品牌转换成本

转换成本（Switching Costs）的概念源于波特[1]在其《竞争战略》一书中指出的，转换成本就是消费者更换产品或服务供应商时发生的一次性交易成本。之后很多学者对转换成本的含义及具体内容进行扩展：Schmalensee 和 Willig[2]认为转换成本的内涵和概念中包括一些转换的无形成本，如风险因素和心理因素。Klemperer 提到限制消费者在各种类别技术和品牌产品中随意改换的代价是转换成本，这种转换成本是消费者在转换供应商过程中所发生的实际感知成本，包含学习成本、交易成本和契约成本三种类型。Samuelson 和 Zeckhauser 在他们的研究中提到，如果消费者变更供应商，则令他的行为变得困难或付出更多的代价就是转换成本，这种转换障碍包含感知替代成本、替代品的吸引和人际关系。Fornell 认为转换成本是维系消费者与企业关系的重要屏障，它是保持品牌忠诚度的重要因素，主要包括转换时所感知的心理和经济成本。Porter[3]把转换成本视为一次成本（One Time Cost），包含了围绕着整体的转换流程和实际转换瞬间所衍生的代价，不包含转换使用后产生的后续成本，且由转换行为决定。Shapiro 和 Varian[4]从顾客和企业两个方面来看转换成本，总的转换成本不但包含消费者所负担承受的成本还包含公司所负担承受的成本，两个方面对单一消费者而言均很重要。Kim 等[5]指出经济单位更换品牌供应商时产生了转换成本。Lam 等认为转换成本不但包括精神、时间和金钱上的耗费，还包括转换

---

[1] [美]迈可尔·波特：《竞争战略》，陈小悦译，华夏出版社 1997 年版，第 9—10 页。

[2] Schmalensee, R., Willig, R., "Handbook of Industrial Organization", Amsterdam: North – Holland, Vol. 68, No. 200, 1989, pp. 25 – 41.

[3] Porter, M., *Industries and Competitors*, *Competitive Strategy: Techniques for Analyzing*, The Free Press, New York, N. Y., 1998.

[4] Shapiro, C., Varian, H., *Information Rules*, Harvard Business School Press, Boston, Mass, 1999.

[5] Kim, M. D., Kliger B. Vale, "Estimating Switching Costs: The Case of Banking", *Journal of Financial Intermediation*, Vol. 12, 2003, pp. 25 – 56.

后将要面临的技术上考验和风险。Anne等[①]的转换成本内容更加丰富,包括实行交易的成本、研究并熟悉新服务和产品的成本、搜寻与信息评估成本和心理上的成本等。

本书根据以上学者的观点,对品牌转换成本的含义进行界定,本书认为:品牌转换成本指的是当消费者从一个品牌的产品或服务转移到另一个品牌的产品或服务时所产生的成本。这些成本主要包含程序转换成本、关系转换成本和财务转换成本。关系成本主要指消费者由于转换其他品牌时与原有品牌身份或契约关系的解除而导致心理上和情感上的不舒服,而消费者品牌转换时发生的精力和时间的代价就是程序性转换成本。财务性转换成本是指消费者转换其他品牌时所丧失的原有优惠条件和与新品牌建立关系所耗费的更多金钱。

3. 品牌感知价值

感知价值(Perceived Value)概念最初来源于国外学者们普遍认同的消费价值论(Consumption – value Theory)。很多学者如 Monroe[②]、Dodds 和 Monroe[③]认为感知价值是指消费者对某特定商品、服务或品牌的"失"与"得"之间的权衡,也就是说消费者通过感知的损失与商品、服务或品牌品质之间的取舍,而最终获取的全部效用。Lei 等[④]认为感知价值是消费者对某商品、服务或品牌的评估与看法。又有很多学者认为感知价值是个动态过程,如 Gardial 等[⑤]

---

① Anne Wan – Ling, et al., "Consumer Switching Costs on Switching, Measuring the Effects of Intention in Taiwan Mobile Telecommunication Services", *Journal of American Academy of Business*, Vol. 9, No. 1, 2006, pp. 75 – 85.

② Monroe, K. B., *Pricing: Making Profitable Decisions*, New York: McGraw – Hill, 1979.

③ Dodds, William B., Kent B. Monroe, "The Effect of Brand and Price Information on Subjective Product Evaluations", *Advances in Consumer Research*, Vol. 12, 1985, pp. 85 – 90.

④ Lei, J., et al., "Consumer Responses to Vertical Service Line Extensions", *Journal of Retailing*, Vol. 84, No. 3, 2008, pp. 268 – 280.

⑤ Gardial, et al., "Comparing Consumers' Recall of Prepurchase and Postpurchase Evaluation Experiences", *Journal of Consumer Research*, Vol. 20, 1994, pp. 548 – 560.

◇ 消费者品牌忠诚度的构建

表示消费者对某商品或品牌的评估与看法存在于购买前后的各个阶段，每个阶段所感受的价值不同。还有很多学者把感知价值与预期和偏好结合在一起，如 Lovelock 和 Gummesson[1] 认为感知价值是消费者对交易活动的成本效益衡量的结果，并受消费者经验、偏好及预期的影响；如 Berry[2] 认为品牌价值感知来源于消费者对某一品牌的偏好，品牌价值构成其重要部分。另外，有些学者把感知价值与文化结合在一起，如 Sánchez 等[3]把文化用于完善感知价值定义，认为感知价值是一系列动态变量，并会随着时间和文化的不同，衡量结果也不同。国内对感知价值的研究较国外晚，我国学者对感知价值内涵的观点主要是消费者对品牌或产品服务的主观感知。主要学者及观点有：范秀成、罗海成提出不同于传统意义上顾客价值概念，感知价值是消费者对产品或服务的品牌价值的主观认识。从企业角度，把感知价值定义为向消费者提供的价值，是企业内部的认知；而从消费者角度，把感知价值定义为消费者对产品、服务或品牌价值的判断，是消费者的认知。董雅丽、何丽君从消费者角度对感知价值进行评估，并认为感知价值是消费者对企业的品牌所具有价值的主观认知，是消费者对品牌所具有的功能和情感利益的综合评价。李先国等[4]指出感知价值是在消费者主观印象的基础上提出的一种概念，反映了消费者对品牌价值感知利得和损失的评价。王建军等认为从消费者角度来看，感知价值属于内部机体感知，这种内部机体感知是消费者根据自己的产品知识和受到外界信息影响后对产品或品牌价值的评判。

---

[1] Lovelock, C., Gummesson, E., "Whither Services Marketing? In Search of a New Paradigm and Fresh Perspectives", *Journal of Service Research*, Vol. 7, No. 1, 2004, pp. 20 - 41.

[2] Berry, L. L., "Cultivating Service Brand Equity", *Journal of the Academy of Marketing Science*, Vol. 28, No. 1, 2000, pp. 128 - 137.

[3] J. Sánchez, et al., "Perceived Value of the Purchase of a Tourism Product", *Tourism Management*, Vol. 27, No. 3, 2006, pp. 394 - 409.

[4] 李先国等：《虚拟品牌社区感知价值对新产品购买意愿的影响机制——基于群体认同和品牌认同的双中介视角》，《中国流通经济》2017 年第 2 期。

虽然学者们在界定感知价值时,所选择的研究对象不同,但无论以什么为研究对象,均认为感知价值是消费者对某特定商品、服务或品牌的"失"与"得"之间的权衡,也就是说消费者通过感知的损失与商品、服务或品牌的品质之间的取舍,而最终获取的全部效用。这也是本书所采用的品牌感知价值的定义。另外,本书对品牌的感知价值具体分为消费者对该品牌消费过程中所获取的功能价值、情感价值和社会价值[1],品牌感知价值的三种分类理论基础源于马斯洛的需求层次理论,根据消费者需求心理从低到高的层次进行划分。功能性的价值是消费者希望从该品牌产品中获取的最基本的价值,情感价值、社会价值是消费者从该品牌产品中所获取的较高层次要求,最低层次价值满足了才能实现更高的层次价值。同一时期,这些需求对消费者来说,总会有一种需求占支配地位来促进消费动机的形成。

(1)功能价值(Functional Value)是消费者从某品牌商品或服务中所获取的一种感知效用,通过消费该品牌产品或服务的功能或物理属性以获取该品牌的功能价值;功能价值是消费者选择的主要驱动力之一,其来源于品牌产品或服务的特征或属性[2]。大米品牌功能价值主要指大米产品口感、质量、价格和绿色健康等本身特征及物理属性,其中质量优劣直接与价格水平密切相关,具有不可分割性,因此本书把价格属性作为功能价值的组成部分。

(2)情感价值(Emotional Value)是通过唤起情感或感受而获取的感知效用,当某品牌产品或服务促成消费者这些感觉时,就使消费者获取了情感价值。某品牌的商品或服务通常与情绪反应和审美选择有关,市场营销的手段往往可引起消费者情绪反应,以达到

---

[1] 刘敬严:《顾客感知价值决定要因与关系质量的影响研究》,《软科学》2008 年第 5 期。

[2] Ferber, R., "*Family Decision Making and Economic Behavior: A Review*", in E. B. Sheldon (ed.), Family Economic Behavior, 1973, pp. 29–61.

◇ 消费者品牌忠诚度的构建

推广该品牌的目的①。

（3）社会价值（Social Value）就是从一个或多个特定社会群体关联中获得的感知效用，或者通过与积极或消极的社会群体、社会经济文化等联系而获取的社会价值，社会价值不是品牌产品或服务功能的表现而是超越功能效用的象征性、形象性的消费价值②；消费者通常受到周围群体成员的影响，通过人际交流和信息传播来选择某种品牌。品牌社会价值的需求是消费者最高层次的需求。

## 第二节 理论基础

### 一 整合营销理论

整合营销传播（Integrated Marketing Communications）是将围绕企业所进行的一切与市场营销有关传播活动的整合过程。整合营销的中心思想是企业以消费者需求的价值取向确定一致的促销政策，使用广告、促销、公关、直销、CI、包装和新闻媒体等一切传播手段，从而降低企业的营销成本，提高企业的利润水平。整合营销传播是对消费者"一对一"有针对性的传播，是通过细分消费者、构建统一稳定的形象的过程，使消费者形成整体印象和情感认识。整合营销可帮助企业培育品牌、提高品牌影响力和提高消费者的品牌忠诚度。著名的整合营销传播专家唐·E.舒尔茨教授认为整合营销深入分析消费者的感知状态和品牌传播情况，强调消费者对企业目前和未来的价值。整合营销包含内容整合和资源整合，其中内容整合包含依据消费者需求和行为特征进行聚焦，分析消费者为什么产生购买行为，即购买诱因是什么，分析消费者对品牌定位的心理历

---

① Park, C. Whan, Young, S. Mark, "Consumer Response to Television Commercials: The Impact of Involvement and Background Music on Brand Attitude Formation", *Journal of Marketing Research*, Vol. 23, 1986, pp. 11 – 24.

② Veblen, T., *The Theory of the Leisure Class*, New York: Mentor Book, 1899.

程和品牌个性的建设。然后是资源整合，主要研究如何发掘与消费者的"接触点"并使用恰当的传播手段。在移动互联网广泛发展的当今时代，整合营销发展逐渐体现三种特征：首先是较低层次的广告整合营销传播，即将包括产品设计、包装、LOGO 和色彩等产品元素和广告、促销以及公关活动等非产品元素统一起来；其次是品牌整合营销传播，即将广告、销售战略和相关公关活动统筹起来，向消费者传达个性化的品牌形象；最后就是关系营销整合传播，即讲求顾客关系管理，建立、扩展和维护目标消费者与企业品牌长期稳定关系。另外，整合营销的一种常见市场营销方式是情感营销。情感营销是从消费者的情感需求为起点，把情感融于营销之中，唤起消费者心灵上的共鸣。消费者只要从内心认同该品牌，便不会在乎商品质量和价格。情感营销有利于营造和谐的营销环境，帮助企业树立良好的形象；情感营销使消费者对某品牌的忠诚建立在情感之上，形成偏爱；情感营销可以帮助企业在市场激烈的竞争中赢得顾客和取得胜利。

## 二 农产品营销理论

农产品营销是市场营销的重要组成，是指农产品生产者与经营者为实现农产品价值而进行的一系列交易活动。农产品营销主体是围绕着产前到产后的整个过程而开展农产品经营活动的组织和个体。农产品市场营销是通过生产、加工、储藏、运输、市场交易各环节的多样性的整合过程；农产品市场营销受农产品的自然生长周期、生产季节、生产产地、产品自身物理、化学性质等客观条件的制约进行经营的过程[1]。农产品不同于其他产品，农产品一般为生物性的自然产品或加工过的产品，具有生物性或自然属性；农产品营销具有季节性，会受限于农产品自身的生命力；农产品是人民生活的基本保障，市场需求量大，要求供给量较稳定，农产品的食用

---

[1] 李季圣、李志荣：《农产品营销理论与实务》，中国农业大学出版社 2005 年版，第 3—4 页。

品天天时时在耗用；消费者不同个性、生活习惯会对农产品选择倾向不同，不同年龄、发育阶段的消费者对农产品消费持有不同的理念；农产品营销受国家、民族和区域特有的生活习惯、饮食习惯的影响。由于农产品关系到国计民生，因此国家对农产品主流产品进行干预，对其生产进行保证、协调其市场、保障其价格稳定，这也是农产品作为特殊商品经营的特殊性。农产品市场营销理论起源于1903年，本杰明在美国的威斯康星大学开设了"农产品合作市场影响"课程。随后韦尔德的 *Marketing of Farm Products*、本杰明的 *Marketing of Agricultural Products* 的出版，为以后对农产品营销理论研究的探索和推动市场发展起到了重要作用。农产品市场营销理论在西方发达国家的发展较成熟，较公认的理论权威是美国普度大学教授 Richsrd L. Kohls 博士，他被誉为现代农产品营销学的代表学者。农产品市场营销理论包含对农产品消费者、生产者和经营者的市场行为分析，对农产品消费者的个性、群体心理分析，对农产品营销市场定位的分析，对农产品直接或间接销售的规律分析，农产品物流配送和国际农产品营销策划等理论。大米品牌忠诚度问题属于农产品营销范畴，因此，此理论贯穿本书研究的始终。

### 三 品牌营销理论

品牌营销（Brand Marketing），就是把存在于企业营销管理过程中的品牌和与品牌相关联的企业内部、外部的各种资源要素加以整合和发掘，形成企业最有效的竞争力量。长期以来，学者们一直把品牌看作一项战略资源。如果说企业的营销系统代表着实现价值获取利润的有序过程，那品牌就是这个过程中帮助企业实现最大效益的根本元素和核心价值，并把企业核心竞争力转化为竞争优势，提供给消费者有价值的信息。品牌营销还可以帮助企业建立歧异性，对于链接顾客和相关利益方的品牌，如果具有与其他企业不同的独特差异，品牌的价值就大。歧异性使那些同质性产品给消费者带来不同的价值成为可能，这也是商品附加值的来源。品牌是有效应的，即成功的品牌通常把其产品和人们的生活方式联系在一起，并影响消费者的心理和增加其在消费者心中的价值，从而形成了所谓的附加值，这就是品牌的效应；品牌是有张力的，即品牌在市场竞争中帮助企业扩大影响范围，同时对消费者心理产生影响效应；品牌化是一种经营路径并已成为企业的战略资源。品牌营销理论初步形成于20世纪60年代，最初的倡导者是大卫·奥格威，他率先提出品牌形象的概念。20世纪80年代加州大学伯克利分校哈斯商学院的大卫·艾克出版了三本畅销全球的品牌创建和管理三部曲：*Managing Brand Equity*、*Building Strong Brand*和*Brand Leadership*。艾克在其著作中提出了品牌个性尺度、品牌个性要素和品牌关系理论。在艾克之后，整合营销传播理论兴起，美国科罗拉大学的汤姆·邓肯博士在整合营销传播的研究中，对品牌关系理论进一步拓展，并认为整合营销传播的终极价值就是提升品牌资产。他认为传播和沟通可以改善品牌关系进而提升品牌价值[①]。当今品牌营销理论包括很多内容，如品牌关系、品牌形象、品牌定位、品牌认同、品牌延伸、促销、传播和整合营销等理论内容。本书主要是以大米品牌营销问题作为研究重点，因此，品牌营销理论是本研究最基本的理论基础。

**四 马斯洛需求层次理论**

马斯洛需求层次理论提出者为美国著名的心理学家亚伯拉罕·马斯洛，他在1943年出版的《人类激励理论》中提出了此理论，此理论成为人本主义科学理论的重要组成部分。马斯洛把人类的需求分成生理需求（Physiological Needs）、安全需求（Safety Needs）、爱和归属感（Love and Belonging）、尊重（Esteem）和自我实现（Self-actualization）五类，依次由较低层次到较高层次排列。马斯洛的需求层次模型力求说明在特定时间下，消费者会受到特定需求的驱动。每个人的需求如阶梯一般从低到高层层排列，需求的迫切

---

[①] 汤姆·邓肯、桑德拉·莫里亚蒂：《品牌至尊》，华夏出版社2000年版，第11页。

性从低到高分为五类：自我实现需求、尊重需求、社会需求、安全需求和生理需求。生理上需要是人类维持生存所必需的，缺乏会威胁人类的生命；安全的需要就是人类有寻求安全、被保护的基本需求；社会需要就是人需要群体的相互关系和照顾及情感依赖；尊重需要就是指人们都希望自己有稳定的社会地位，希望自己的能力和取得的成就受到他人的承认；自我实现的需要是最高层次的人类需求，是消费者实现个人价值的最大限度，达到自己的最高期望，因此能得到最大限度的满足。需求层次理论认为，人人都有需求，某层次需求得到满足，另一层次需求才会出现，前面的需求未满足，则迫切性较大，最迫切的需求满足后，后面的需求才显示出激励作用。同一时期，每个人需求可能有很多种，这些需求中总会有一种占支配地位的需求来决定行为。任何需求都不会消失，即使高层次需求发展，低层次需求仍然存在，仅是对行为的影响程度减弱。各层次需求互相依赖和联系。马斯洛的需求层次理论可帮助营销主体定位处于各种需求阶段的消费者实际需求情况及其可能的计划和目标。马斯洛需求层次理论可以帮助本书对品牌大米消费者的消费心理进行分析，作为品牌感知价值含义及维度划分的理论基础。

**五　消费者心理及行为理论**

消费者心理及行为理论是管理学理论的一个分支，其内容主要研究消费者的日常消费需求；消费商品的具体动机；不同情况下消费者心理会受哪些因素影响；不同类型消费者的消费偏好；在促销过程中，哪些条件能更好地引导消费者的消费心理。另外，此理论还研究不同商品与消费者心理和行为的关系；如何利用不同的商业营业环境与消费者的购物心理和行为的关系，来发挥有利因素创造出令消费者愉快舒适的购物环境；销售人员如何对消费者的心理和行为产生影响；如何利用广告来引导消费者的心理和行为等。对于消费者心理及行为理论研究国外早于中国，最初的研究主要是在美国。1903年斯科特的《广告心理学》提到了广告影响消费者心理的各种因素，这是系统研究消费者心理和行为的开端。接着1926年出版的《人员推销中的心理学》还提出了推销人员对消费者心理的影响及成为推销人员的条件。第二次世界大战以后，国外学者们侧重于消费者动机、态度和消费习惯等研究。20世纪70年代，国外学者又对消费者涉入即从消费者对商品的感受程度和消费者的信息渠道两个方面来研究消费者的态度、动机和意愿。到了20世纪90年代，国外学者研究重点转移到对消费者心中的品牌形象和品牌忠诚度上来。而我国学者在20世纪20年代才有介绍西方有关研究的书籍，如吴应国对斯科特的《广告心理学》的翻译本以及后续出现的我国学者的专门论著如潘菽的《心理学概论》、孙科的《广告心理学概论》等。21世纪至今，国内外对消费者心理与行为的理论研究和实际应用一直是相伴而行的，越来越多的学者关注此理论，并达到前所未有的高度。消费者心理与行为的研究逐渐趋于研究角度多元化、研究参数多样化和研究方法定量化。

在消费者行为学中最著名的理论之一就是科特勒的刺激反应模型，也称消费者行为黑箱模型，如图2-1所示。该模型认为：产品和服务、价格、分销及传播等营销刺激和经济、技术、政治和文化等其他刺激进入购买者的意识，消费者购买决策除了受其文化、社会、个人的特征的影响，职业、年龄、个性、经济条件以及生活方式和价值观等也是重要影响因素。消费者对营销刺激反应的关键心理过程是：动机、认知、学习和记忆。因此，消费者行为是一个刺激与反应过程。该模型解释消费者行为只关注输入（刺激）和输出（消费者的反应），消费者心理因素很难被外界所获悉，有的学者称其为"消费者的黑箱"或"购买者黑箱"，它对企业来说是一种看不见、摸不着和不易捉摸的东西。从营销角度来看，"消费者黑箱"意味着某人、某时、在何种场合、持有何种目的去消费何种产品。营销主体在产品销售过程中，虽然知晓本身产品质量和价格及消费者购买的结果，但在购买过程中消费者心理发生何种变化却不清楚。

◆消费者品牌忠诚度的构建

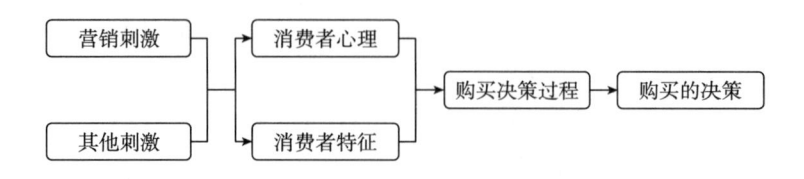

**图 2-1 科特勒的刺激反应模型**[①]

# 第三节 消费者品牌忠诚形成机理分析

对消费者品牌忠诚度进行研究，首先需要对消费者品牌忠诚形成机理进行研究，以此作为模型构建的理论基础。从本章品牌忠诚度的概念界定可知，品牌忠诚度是指消费者对某品牌的黏性，这种黏性包含品牌态度忠诚和品牌行为忠诚。品牌忠诚度理论是消费者心理和行为理论的一个重要组成部分。因此，消费者品牌忠诚的形成过程就是品牌消费者通过消费该品牌前后重购心理和行为形成的过程。

## 一 品牌消费者一次消费过程的描述

如图 2-2 所示，根据消费者心理和行为理论，品牌消费者的一次消费过程一般从消费的需求开始，这种需求是其消费行为的内在原因和购买产品的倾向。消费者需求既表现为不同消费者之间的差异性需求，也表现为同一消费者多样化的需求。有了消费需求，消费者就会对具有某种属性的产品相关信息进行一定程度的了解，消费者这种心理状态就是具有了产品消费动机。需求的差异性和多样性也会导致动机的多样性。产品消费动机是消费者对所需求产品的具体化和明确化。当消费者有了明确的消费动机后，然后进行购买

---

① P. 科特勒、K. 凯勒、卢泰宏：《营销管理》，中国人民大学出版社 2009 年版，第117 页。

准备。购买准备时间因人而异，有的人购买前考虑因素多则慢；反之则快。购买准备最后的阶段是消费者进入购买场所挑选自己心仪的品牌并付款购买。购买过程完成后，下一阶段是消费者对该品牌的享用过程，在此过程中品牌的真正价值得以发挥，消费者的需求从享用该品牌的过程中得以满足。消费者在消费过程中或消费过程后，都会对该品牌产生一定的体会和认知，通过对该品牌消费过程的认知而产生了相应的情感状态。这种认知过程中所产生的情感状态会构成下一次品牌消费者消费行为或行为倾向的影响因素。所以，消费者对品牌的认知过程也是其消费行为的一个基本过程。

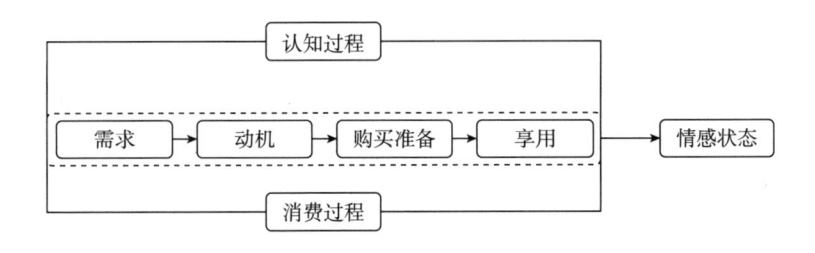

图 2-2 品牌消费者一次消费过程

## 二 品牌消费过程中的各种影响因素

前面所描述的品牌消费者的行为过程，除了品牌消费者一次消费认知过程中所产生的情感状态构成下一次消费行为或行为倾向的影响因素以外，并没有考虑其他外部因素对消费过程的影响。事实上品牌消费者进入购买场所前，不一定都有动机和准备。有的消费者动机和购买准备均有，有的消费者无购买动机、无明确购买准备，还有的消费者有购买动机但购买准备不明确。这样，品牌消费者的购买行为起点不同，尤其是后两种消费者的认知更易受各种因素的影响而产生购买行为。这些因素有：①品牌社会因素，是指消费者所处社会阶层或团体、社会消费习俗、周围朋友圈等。②品牌情感因素，是指品牌形象、营业环境、服务态度和质量、广告等宣传手段。③商品功能因素，以大米产品为例，主要是指大米产品口感品相、产品对人体健康方面的功能作用、包装和价格等。④转换障碍因素，如对本品牌的充分了解、会员的优惠以及与品牌经营主体已建立良好的关系等。⑤品牌消费者个性因素，是指消费者的性别、年龄、消费习惯、特殊的消费偏好、收入水平、受教育程度等。⑥产业、市场环境因素，是指国内该产业供给现状、产品市场供求状况和同类品牌竞争情况等。前三项因素根据马斯洛需求层次理论而划分，反映消费者需求从低到高的影响因素。前五项因素影响消费者对该品牌的认知，这些因素可以通过经营主体的营销策略施加影响和诱导，从而引导品牌消费者的消费行为或行为倾向。无论是品牌消费者还是品牌经营主体都不是孤立的，均是该产业、市场的组成部分，因此，消费者在消费某一品牌时的心理和行为均受第六项产业、市场的整体环境影响，而第六项因素确是经营主体无法施加影响的外部客观因素。品牌消费过程中的各种影响因素如图2-3所示。

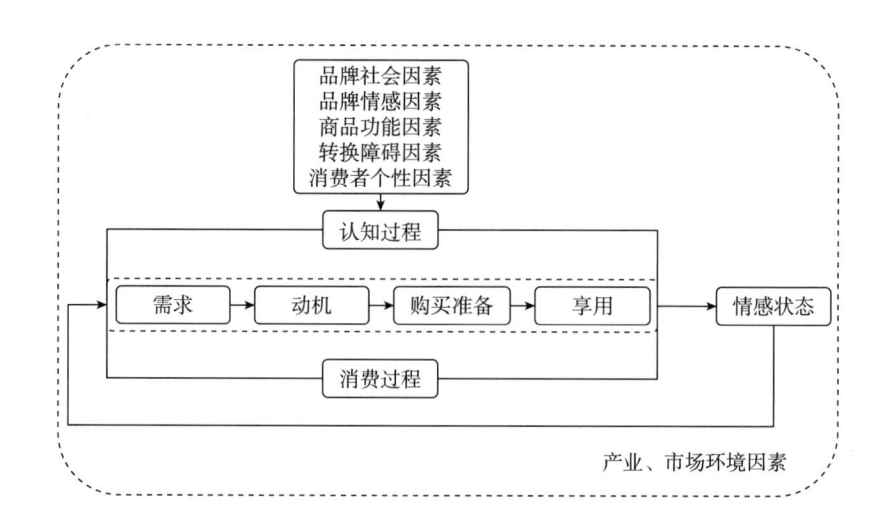

**图 2-3　品牌消费过程中的各种影响因素**

## 三　品牌忠诚的形成过程描述

基于前两部分内容，在一定的产业背景及市场环境下，把消费者多次消费行为考虑进去。当品牌消费者在消费过程中或完成一次消费经历后，都会对该品牌具有一定程度的认知。这种认知与其实际或潜在需求相联系起来，感受到该品牌能够给消费者带来的预期效用，会使消费者具有良好的情感状态，会促进消费者再次对该品牌产生购买行为或购买倾向。消费者对该品牌满意是消费者通过消费经历的认知而获取良好情感状态的表现之一，长期的满意会促进消费者品牌忠诚的形成。除对品牌满意外，对产品本身功能的认可、与品牌情感的建立和周围人际圈的推荐等可以使消费者的心理需求得到满足，同样可以起到增进消费者对该品牌认同、较好评价、偏好等作用，也是消费者消费认知过程中所获取另一种良好情感状态的表现。然而即使消费者对品牌满意和认同，也不代表一定会一直重复购买下去。品牌转换障碍的存在可以帮助消费者养成重复购买的消费习惯。这种重复购买该品牌的黏性就是品牌忠诚度，其中，重复购买行为就是品牌行为忠诚，重复购买倾向形成了品牌态度忠诚。当然，品牌态度忠诚并不是简单的重购倾向，虽不代表一定会购买，但会通过向他人推荐该品牌，并进行主动传播该品牌来影响更多消费者的消费行为。消费者对品牌态度忠诚不一定也会对品牌行为忠诚，但却可以提高其未来品牌行为忠诚的可能性。最后，品牌忠诚度形成过程也可通过消费者行为理论中著名的科特勒的刺激反应模型来解释。此模型认为消费者的认知过程和情感状态对经营主体来说是一种看不到、摸不着的东西，很多学者把这个过程称为"消费者黑箱"，但经营主体可以通过内部的营销和企业外部的环境两类刺激来影响和引导消费者的行为或行为倾向，以使消费者对该品牌忠诚。综上所述，消费者品牌忠诚的形成过程如图2-4所示。

  基于消费者心理与行为理论和消费者行为理论中著名的科特勒刺激反应模型，通过以上三个方面分析可得出消费者品牌忠诚形成机理：在一定的产业、市场环境下，消费者品牌忠诚形成的过程既是认知—情感状态—行为或行为倾向的过程，又是刺激—机体—反

◇ 消费者品牌忠诚度的构建

应的过程。这里的认知既包含品牌消费者根据自身需求的认知,如品牌功能因素、品牌情感因素和品牌社会因素的认知,又包含品牌转换障碍的认知。其中,通过消费过程认知所获得良好情感状态有助于形成消费者的品牌忠诚,这种良好的情感状态可能是满意、偏爱、认同等;品牌功能因素、品牌情感因素和品牌社会因素很可能直接或通过消费过程所获得满意情感状态间接正向影响品牌忠诚度;品牌转换障碍虽不能带来品牌消费者良好的情感状态,却很可能直接促进消费者品牌忠诚的形成;消费者个性因素有可能会对以上各因素作用于消费者品牌忠诚形成的过程产生一定的影响。经营主体对这些认知施加影响可达到刺激消费者重复购买动机形成的目的,从而使品牌消费者形成对该品牌的忠诚,这便是刺激后机体的反应结果。

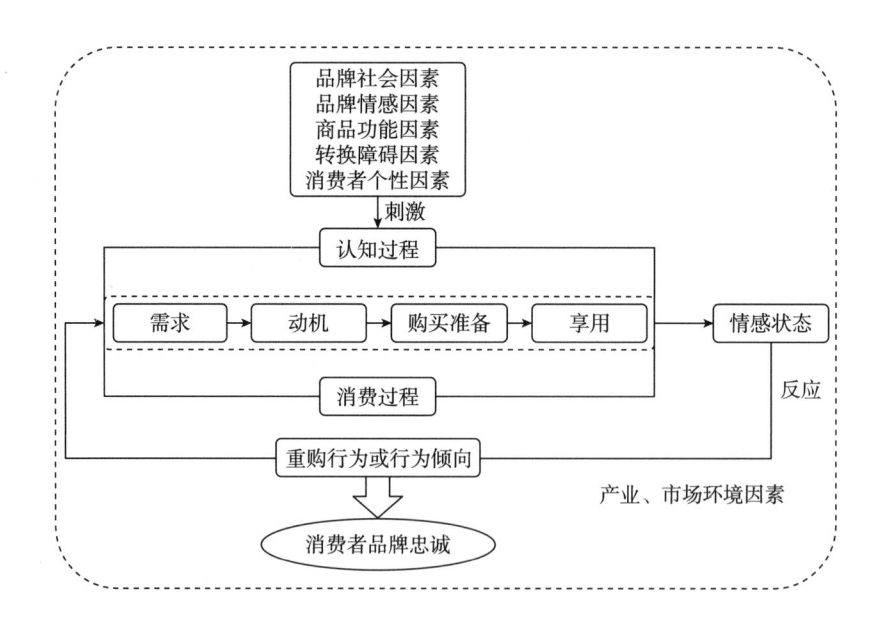

图 2-4 消费者品牌忠诚形成机理

## 第四节 本章小结

本章主要是对相关概念界定、理论基础的介绍。首先，对本书研究涉及的主要概念进行界定。这些概念主要有大米品牌、品牌大米市场参与主体、品牌忠诚度和品牌忠诚度的主要影响因素：品牌满意度、品牌转换成本和品牌感知价值。其次，对本书涉及的基础理论，如整合营销理论、农产品营销理论、品牌营销理论、马斯洛需求层次理论和消费者心理及行为理论进行介绍。最后，对消费者品牌忠诚形成机理进行分析，为消费者品牌忠诚度理论模型的建立奠定基础。在这部分内容里以消费者心理与行为理论和消费者行为理论中著名的科特勒刺激反应模型为理论基础描述品牌忠诚形成的过程，并加以分析。在本章中，通过概念界定确定研究对象和范围，所介绍的相关理论和对品牌忠诚形成机理的分析是本书后面理论模型构建的理论依据。

# 第三章 我国大米市场供求现状及品牌营销问题分析

从第二章的消费者品牌忠诚形成机理分析可知：影响消费者的品牌忠诚形成过程的第六项因素是产业、市场的整体环境影响，且此因素为不受经营主体营销手段影响的客观因素。因此，研究如何提高大米消费者品牌忠诚度，有必要对本书所处的大米产业、市场的现状进行分析。根据农产品营销理论，农产品市场营销是通过生产、加工、贮藏、运输、市场交易各环节的多样性的整合过程。因此，本章首先通过大米生产、流通加工及销售实际情况来反映我国大米产业供给现状，通过对我国大米产品、消费者需求现状及供需平衡情况，反映我国大米市场需求及供需现状；然后基于我国大米产业供给和市场需求实际情况的比较，进一步分析我国大米品牌营销目前存在的问题，为后面量表设计、理论模型构建和模型检验结果解释奠定基础。

## 第一节 我国大米产业供给现状

### 一 大米生产现状

（一）稻谷产量和种植面积稳中有涨而粮食占比却一路下跌

第一，稻米产量、种植面积虽近期回落，但总体趋势稳中有涨。

通过表3-1和图3-1可以看出，2003年是一个拐点，之前稻谷产量与稻谷种植面积逐年减少，之后到2016年之间除了有小幅波动外，稻米产量与种植面积总体趋势为增加。这主要原因是2003年以前，我国第一产业农业在国民经济中占主体，稻谷种植面积扩大，每年稻谷产量很多。然而稻谷产量多，其收购价格就越低，产生了"谷贱伤农"的现象，这致使大量从事水稻种植的农民涌入城市从事第二产业即工业以获取更多的收入。因此，2003年以前稻谷产量和种植面积逐年下降。为了保护农民的利益和粮食安全，我国对粮食价格进行有效的调控以达到工业反哺农业的目的。从2004年开始，我国实施粮食最低收购价政策，即国务院决定对重点粮食品种和粮食主产区实行最低收购价格。稻谷作为我国最主要的粮食作物，从最低收购价政策实施之初就纳入了实行最低收购价的范围之内。因此，2004年稻谷产量立即扭转连年下跌的势头，当年增长11.47%，从而带动了粮食产量的高增长。近些年来，稻米产量、种植面积有小幅度下跌，这主要是因为我国推行农业供给侧改革，2016年下调了早籼稻的最低收购价，2017年全面下调了早籼稻、中晚籼稻、粳稻最低收购价，每百斤分别较2016年下调3元、2元、5元，水稻种植结构也随之进一步调整。2017年据国家统计局统计：早稻播种面积仅为546.3万公顷，是近半个世纪以来最低的一年，其产量为3174万吨，也是自2008年以来的最低的水平。到了2018年，全国稻谷种植面积为30190千公顷，比2017年减少1.81%，其中中早稻和中晚稻面积分别又进一步减少35千公顷和20.8千公顷。这主要是因为根据国家政策要求而缩减东北地区低产区粳稻和长江流域的双季稻产区籼稻面积，并进行南方地区的双季稻改单季稻、东北地区的水改旱和部分地区休耕轮作等结构性调整。

第二，稻谷产量和种植面积在粮食作物中的比重逐年下降。截至2018年年末，从表3-2和图3-2可以看出，虽然稻谷产量和种植面积总体趋势是逐年攀升的，但其在粮食作物中的比重却逐年下

◇ 消费者品牌忠诚度的构建

**表 3-1  1999—2018 年我国稻谷总产量、种植面积及环比增长率**

| 年份 | 稻谷产量（万吨） | 产量环比增长率（%） | 稻谷种植面积（千公顷） | 种植面积环比增长率（%） |
| --- | --- | --- | --- | --- |
| 1999 | 19848.73 | — | 31283.49 | — |
| 2000 | 18790.77 | -5.33 | 29961.72 | -4.23 |
| 2001 | 17758.03 | -5.50 | 28812.38 | -3.84 |
| 2002 | 17453.85 | -1.71 | 28201.60 | -2.12 |
| 2003 | 16065.56 | -7.95 | 26507.83 | -6.01 |
| 2004 | 17908.76 | 11.47 | 28378.80 | 7.06 |
| 2005 | 18058.84 | 0.84 | 28847.00 | 1.65 |
| 2006 | 18171.83 | 0.63 | 28938.00 | 0.32 |
| 2007 | 18638.11 | 2.57 | 28973.00 | 0.12 |
| 2008 | 19261.22 | 3.34 | 29350.00 | 1.30 |
| 2009 | 19619.67 | 1.86 | 29793.00 | 1.51 |
| 2010 | 19722.57 | 0.52 | 30097.00 | 1.02 |
| 2011 | 20288.25 | 2.87 | 30338.00 | 0.80 |
| 2012 | 20653.23 | 1.80 | 30476.00 | 0.45 |
| 2013 | 20628.56 | -0.12 | 30710.00 | 0.77 |
| 2014 | 20960.91 | 1.61 | 30765.00 | 0.18 |
| 2015 | 21214.19 | 1.21 | 30784.00 | 0.06 |
| 2016 | 21109.42 | -0.49 | 30746.00 | -0.12 |
| 2017 | 21267.59 | 0.75 | 30747.00 | 0.00 |
| 2018 | 21213 | -0.26 | 30190.00 | -1.81 |

资料来源：各年《中国统计年鉴》。

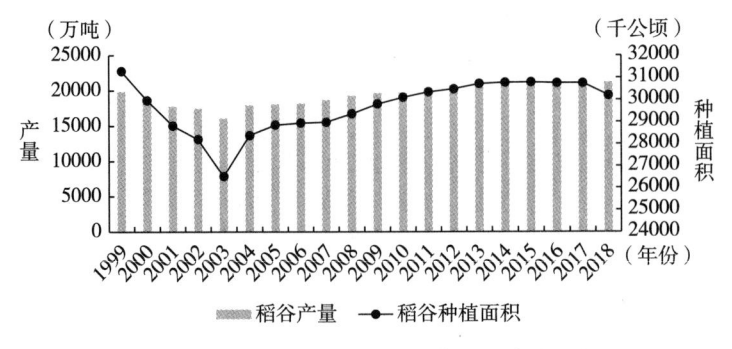

**图 3-1  1999—2018 年稻谷产量和种植面积**

资料来源：各年《中国统计年鉴》。

表3-2  1999—2018年稻谷产量、种植面积占粮食作物比重　　　单位:%

| 年份 | 稻谷产量占粮食作物的比重 | 稻谷占粮食种植面积比重 | 年份 | 稻谷产量占粮食作物的比重 | 稻谷占粮食种植面积比重 |
| --- | --- | --- | --- | --- | --- |
| 1999 | 39.04 | 27.65 | 2009 | 36.75 | 27.18 |
| 2000 | 40.66 | 27.62 | 2010 | 35.82 | 27.19 |
| 2001 | 39.23 | 27.16 | 2011 | 35.19 | 27.18 |
| 2002 | 38.19 | 27.15 | 2012 | 34.64 | 27.10 |
| 2003 | 37.30 | 26.67 | 2013 | 33.83 | 27.07 |
| 2004 | 38.15 | 27.93 | 2014 | 34.02 | 26.89 |
| 2005 | 37.31 | 27.66 | 2015 | 33.51 | 26.66 |
| 2006 | 36.49 | 27.57 | 2016 | 33.60 | 26.70 |
| 2007 | 37.09 | 27.38 | 2017 | 32.15 | 26.06 |
| 2008 | 36.30 | 27.38 | 2018 | 32.24 | 25.79 |

资料来源：各年《中国统计年鉴》。

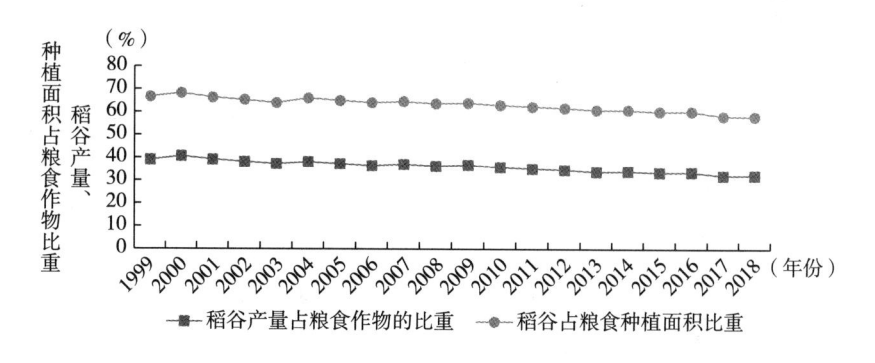

图3-2  1999—2018年稻谷产量及种植面积占粮食作物比重

资料来源：各年《中国统计年鉴》。

降，稻谷产量和种植面积在粮食作物中的比重越来越低，玉米在粮食作物中的比重逐渐提高。这一方面可能是2008年以来，我国对玉米等粮食作物实行临时收储政策，并在近些年不断地提高玉米收储价格刺激了农民种植玉米的积极性，从而提高了玉米产量在粮食作物中的比重；另一方面可能是我国对农业和粮食生产结构调整加快的结果。根据2016—2020年全国种植业结构调整规划，稳面积与提品质并举。巩固北方粳稻产区，稳定南方双季稻生产，扩大优质稻种植面积，促进提质增效。到2020年，水稻面积稳定在4.5亿亩，优质稻比例达到80%。杂交稻与常规稻并重。

（二）稻谷产量和单产均高于世界平均水平

从图3-3可知，以2017年为例，我国稻谷产量约占亚洲和世界将近1/3，稻谷单产远远高于亚洲和世界平均水平。可见，我国在世界上是稻谷的生产大国，生产能力较高。然而，虽然中国稻谷生产量远远高于澳大利亚和日本，单产水平却远远低于这两个国家，这反映出：我国稻谷生产水平并没有跻身农业发达国家之列。从图3-4中可以看出，近些年来稻谷单位面积产量略有提高。尤其是在2018年，我国单产水平超过每公顷7000吨，达到了历史单产水平最高点，可见，我国近几年来的结构性调整极大地提高了我国稻谷的生产能力，取得了一定的成绩。

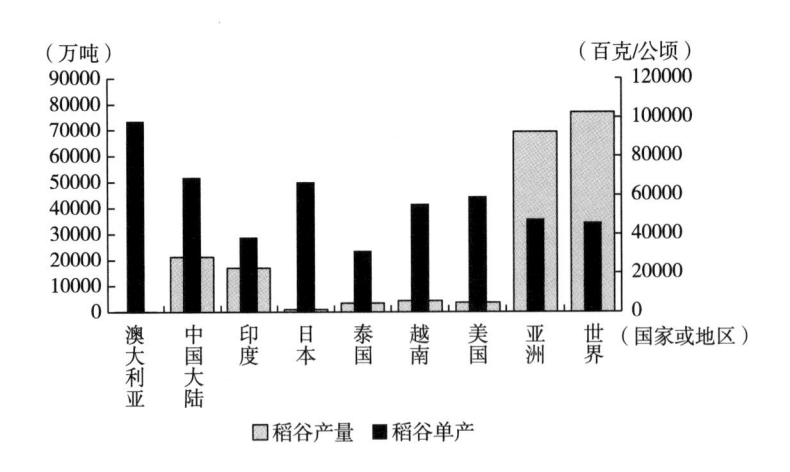

**图3-3 2017年世界各地区稻谷产量及单产**

资料来源：世界粮农组织。

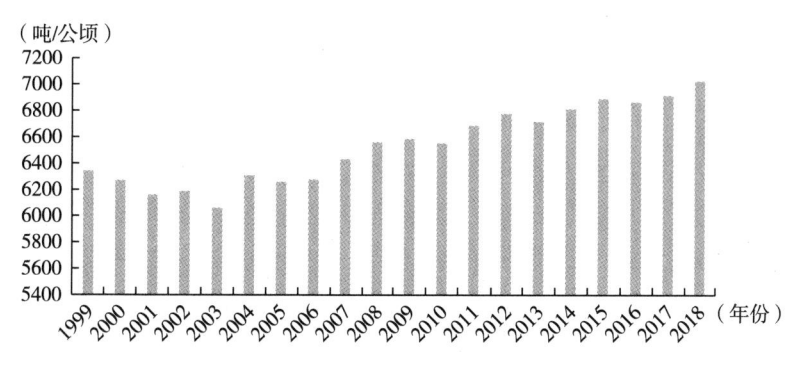

图 3-4 稻谷单位面积产量

资料来源：各年《中国统计年鉴》。

### （三）我国各地区大米生产水平不平衡

从表 3-3 与图 3-5 可以看出，以 2017 年为例，我国各省的稻谷生产主要集中在东北三省、江浙、安徽、福建、江西、河南、两湖、两广、重庆、四川和云贵几省，其中年平均产量超过 1000 万吨的主要产区有：黑龙江、江苏、安徽、江西、两湖、两广和四川；年平均产量超过 400 万吨而低于 1000 万吨的产区有辽宁、吉林、浙

表 3-3　　　　　　2017 年各省市稻谷产量及单位面积产量

| 省市 | 稻谷产量（万吨） | 稻谷种植面积（千公顷） | 单位面积产量（吨/千公顷） | 省市 | 稻谷产量（万吨） | 稻谷种植面积（千公顷） | 单位面积产量（吨/千公顷） |
| --- | --- | --- | --- | --- | --- | --- | --- |
| 北京 | 0.07 | 0.17 | 4094.23 | 河南 | 485.25 | 655.00 | 7408.37 |
| 天津 | 26.33 | 17.68 | 14898.58 | 湖北 | 1927.16 | 2130.97 | 9043.58 |
| 河北 | 50.43 | 81.52 | 6186.31 | 湖南 | 2740.35 | 4085.50 | 6707.50 |
| 山西 | 0.52 | 0.70 | 7430.17 | 广东 | 1046.34 | 1888.60 | 5540.31 |
| 内蒙古 | 85.23 | 98.44 | 8657.62 | 广西 | 1019.78 | 1959.82 | 5203.45 |
| 辽宁 | 422.05 | 562.53 | 7502.71 | 海南 | 123.23 | 289.13 | 4262.29 |
| 吉林 | 684.43 | 780.67 | 8767.26 | 重庆 | 486.99 | 692.05 | 7036.93 |
| 黑龙江 | 2819.33 | 3203.33 | 8801.24 | 四川 | 1473.70 | 1990.00 | 7405.52 |
| 上海 | 85.60 | 95.13 | 8998.03 | 贵州 | 448.83 | 674.26 | 6656.63 |

◇ 消费者品牌忠诚度的构建

续表

| 省市 | 稻谷产量（万吨） | 稻谷种植面积（千公顷） | 单位面积产量（吨/千公顷） | 省市 | 稻谷产量（万吨） | 稻谷种植面积（千公顷） | 单位面积产量（吨/千公顷） |
|---|---|---|---|---|---|---|---|
| 江苏 | 1892.57 | 2294.82 | 8247.14 | 云南 | 529.23 | 1130.00 | 4683.45 |
| 浙江 | 444.91 | 818.34 | 5436.79 | 西藏 | 0.50 | 1.02 | 4870.52 |
| 安徽 | 1647.46 | 2265.50 | 7271.95 | 陕西 | 80.57 | 122.72 | 6565.01 |
| 福建 | 393.19 | 769.39 | 5110.40 | 甘肃 | 2.92 | 4.65 | 6270.97 |
| 江西 | 2126.15 | 3316.31 | 6411.19 | 宁夏 | 68.85 | 75.05 | 9173.60 |
| 山东 | 90.14 | 105.76 | 8523.20 | 新疆 | 65.47 | 69.18 | 9464.33 |

资料来源：2018年《中国统计年鉴》。

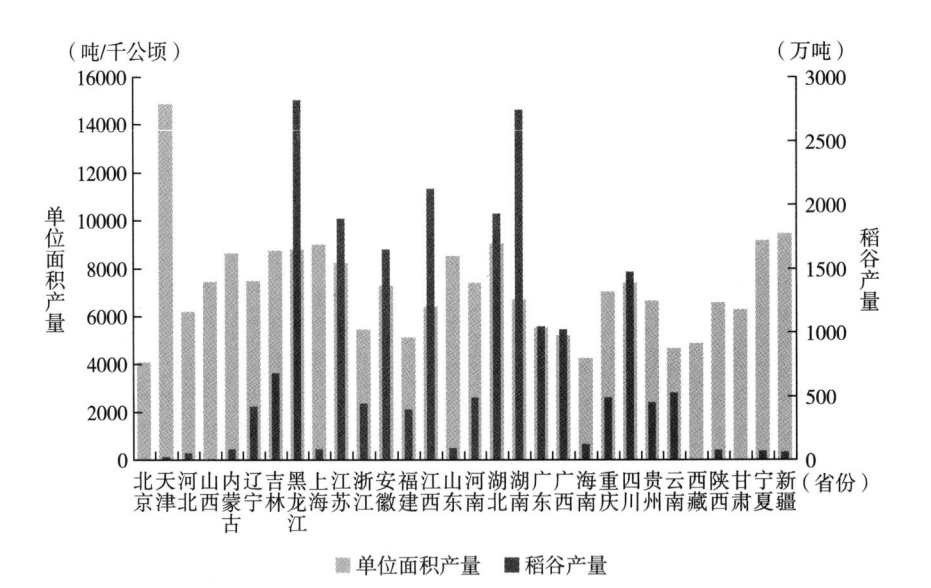

**图3-5 2017年各省市稻谷产量及单位面积产量**

资料来源：2018年《中国统计年鉴》。

江、福建、河南、重庆、贵州和云南。虽然黑龙江、江西、湖南产量最高，但其单位面积产量却不是最高，单产在每公顷8000吨的省份有天津、内蒙古、吉林、黑龙江、上海、江苏、山东、湖北、宁夏和新疆，其中江苏和湖北稻谷产量和单产都很高。各省稻谷生产率的差异一方面在于各省气候自然条件不同，稻谷成熟情况不同，比如北方稻谷由于气温低、季节分明，稻谷一年一熟，而南方温暖气候适宜稻谷一年两熟甚至三熟；另一方面，各省对粮食生产投入不同，机械化程度不同同样也是各省生产率不一的原因。

（四）稻谷生产效益逐年降低

从表 3-4 与图 3-6 中可以看出近些年来稻谷平均每 50 公斤主产品成本利润率迅速下降，可见，我国稻谷生产效益这些年来显著下降。其中销售价格逐年上涨，到 2016 年以后有所回落，这可能与国家的托市价格上涨及 2016 年国家开始对稻米结构性调整有关。我国稻谷生产效益低的主要原因是稻谷平均每 50 公斤主产品总成本逐年上升导致的，从图表中可以看出稻谷平均每 50 公斤主产品总成本从 1997 年的 50.25 元上升至 2017 年的 112.89 元。在国民经济稳定增长的情况下，农产品成本变化主要有两种形式：一种是以与能源相关农资成本为代表的波动上升型和另一种以劳动力与土地成本为代表的稳步上升型。前者主要是在科技无重大创新的情况下，能源、劳动力、土地的供给无法满足持续上升的生产需求，生产要素供需所导致的生产成本变化经常是波动的，国际市场投机资本的介入也是其中一个原因；与第一类成本不同，第二类成本上升相对平稳。从近年来全国农产品成本收益资料汇编可以看出：在我国稻谷生产总成本中，人工成本比重较高，土地成本比重较低，原因之一是我国稻米生产中大量使用了化肥、农药和人力，这带来了土地污染和未来生产成本上升等问题，最终导致稻谷生产利润和国际竞争力的下降。2018 年国家对三类稻谷价格进一步下调，粳稻、早籼稻和中晚籼稻最低收购价格分别下降到每 100 斤 130 元、120 元和 126 元，相比 2017 年下降了 20 元、10 元和 10 元。2018 年国内稻米市场价格持续下跌，与 2017 年相比走势较弱。谷价下跌，其他成本上涨，导致稻谷收益持续下降。

◇ 消费者品牌忠诚度的构建

表3-4　　　　稻谷成本收益情况（每50公斤主产品）

| 年份 | 平均出售价格（元） | 总成本（元） | 净利润（元） | 成本利润率（%） |
| --- | --- | --- | --- | --- |
| 1997 | 69.42 | 50.25 | 19.17 | 38.15 |
| 1998 | 66.92 | 49.34 | 17.58 | 35.63 |
| 1999 | 56.58 | 48.02 | 8.56 | 17.83 |
| 2000 | 51.74 | 46 | 5.74 | 12.48 |
| 2001 | 53.68 | 44.61 | 9.07 | 20.33 |
| 2002 | 51.39 | 47.13 | 4.26 | 9.04 |
| 2003 | 60.06 | 48.69 | 11.37 | 23.35 |
| 2004 | 79.82 | 49.06 | 30.76 | 62.70 |
| 2005 | 77.66 | 55.84 | 21.82 | 39.08 |
| 2006 | 80.64 | 57.99 | 22.65 | 39.06 |
| 2007 | 85.21 | 60.32 | 24.89 | 41.26 |
| 2008 | 95.11 | 70.23 | 24.88 | 35.43 |
| 2009 | 99.08 | 72.44 | 26.64 | 36.78 |
| 2010 | 118 | 84.04 | 33.96 | 40.41 |
| 2011 | 134.53 | 95.15 | 39.38 | 41.39 |
| 2012 | 138.07 | 108.65 | 29.42 | 27.08 |
| 2013 | 136.52 | 120.34 | 16.18 | 13.45 |
| 2014 | 140.63 | 119.78 | 20.85 | 17.41 |
| 2015 | 138.02 | 120.45 | 17.57 | 14.59 |
| 2016 | 136.79 | 122.34 | 14.45 | 11.81 |
| 2017 | 111.58 | 112.89 | -1.31 | -1.16 |

资料来源：2018年《全国农产品成本收益资料汇编》。

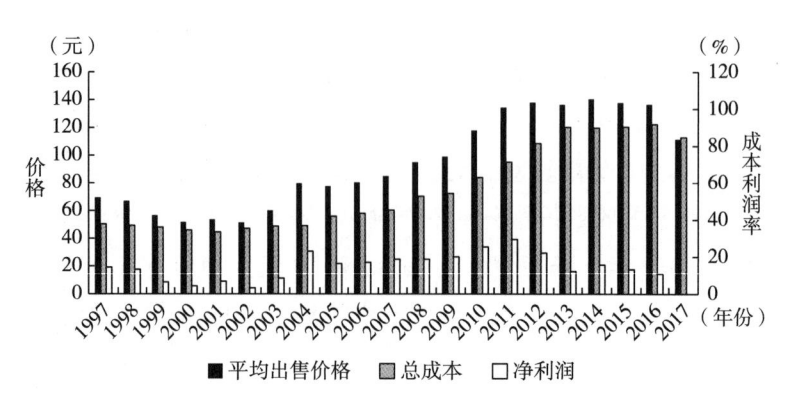

图3-6　稻谷成本收益情况（每50公斤主产品）

## 二 大米流通加工现状

### (一) 大米流通现状

首先,在大米收购方面。稻谷收购主体主要有两个:市场收购主体与政策性粮食收购主体,前者主要是对大米加工经营,后者为国家委托取得经营资格的企业按最低收购价设点从农民手中收购粮食。我国稻谷收购在稻谷市场价格低于最低收购价时以国有粮食收储为主,在稻谷市场价格高于最低收购价时,以市场吸纳为主。但最低收购价的存在可能会损害市场收购主体,会增加大米加工成本,这也是导致"稻强米弱"的重要原因之一。

其次,在大米储存方面。我国稻谷储存主要分为社会库存与国家库存。前者主要是用来满足日常消费和加工经营,具体包括国有粮食企业自营库存、大米经营主体库存、农民库存。后者也称为专项储备,主要是用来通过调节稻谷供求平衡以达到国家宏观调控的目的,具体包括临时收购储存、地方储备和国家储备。

最后,在稻米贸易和运输方面。我国目前稻米的交通大格局为"早籼南下、中晚籼东输南下,北粳南运"。"早籼南下"即我国早籼稻生产主要分布在长江以南,其中江西、两湖最集中,通过就近销售通常会运往早籼稻比较缺乏的两广、福建、海南等省份。"中晚籼东输南下"即江西、两湖的中晚籼米主要运往两广、福建、浙江、云南等地销售。"北粳南运"即东北三省盛产粳米,主要向京、冀及南方各省运输和销售。

### (二) 大米加工现状

我国大米加工业主要分布在大米主产区,具体来说主要集中在东北、长江中下游地区的湖北、江西和黑龙江等省份。近些年来,我国粮食加工业运行总体上较稳定,粮食加工企业经营状况良好。大米加工生产日益趋于集约化,呈现产业链经营的趋势。中粮、益海、中储粮等大批龙头企业先后进入了中国大米加工行业。大米加工产业链经营从源头上控制成本,大型大米加工企业的加入带来了国际先进水平的加工设备,提高产品品质,以满足消费者对优质大米的需求。在国家给予的各种优惠政策下，我国大米加工业近些年发展迅速，目前情况如下：

首先，我国大米加工业的主体仍然是民营企业。改革开放前，我国粮食加工业最开始是国有垄断，改革开放后，民营粮食加工企业蓬勃地发展起来。目前大米加工企业虽有以中粮为代表的大型国有企业，其实力较强、知名度较高、市场占有率比较大，但仍然主要以规模小、市场集中度较低的民营中小企业为主。

其次，我国大米加工业总体上产能过剩，产品结构不合理，绝大多数的大米加工企业利润较低。产生这种情况的主要原因是"稻强米弱"，国家对稻谷收购有托底价格，这对于分散经营、规模较小的大米加工企业来说成本就压缩不下去。实力薄弱的大米加工企业，生产方式单一，加工停留在初级阶段，所加工出来的大米品质较低且无法与大米加工龙头企业所生产的和进口优质大米相媲美。因此，我国大米库存积压严重，据世界粮农组织调查，我国大米每年库存都在不断增加。据美国农业部发布的2018年11月大米市场展望报告显示，2018年度中国大米期末库存将占到全球大米库存总量的70%左右。大量的大米库存导致稻米加工企业普遍出现亏损，许多大米加工企业，特别是中小型加工企业开工率降低，处于停产、半停产状态，造成资源的浪费。

再次，大米加工企业管理不到位，内部各环节控制能力薄弱。如北大荒米业，是中国东北最大的集生产、加工、销售为一体的米业龙头企业。有资料显示因北大荒米业公司亏损严重，于2014年旗下米业公司进行拆分后分别并入商贸集团、下属农场、原米业公司下。在大米生产和加工上，北大荒本来有得天独厚的条件，如北大荒农垦土地面积广阔，横跨小兴安岭南麓、松嫩平原和三江平原地区，黑土地肥沃、有机质含量高，其加工设备又是达到了国际先进水平，加工出来的大米肯定是有机绿色、营养丰富的好米。有学者指出其亏损除了国内外竞争外，主要是内部管理不到位，销往全国各地时运输、储存方面产生的损耗率太高①。

最后,大米加工产业链不断发展,资源利用效率不断提高。长久以来,我国大米加工业与上下游产业利益相互脱离,利润分配极其不合理,导致了大米高端产品的产业链长期失衡。近年来,国外优质大米对我国大米产业的冲击,在某种程度上刺激了我国大米产业链的发展,如江苏太仓市城厢镇东林村、常州市新北区西墅镇东南为提升种粮收益,通过创建大米绿色生态品牌,形成集生产、加工、销售于一体的产业链。2017年中央提出深化农业供给侧结构性改革并要求落实到种植业上,更多的产区或大米经营主体进行大米全产业链经营,譬如宁夏形成"规模化种植—标准化生产—全程化服务—精准化加工—网络化销售",引入竞争机制,并配以补贴,扶持很多龙头企业开展优质大米的加工与销售。这使大米加工产业链更长、综合利用程度更高、浪费更少,粮食综合加工增值更高。

### 三 大米销售及贸易现状

(一) 大米销售现状

1. 我国大米品牌实际情况

第一,大米品牌的类型。我国大米品牌的类型主要包括企业品牌、产品品牌和区域品牌。首先,企业品牌,即通常以企业名称为品牌名称的大米品牌。比如北大荒、福临门、太粮大米等。其次,产品品牌,既指反映大米经营主体核心价值观的大米产品名称、符号、标记等方面的组合体,又指一系列有关大米产品的代表,比如十月稻田、金龙鱼、香满园大米等。最后,区域品牌,即区域内集体共用的品牌,常以产地+产业或大米产品品类来命名。比如东北大米、五常稻花香等。我国大米区域品牌大致可以分为三种:①集群内的大米经营主体统一使用大米区域品牌,而没有自己的企业或产品品牌;②集群内的大米经营主体有自己的产品品牌或企业品

---

① 胡军华:《中国最大米业公司北大荒亏损严重销量减半》,《第一财经》2016年7月。

牌，大米区域品牌仅是企业自己品牌的一个关联物；③大米经营主体区域品牌与自己的企业或产品品牌同时使用。另外，中国市场的进口大米主要有泰国、日本、越南、柬埔寨等。进口品牌大米有中国大米经营主体原装进口、大米进口加工在中国和国外大米经营主体直接在中国投资销售的三种情况的品牌，比如金健米业的邦可泰、金龙鱼的泰金香、国外品牌孟乍隆等。第二，我国品牌大米经营现状。我国大米品牌总体状况是杂而小的品牌林立、实力强的大品牌屈指可数，国内品牌不断受到国外大米冲击。有些进口大米如柬埔寨香米、泰国香米等港口提货价很低甚至接近我国稻谷加工后的成品价格。这些进口的低价大米大规模地挤占了中国市场。同时，日本大米、泰国香米等国外高端大米的价格几乎均高于本土大米价格。即使我国可以生产出质量口感与国外高端大米相媲美的大米，但仍然无法受到消费者过多的青睐。可见，我国品牌大米经营状况举步维艰，品牌附加值仍然不高，竞争力还太薄弱。

2. 我国大米销售渠道

我国大米传统销售渠道主要有批发市场、农贸市场、社区小型超市或便利店、大米实体专卖店、大中型超市等。第一，农产品批发市场。农产品批发市场是为买者与卖者提供批发交易的交易场所，并具备价格形成、信息、商品集散、协调供求等功能。批发市场是连接农产品生产加工与农贸、超市等终端消费的纽带，是农产品流通中的重要枢纽，其为我国经济发展做出巨大贡献。这个销售渠道优点是厂家可以直接面对消费者，中间环节成本低，然而批发市场的高收费是我国农产品流通中一大阻碍，这也是导致农产品价格上升的重要原因之一。由于行政部门对批发市场各方面的管制与规划，农贸市场实际上是寡头垄断甚至是垄断市场，使批发市场内部摊位为稀缺资源，费用越来越高。因此，从2015年开始商务部启动公益性农产品批发市场试点建设，可以预测，我国农产品批发市场有向公益性的发展趋势。第二，农贸市场。农贸市场是存在于各省市社区，直接面对消费者，自由买卖农副产品的市场，通常以散装米、小品牌、杂牌大米为主。这个渠道优点是分布广、深入消费者日常生活的社区，地理位置优势使其面对更广的消费者，然而，这种大米销售渠道使厂家无法直接面对消费者，大量的利润被各种经销商所盘剥。第三，社区小型超市或便利店。这种大米销售渠道与农贸市场相比，数量更多、分布更广，然而这种渠道所销售的大米品牌类型通常较农贸市场少、品牌更杂。第四，大米实体专卖店。实体专卖店通常针对某品牌大米进行的经营，可以是由厂家直接经营或通过经销商经营的。这种销售渠道有利于保证产品质量，提高该品牌大米的知名度、有利于使用大米品牌营销各种手段，容易获得消费者的认可。但这种销售渠道对大米经营主体来说在员工、资金、资产管理上要求高，市场风险较大。当所生产的产品没有跟上市场需求时，将面临更大的损失。第五，大中型超市。大中型超市这种销售渠道运营正规、数量相对较少，进入门槛较高。超市内散装米与品牌大米同时经营，有序陈列，并配促销员主动与消费者信息交流，购物环境良好，有利于大米的宣传与销售。但超市上架的各种巧立名目的收费，无疑增加了大米经营主体的成本。另外，超市销售空间有限，对于绝大多数的大米经营主体来说绝非首选。第六，网络销售。如今是移动互联网的时代，是虚实融合的新的商业帝国，传统大米销售渠道与互联网时代消费需求在不断地冲突与碰撞，网络销售渠道一直在重构和升级的过程中。网络电商销售渠道有品牌大米官方销售网站，天猫、京东、唯品会等电商平台及其他农产品网络商城，基于微信的微商和各种虚拟网络社区等。网络销售模式节省了大米经营主体与消费者之间的中间环节的成本，但却增加了消费者与大米经营主体的风险：消费者由于看不见摸不着，其购买完全凭借网站的介绍和在线人员的承诺，购买后很容易产生实际需求与预期不一致的风险；与此同时，大米这种商品由于储运要求比普通商品高，很容易在储运过程中发生发霉、变质、毁损等风险，从而导致大米经营主体的成本损失和信誉风险。除此之外，还出现了很多新渠道，譬如近些年来出现了生产者通过某些平台直接接受消费者的私人订制，如由聚划算和安徽绩溪县联手打造私人订制农场项目。绩溪当地有 1000 亩闲散农田，消费者可自由认购一定面积和位置的土地，并根据自己的需要要求当地合作社种植相应的作物。当地合作社雇用专业农民管理，农作物成熟后，将快递给消费者。这类销售渠道一般针对高端农产品消费者，有利于获得稳定的客源。

3. 我国大米品牌营销现状

在互联网、物联网时代下，产品的营销手段层出不穷，既引导消费也促进消费。对于大米这种产品品牌宣传初期，通常进行的营销方式是召开新产品发布会、参加各种农产品展览会及开展免费试吃和现场推广活动，并在媒体上做广告。这些媒体包括电视、报纸、网络、广播、楼宇框架、高速公路宣传板、公交站点甚至是住宅电梯宣传板等，并在对外宣传过程中，突出本品牌大米的文化与特色。其次，通过办理会员卡提供相应的折扣和维系与消费者的关系。譬如与商场、超市、餐饮、健身、医疗等商户合作采用办理会员卡消费优惠的形式更大幅度吸引消费者。再次，以各种售后服务来吸引消费者，如免费送货上门并附带着产品以外的礼品。然后，通过产品包装、宣传图册、服务人员着装、店面装修风格、送货服务车标识等，从视觉效果向消费者提供健康形象和品牌价值。最后，与互联网相结合多途径销售与宣传，譬如通过微信公众平台、手机软件、QQ 群、微博及网络商城进行宣传并免费赠送试吃和销售。

(二) 大米贸易现状

从表 3-5 和图 3-7 可以看出：2011 年以前，我国是大米出口大国，在国际市场上占据重要的地位，然而这种状况在 2011 年开始结束，我国从大米出口大国转变成了进口大国。这种状况与我国稻米生产连年增加，联系在一起，出现了令人费解的"怪象"：为什么我国大米生产连年增加，大米出口却越来越少，还需要不断地从国外进口大米呢？究其原因，主要因为我国大米国内国际竞争力在

表 3-5　　　　1999—2018 年大米及稻谷进出口情况

| 年份 | 出口 数量（吨） | 出口 金额（千美元） | 进口 数量（吨） | 进口 金额（千美元） | 净出口 数量（吨） | 净出口 金额（千美元） |
|---|---|---|---|---|---|---|
| 1999 | 2690600 | 651894 | 168121 | 78153 | 2522479 | 573741 |
| 2000 | 2933772 | 561054 | 238593 | 112715 | 2695179 | 448339 |
| 2001 | 1847630 | 329005 | 269056 | 98853 | 1578574 | 230152 |
| 2002 | 1963874 | 380398 | 235628 | 79665 | 1728246 | 300733 |
| 2003 | 2585011 | 494663 | 256942 | 96532 | 2328069 | 398131 |
| 2004 | 881009 | 232552 | 756417 | 251539 | 124592 | -18987 |
| 2005 | 657383 | 224648 | 513950 | 196079 | 143433 | 28569 |
| 2006 | 1240000 | 408739 | 718198 | 288470 | 521802 | 120269 |
| 2007 | 1330000 | 478583 | 470647 | 217631 | 859353 | 260952 |
| 2008 | 969158 | 481430 | 293326 | 183399 | 675832 | 298031 |
| 2009 | 784005 | 523565 | 332669 | 201402 | 451336 | 322163 |
| 2010 | 619499 | 416057 | 363156 | 253286 | 256343 | 162771 |
| 2011 | 515497 | 426839 | 574972 | 386750 | -59475 | 40089 |
| 2012 | 279087 | 271997 | 2334417 | 1125598 | -2055330 | -853601 |
| 2013 | 478404 | 416665 | 2235839 | 1051995 | -1757435 | -635330 |
| 2014 | 419071 | 232474 | 2580000 | 770153 | -2160929 | -537679 |
| 2015 | 285942 | 166524 | 3380000 | 932340 | -3094058 | -765816 |
| 2016 | 394980 | 350948 | 3560000 | 1614077 | -3165020 | -1263129 |
| 2017 | 1196843 | 596853 | 4030000 | 1860004 | -2833157 | -1263151 |
| 2018 | 208900 | 887400 | 3080000 | 1639299 | -2871100 | -751899 |

资料来源：根据中国海关总署及世界粮农组织统计数据整理计算得来。

不断减弱。一方面，我国为了保障农民收入，对稻米收购实行托市价格，这使我国大米加工成本增加；另一方面，我国绝大多数大米加工企业的加工水平尚处于初级，并未进行精深加工，这使我国大米品质无法提升。我国本土生产低价米由于成本高，导致很多商家从国外如越南、柬埔寨等国进口大量低价米而获取利润，而我国的低价米在国际市场上价格不占优势，因此出口越来越少。随着经济的发展,生活水平的不断提高,国内外消费者对优质大米的需求越来越大。由于我国大米生产结构不合理,高品质的优质米匮乏,非优质米库存却积压严重,因此,为了满足国内对优质米的需求,大量地从国外进口,增加了外国大米对我国大米市场的冲击,最终导致我国在国际上既是稻米生产大国又是进口大国的"怪象"。近几年,在我国对越南、缅甸、泰国等国走私大米的严厉打击下,在一定程度上缓解了我国大米市场的冲击程度。2017年我国大米和稻谷进口量达到历史最高403万吨,到2018年回落到308万吨,净出口近些年虽然一直为负值,但进出口差距减少。2018年我国大米的进口国家仍主要以巴基斯坦、越南和泰国为主,我国大米出口的国家以莫桑比克、科特迪瓦等国为主。

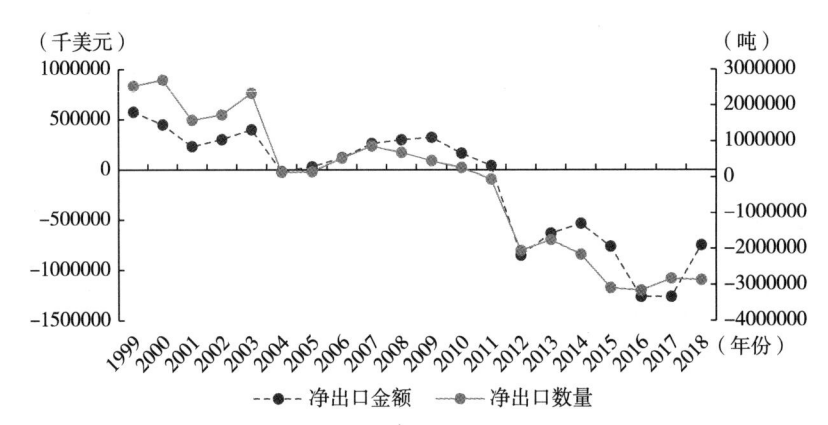

**图 3-7　1999—2018 年大米及稻谷净出口情况**

资料来源:根据中国海关总署及世界粮农组织统计数据。

# 第二节　我国大米市场需求现状及供求平衡情况

## 一　我国市场大米产品及种类

我们日常食用的大米(Milled Rice)是将稻谷或毛稻(Paddy 或

Rough Rice）经过去除颖壳后成为糙米（Brown Rice），然后再经过加工把全部或部分皮层去掉最终形成大米。因此，我国大米是稻谷经清理、砻谷、碾米等工序制成后的成品，其主要成分为碳水化合物，另外还有蛋白质、脂肪和 B 族维生素等。从中医角度来说，大米具有补中益气、健脾养胃、止咳润肺、滋润皮肤的功效，被誉为"五谷之首"。

首先，我国大米按类型有籼米、粳米和糯米之分。第一分类：籼米。籼米米粒细长而椭圆，由籼型非糯性稻谷制成；根据收获季节不同而分为早籼米和晚籼米，早籼米质量较晚籼米差，黏性较小、脆性大；根据米粒长度有长粒和中粒之分，长粒籼米油性大，味道细腻，质量较中粒好；籼米主要产于我国湖南、湖北、广东、广西、江西及四川等省。第二分类：粳米。粳米米粒为椭圆形，由粳性非糯性稻谷制成，根据收获季节不同而分为早粳米和晚粳米，早粳米质量较晚粳米差，粳米主要产于中国东北，国内各地均有种植，历史悠久。第三分类：糯米，又称为江米。米粒呈乳白色不透明或半透明状，由糯性稻谷制成，黏性大；品种有长糯米即籼糯和圆糯米即粳糯，粳糯的口感和黏度都较差于籼糯，籼糯产于南方，而粳糯生长于北方。籼米的黏性不如粳米和糯米，黏性最大的糯米一般不用做主食，通常用来做粽子、元宵和糕点等。

其次，国家对大米质量情况进行了分类和分级，根据 GB1354—2009《大米》，按食用品质分为大米和优质大米。籼米与粳米依据不完善粒、加工精度、杂质最大限量、碎米与小碎米等指标，按质量不同分为四个等级，把籼糯米和粳糯米分为三个等级；根据加工精度等指标，把优质籼米和粳米分为质量不同的三个等级，把优质籼糯米和优质粳糯米分为质量不同的三个等级。在我国市场上，优质大米的价格通常高于普通大米的价格，优质一级大米在优质大米中价格是最高的。

最后，我国市场上还有大量的进口大米，如泰国大米、柬埔寨大米、越南大米。这些进口大米在我国最常见的类型是长粒型的香米,其种类很多,具体包括香籼、香粳和香糯,如最著名的泰国茉莉香米就是香籼米。进口香米含水量较低,易于储藏,保质期通常比我国大米长,我国大米保质期最多18个月,而进口大米保质期通常是两年。由于进口大米品质高、口感好,因此,进口大米的价格通常比我国的大米高。

## 二 我国大米消费者需求现状

### (一) 我国大米消费者购买渠道选择现状

本书以东北三省、江苏、北京和广东这几个省的大米消费者为调查对象,2018年1—6月,通过网络问卷(见附录A)随机调查了不同年龄段的865位大米消费者通常购买大米的渠道,按众数统计各渠道选择人数,如表3-6所示:我国大米消费者偏爱传统的购买渠道,在各个年龄段,大中型超市遥遥领先其他传统购买渠道,这可能是因为购买环境好,各品牌大米和大米产品品种齐全而最受消费者的偏爱。社区小型超市或便利店与农贸市场由于数量多,散布在消费者住所附近,因此也较受消费者的偏爱。批发市场和大米实体专卖店消费者偏爱程度仅次于前两者。经具体调查可知,

表3-6　　　　大米消费者通常购买渠道的调查

| 年龄 | 调查人数 | 批发市场 | 农贸市场 | 大米实体专卖店 | 大中型超市 | 社区小型超市或便利店 | 品牌大米官网 | 网络电商 | 微商 | 其他 |
|---|---|---|---|---|---|---|---|---|---|---|
| 20岁及以下 | 37 | 3 | 11 | 7 | 23 | 9 | 0 | 1 | 1 | 5 |
| 21—30岁 | 251 | 33 | 71 | 23 | 168 | 73 | 0 | 18 | 2 | 21 |
| 31—40岁 | 263 | 28 | 67 | 14 | 153 | 69 | 8 | 39 | 1 | 13 |
| 41—50岁 | 240 | 21 | 49 | 26 | 168 | 63 | 17 | 27 | 5 | 14 |
| 51—60岁 | 62 | 6 | 12 | 8 | 38 | 19 | 4 | 7 | 0 | 5 |
| 61岁及以上 | 12 | 2 | 3 | 1 | 7 | 2 | 0 | 0 | 0 | 0 |
| 调查人数 | 865 | | | | | | | | | |

资料来源:根据调研数据得来。

网络渠道购买并没有传统渠道普及。多数消费者认为：网络购买看不见摸不到，很难确定大米质量如何，购买风险较大。从调查结果可见，网络渠道中，消费者比较偏爱的购买渠道是天猫、京东、唯品会等电商平台，基本上每个年龄段的调查者都有网络购买的经历。这说明网络购买虽不是消费者主要偏爱的购买渠道，却是各年龄段都能接受的购买渠道。因此，这种网络销售渠道对大米经营主体来说尚有发展的空间。

（二）我国大米消费者对大米产品特征偏好

本书对这 865 名调查者同时进行了大米产品特征偏好调查，按众数统计大米产品特征的选择人数，如表 3-7 所示：首先，年龄在 50 岁及以下的消费者一致认为选择大米产品第一个重要因素是口感，其次是是否是绿色、无公害、有机大米和价格、米粒感官、产地及营养成分。同时对年龄在 51 岁及以上的调查者调查发现：大米口感已经不是消费者选择大米产品的首要因素，价格在消费者选择中重要性也在降低；是否是绿色、无公害、有机大米这个因素成为首要因素，营养成分重要性上升。可见，年轻人购买大米首先注重大米产品是否好吃，其次是健康，同时要考虑自己的收入水平和购买能力，然后进行选购；而年龄超过 50 岁的老年人购买大米更加注重的是健康和营养，其原因可能是这个年龄段的消费者多数已经具备一定的经济实力或者注意养生，所以价格因素在选购大米时重要性较年轻人低。其次，产地是大米产品本身的基本属性，对各个年龄段的消费者来说，都是较为重要的选购因素。再次，促销优惠、包装设计、交通便利性和服务周到因素虽然与其他因素相比重要性较低，但也会因此吸引到一部分消费者。其中包装设计和交通便利对吸引 40 岁及以下的消费者的效果更加好些，可能是因为年轻人更加看重产品的外观。另外，年轻人工作较忙，为节省时间，更加注重购买大米的便利性。从上面的分析可知，近些年来人们生活水平提高了，随着"镉大米""陈化粮"等事件的曝光，消费者在饮食方面由以前简单地满足温饱转变为优先考虑大米的品质以及安全性，然后才会考虑价格等因素。

表 3-7　　　　　消费者对大米产品特征偏好调查

| 年龄 | 调查人数 | 米粒感官 | 口感 | 营养成分 | 是否是绿色、无公害、有机大米 | 包装设计 | 价格 | 促销优惠 | 产地 | 交通便利 | 服务周到 | 其他 |
|---|---|---|---|---|---|---|---|---|---|---|---|---|
| 20 岁及以下 | 37 | 6 | 21 | 12 | 11 | 0 | 8 | 3 | 4 | 1 | 0 | 1 |
| 21—30 岁 | 251 | 87 | 171 | 62 | 100 | 11 | 105 | 34 | 37 | 22 | 5 | 15 |
| 31—40 岁 | 263 | 63 | 171 | 42 | 106 | 5 | 85 | 39 | 70 | 26 | 5 | 9 |
| 41—50 岁 | 240 | 64 | 161 | 57 | 122 | 0 | 81 | 31 | 82 | 9 | 7 | 4 |
| 51—60 岁 | 62 | 14 | 32 | 20 | 35 | 0 | 15 | 7 | 15 | 5 | 2 | 0 |
| 61 岁及以上 | 12 | 2 | 4 | 4 | 6 | 0 | 2 | 2 | 5 | 0 | 2 | 1 |
| 调查人数 | 865 | | | | | | | | | | | |

资料来源：根据调研数据得来。

## 三　我国大米供需平衡情况

从图 3-8 和表 3-8 中可以看出：我国大米国内供给和需求均逐年增加，且供给大于需求；食用大米占大米总需求的比重各年均高达 75%以上，大米需求的比重逐年下降。可见，我国的大米市场一直以来都是供大于求的情况。从粮食安全角度来讲，我国大米供给已经足够保障国内的需求。在我国大米需求中，食用需求始终占据主导地位，各年食用消费数量情况较稳定。然而根据我国各年统计年鉴可知，从 2000 年至 2017 年，我国人口从 12 亿增加至 13 亿多，这就产生一个问题：为何大米食用需求未与人口增长同步？这一方面可能是因为逐渐提高的生活水平，消费者更注重养生，主食逐渐丰富化，更多地选择除大米以外的粮食来食用；另一方面，可能是因为国内大米经营主体所生产加工的大米产品种类过少，品质还尚需提高，无法创造更多的新消费需求。另外，近些年来，大米食用以外的如饲料、种子、其他用途和损耗比重逐渐增加，其中饲

# 第三章 我国大米市场供求现状及品牌营销问题分析

料消费的比重较高，然后就是损耗，这说明我国大米在储运过程中还存在很多问题。

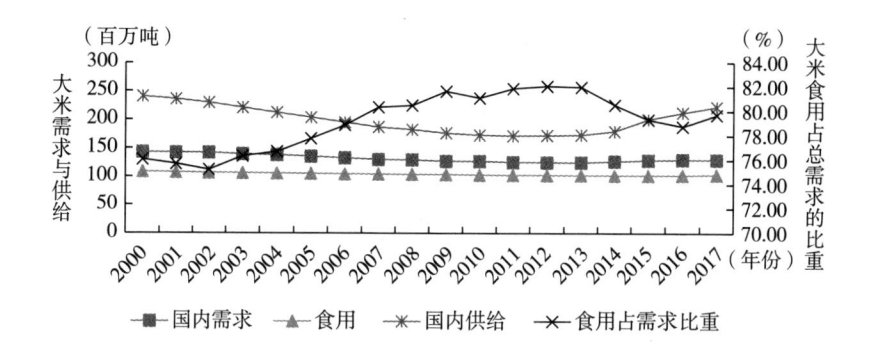

**图 3-8　2000—2017 年我国大米供需平衡情况**

资料来源：世界粮农组织。

表 3-8　　　　　　2000—2017 年我国大米供需平衡情况

| 年份 | 国内需求（百万吨） | 食用（百万吨） | 食用占需求比重（%） | 国内供给（百万吨） |
| --- | --- | --- | --- | --- |
| 2000 | 129.66 | 103.35 | 79.71 | 222.28 |
| 2001 | 129.9 | 102.32 | 78.77 | 212.14 |
| 2002 | 128.89 | 102.25 | 79.33 | 200.35 |
| 2003 | 126.94 | 102.23 | 80.53 | 179.54 |
| 2004 | 124.83 | 102.34 | 81.98 | 173.17 |
| 2005 | 124.98 | 102.57 | 82.07 | 172.2 |
| 2006 | 125.45 | 102.71 | 81.87 | 171.6 |
| 2007 | 127.08 | 103.06 | 81.10 | 172.93 |
| 2008 | 127.13 | 103.79 | 81.64 | 176.34 |
| 2009 | 129.35 | 104.1 | 80.48 | 182.34 |
| 2010 | 129.97 | 104.41 | 80.33 | 186.89 |
| 2011 | 132.82 | 104.76 | 78.87 | 194.98 |
| 2012 | 135.52 | 105.39 | 77.77 | 203.6 |
| 2013 | 138.02 | 105.86 | 76.70 | 212.17 |

续表

| 年份 | 国内需求（百万吨） | 食用（百万吨） | 食用占需求比重（%） | 国内供给（百万吨） |
|---|---|---|---|---|
| 2014 | 139.36 | 106.39 | 76.34 | 220.75 |
| 2015 | 142.02 | 106.83 | 75.22 | 229.43 |
| 2016 | 142.06 | 107.54 | 75.70 | 235.64 |
| 2017 | 142.91 | 108.71 | 76.07 | 240.49 |

资料来源：世界粮农组织。

# 第三节 我国大米品牌营销存在的问题

通过我国大米产业、市场现状的分析可知：我国大米市场供需结构失衡。此情况会导致我国大米品牌营销过程中存在很多问题，这些问题直接造成了我国大米产品在消费者的眼中质量和价格差异不大，对消费者大米品牌忠诚度有着直接或间接的影响。

## 一 大米品牌监管体系不完善

经济学有个著名的理论是乔治·阿克尔罗夫提出的柠檬市场效应理论，内容是指市场在信息不对称的情形下，质量好的商品往往会遭受淘汰，而质量差且价格便宜的劣质品会逐渐占领市场。目前，我国大米市场就充斥着大量以次米冒充好米的现象，造成了品牌大米品质难以保护、监管出现困难的局面。究其原因，通过我国大米供需现状可知：由国家对稻谷的最低收购价政策，"稻强米弱"现象严重，我国大米出现供大于求。农民收入是保障了，但大米加工企业却叫苦不迭，亏损一片，这便导致了很多中小型大米加工企业购买陈米勾兑或代替新米以降低成本的情况。如五常大米屡屡出现"调和米""勾兑米"的现象。据调查，市场上将近百分之九十的五常大米均是造假，造假方式从往米中加入香精、蜡等添加剂到将外地或五常当地非稻花香品种水稻按比例掺到传统稻花香中等，手段层出不穷。五常大米市场之乱背后的原因经分析后主要有以下几个方面：第一，在五常大米造假的利益链条上，存在一批"掮客"，他们通常具有政府官员的背景，可暗中疏通关系操纵大米买卖以获取灰色利益。第二，造假大米经营主体造假技术成熟，善于规避法律风险。第三，当地政府地方保护主义严重缺乏打击假五常米之动力。第四，大米区域品牌内部生产管理的混乱。在同一产地品牌下，大米经营主体并未形成统一的生产流程规范和产品质量标准，致使大米经营主体各自为政，呈现出短视、无序的乱象。五常大米掺假事件暴露了我国大米品牌品质保护和监管的问题，这种情况在南方也不少见。据有关报道，在上海、福建和广东等沿海城市，优质稻米需求增长很快，年增长率达5%至6%，但优质稻米由于"掺混"问题，经常"优质难优价"。可靠的品质是品牌树立的基础，有品质才有品牌，培育一个品牌不容易，毁掉一个品牌可能是一瞬间的事。我们经常听到的一句广告词是："十年品质如一，铸就经典品牌"，可见维持高品质对于培育品牌的重要性。大米经营主体和政府如何做才能保护我国大米品牌品质，维护大米品牌权益，将成为我国是否能培育出具有竞争能力大米品牌的关键。

## 二 大米企业、产品品牌和大米区域品牌发展不协调

大米区域品牌是区域内相关主体共同所有的品牌，是宏观品牌，如东北大米、五常大米等。与之相对应的是企业或产品微观品牌，企业品牌如福临门、五丰、金龙鱼大米等，产品品牌如柴火大院、十月稻田、香满园大米等。自2017年中央一号文件提到推进区域农产品公用品牌建设后，大米区域品牌如雨后春笋般接连不断出现。在2018年中国首届国际大米节上评选出2018年全国大米区域公用品牌的有：兴安盟大米、兴华大米、射阳大米、盘锦大米、庆安大米、宁夏大米、榆树大米、方正大米、罗定稻米、五常大米。2019年又相继有很多大米区域品牌加入各省的区域品牌建设大军，短短两年时间在我国各省出现了大量的大米区域品牌。各省政府不遗余力地大力发展本区域的大米公用区域品牌，并给予相应的财政支

持。大米区域品牌的发展确实带动当地的产业发展,但却不利于微观大米经营主体的企业品牌或产品品牌的建设。大米区域品牌是集体公用的,但大米产品质量标准无法统一,品质参差不齐,给消费者的体验是有差异的。当大米区域品牌价值降低会影响区域内的大米经营主体的企业或产品品牌的建设。大米区域品牌影响过大时,会使大米经营主体在对自己大米品牌塑造上越来越缺乏个性,从而限制了微观个体的企业或产品品牌的发展。

### 三 大米品牌营销投入少

从我国大米销售现状可知,我国大米由于价格上不去下不来,其品牌附加值较很多进口大米低很多。其中我国绝大多数的中小型大米加工企业规模较小、利润较低,这就导致大米经营主体舍不得花钱做品牌的现象,他们认为大米是日常必需的微利产品,花大量成本宣传品牌会侵蚀利润,久而久之形成一个恶性循环,使我国很多中小型大米经营主体即使生产出来不错的产品,但始终卖不上价。中小型大米经营主体或者迫于生存压力或者自信于所生产产品的品质而不进行品牌建设方面的投入,长此以往必将遭到市场的淘汰。一个好产品是支撑品牌的基础,但一个好产品却不一定能做出好品牌[①]。同类产品价格差异主要来源于产品品牌的附加值,詹姆斯·韦伯·杨曾提出品牌附加值是品牌培育过程中长期积累在产品上建立起来的消费者的精神享受,这种消费者的精神享受是品牌生存且得以延续的关键。品牌是一种无形资产,是企业稳定收益的来源,品牌可帮助企业或产品获取更高的知名度,从而成为企业发展的动力。著名的美孚石油历时 4 年共耗资 140 万美元对 55 个国家进行调查,最终创建了"埃克森"品牌,并为企业带来了世界范围的收益。根据品牌营销理论,品牌虽然表面上是一种标识,但品牌跟企业经营战略始终相关,只有不断地打造,不断地成长,才会成为企业长期生存的资源。因此,我国大米经营主体需要思考怎么利用

---

① 李方毅:《花钱的艺术——为品牌投资》,《销售与市场》1999 年第 8 期。

有限的资源来传播自己的品牌，提高品牌的附加值。尤其是中小型大米经营主体不能因为自己弱小，就不进行品牌传播和品牌方面的投入。在大型大米经营主体占领的大部分市场的情况下，中小型大米经营主体若想脱颖而出，就更需要有强而有力的品牌，品牌竞争能力越强，企业未来的发展才会越好越长久。

**四 大米品牌定位不精准**

通过我国大米销售现状可知，我国大米品牌整体差异性较小，进口大米占领了我国大米市场的很大部分的高端和低端市场。国内大米市场依然是品牌众多，但并没有形成一个杰出的大米品牌，高端市场严重缺位。一提到高端大米，消费者首先想到的是泰国和日本等国外品牌大米，即使进口大米价格是国内普通大米的十倍以上，依然比国内大米畅销。通过我国大米消费者需求现状可知，随着生活水平的提高，我国的消费者需求也不断地细化。消费者已不再是被动的接受者，价格也已经不再是购买的决定因素，消费者消费需求逐渐趋于个性化和多样化。可是从我国大米供需情况可知，我国大米供过于求，但却不断地从国外进口大米，说明我国大米并未满足国内消费者的多样化的需求，所产大米不是消费者需要的，更别提通过市场明确定位来引导消费。这些现象产生的重要原因就是我国大米经营主体对大米市场定位模糊守旧，细分市场意识淡薄，并没有形成引导消费的能力，这将成为我国大米品牌建设中亟待解决的问题。因此，大米品牌建设需要明确的市场定位、市场精分，将大米品牌营销做精做细。市场定位实质是通过挖掘消费者感兴趣的某一方面，创造出消费者新的需求，使品牌在市场上区别于竞争对手，在消费者心理占据有利位置。因此可以认为，细化的市场定位可以创造新的需求。譬如提到美国"新奇士"，我们就会想到美国脐橙。它的第一则广告就发明了 Sunkissed（太阳亲吻过的），经过演变成了新奇士的品牌——Sunkist，这个品牌名称强调了水果的保健性。这种在日常饮食中要饮用柳橙汁以助于健康的观念慢慢地改变了美国人早餐的习惯。所以，品牌定位是品牌建设的基石，是品牌营销的首要任务，是进行品牌营销的前提条件。品牌定位可以使自己的品牌在市场激烈竞争情况下，始终具有独特和良好的形象，深深地印入消费者心中。品牌定位是企业经营成败的关键。

**五 多数大米经营主体服务意识较差**

当今品牌经营的不仅仅是产品还有服务，品牌大米销售的不仅仅是大米，而且还包括所附带的服务，例如 LG 的"瞬间感动"服务理念、海尔的"五星级服务"。从消费者对大米产品特征偏好调查中可知，服务尚没有成为绝大多数消费者购买大米所关注的主要因素。这表明了，我国品牌大米销售过程中，服务水平还很低，尚没有打动大多数消费者。同时这也说明了，大米经营主体通过品牌服务提升品牌价值，创造更多的利润还有很大的空间。近几年有些大米经营主体的服务做得很成功，譬如央视报道的摇滚青年李迅花式卖米中就有一种营销方式——买大米附送打磨稻谷的机器，这种营销方式可以让消费者随时吃到新鲜、口感最好的大米。除此之外，李迅还曾经针对消费者实际需求为其所购大米量身定做贴心的包装设计，并赢得了消费者忠诚的对待，从而吸引了更多的消费者。还有博士后"大米哥"杨健，用科技武装大米销售，销售大米附送智能米桶。这个米桶可以防止大米发霉、变质等情况发生，还能精准测试到消费者每天用米量，可在大米即将用完前三天通知消费者是否需要继续购买。如果消费者确认后，米很快送货到家。我国品牌大米目前的服务种类单一，甚至有的大米经营主体没有售后服务，像李迅和杨健这样一边卖大米一边提供多样化、人性化的服务的大米经营主体少之又少。

**六 大米产业链销售终端品牌传播效果衰减**

目前，通过大米消费者通常购买渠道的调查可知，我国消费者购买大米大多是通过传统渠道购买，譬如大中型超市、农贸市场、社区小型超市或便利店和批发市场等。传统渠道在管控时，物流、资金循环基本上都很顺畅，但在大米产业链的"最后一公里"处，常常因为品牌传播效果衰减，未能及时反映消费者心理真实需要，导致品牌营销通常由简单的压货、政策促进、促销拉动三种常规方式来进行，价格波动不定制约着粮食加工业的发展。从田间到餐桌"最后一公里"因接触最终消费者而具备数据和价值，是提高大米产业链整合能力、完善销售网络、提高品牌影响力的关键。虽然从大米消费者通常购买渠道的调查中发现，网络销售渠道日趋重要，在一定程度上弥补了传统大米销售渠道的不足。网络销售渠道直接接触消费者，及时接收其反馈，获取更多的数据，但也会产生一些新的问题：第一，消费者体验不及时，往往引发购买后的大米产品与预期不符的情况；第二，有些网络销售如微信、QQ、微博等销售渠道，或者通过公司或者通过个人在平台搭建的销售空间，鱼龙混杂，缺失法律法规的监管，可能还会发生食品安全、信用危机和电子支付风险等问题；第三，网络销售最大的难题：物流。物流问题是大米互联网销售环节中最重要的一个环节，大米产品具有时效性，与一般产品不同，储运不当会引起口感欠佳、变质等问题。然而若电商为了保证产品质量，提升自身的竞争力，在全国各地建仓库，储运成本也会随之提高，对大米经营主体来说本就微薄的利润会进一步压低。如果把成本压力转嫁给消费者，往往会导致消费者不满，直接导致消费者的流失。传统的大米销售渠道不利于大米经营主体打通与消费者亲密接触的"最后一公里"，销售渠道和模式的突破已迫在眉睫；互联网时代的来临，虽使目前消费者基本上已经养成了网络购物的习惯，但是在大米销售与互联网结合过程中仍存在很多问题影响消费者的体验，从而影响了大米品牌的传播效果。

### 七　大米品牌延伸程度不够

从我国大米供需平衡特征来看，我国大米供给一直以来都高于国内需求，食用比重一直维持到75%以上。为了进一步开拓国内需求，有必要对大米品牌做进一步延伸。但目前我国大多数大米经营主体在做大米品牌时，其品牌延伸程度仍然不够。首先，大米适度加工食品开发不足，大米品牌难以纵深发展。譬如近年来，有很多

◇ 消费者品牌忠诚度的构建

大米经营主体转而加工与糙米营养价值相似的胚芽米。这种米保留了米的胚芽部分，剩下的部分与白米完全一致，这种米口感较好，但我国的加工技术仍需要进一步提高。在日本等东南亚市场，这种米却很常见，价格较高。另外，日韩还开发出新的更健康的大米食品，如酵素大米和玄米茶等。我国用大米制成的食品有：米粉、米线、糕点、速食、膨化食品等。但目前很多大米经营主体在品牌延伸中，开发食品种类还尚有限，这限制了大米品牌的纵深发展。其次，缺乏品牌文化，大米品牌衍生产品和服务的横向发展不足。目前，大米经营主体尚没有形成品牌文化，品牌衍生产品和服务缺乏。国外很多著名大米品牌的大米经营主体把生活理念加入品牌发展中，培养消费者的生活习惯，所以在米店中会提供大米品牌衍生产品，如油、勺子、器皿、袋子、电饭锅等，并提供蒸煮等服务。我国大米经营主体绝大多数企业在品牌发展过程中尚未做到纵横深向发展，这也与我国大米产业链整合程度低，上下游产业配套尚不完善有关系。

**八　消费者大米品牌忠诚度弱**

通过我国大米产业、市场现状和大米品牌营销存在的以上问题分析可以看出，我国消费者大米品牌忠诚度较弱的原因有：首先，从前面我国大米供需平衡情况可知，我国大米市场供给大于需求。大米大量的库存和大米加工企业薄弱的加工能力使大米市场上充斥着各种价格低、质量差异小的低端大米品牌，造成了消费者选购大米的随机性和对品牌的低黏度。其次，当大米品牌监管体系不完善时，在区域内充斥着大量低质量的大米产品或有一个大米经营主体大米产品出现问题时，将会降低整个大米区域品牌的价值，造成消费者大米品牌的忠诚的降低。再次，我国消费者选择大米时会更多地关注大米区域品牌。由于我国各地区自然条件和加工方式具有差异，各地区出产的大米产品种类和口感均不同，因此大米产地成为消费者选择大米品牌的主要依据之一。从2017年开始，我国鼓励发展大米区域品牌，使这几年大米区域品牌发展取得一定的成效，但也产生了很多弊端：譬如我国大米消费者在选择大米品牌时，会更多地被大米区域品牌吸引，这使消费者对大米企业或产品品牌忠诚度反而较弱，不利于大米经营主体自身品牌的培育。最后，从大米品牌营销投入少、大米品牌定位不精准、多数大米经营主体服务意识较差、大米产业链销售终端品牌传播效果衰减和大米品牌延伸程度不够等问题可以看出：大米经营主体或者是没有提高大米品牌竞争力的主动性，或者是不清楚如何提高大米品牌竞争力。这些问题使得到目前为止，大米品牌的附加值仍然很低，各个大米品牌并未建立歧异性，无法长期俘获消费者。

## 第四节 本章小结

本章内容是模型构建的背景环境分析。通过我国大米产业供给和市场供需现状分析，总结出我国大米品牌营销中面临的问题，问题主要包括：大米品牌监管体系不完善；大米企业品牌、产品品牌和大米区域品牌发展不协调；大米品牌营销投入少；大米品牌定位不精准；多数大米经营主体服务意识较差；大米产业链销售终端品牌传播效果衰减；大米品牌延伸程度不够；消费者对大米品牌忠诚度较弱。其中，前七项问题均对我国消费者大米品牌忠诚度产生直接或间接的影响。

# 第四章 消费者品牌忠诚度理论模型构建及假设

## 第一节 消费者品牌忠诚度理论模型的构建

### 一 相关研究模型的评述

第一，Alan S. Dick 和 Kunal Basu 消费者忠诚框架。如图 4-1 所示，在该消费者忠诚框架中，认知前因包括可获取性、信心、中心性和明晰度；情感前因包含情感、情绪、生理影响和满意度；意动前因包括三个方面：转换成本、沉没成本和期望。首先，在认知前因中，可获取性是一种很容易从记忆中恢复态度的能力，态度对象与其评价的关联性的强弱，影响着态度的可获取性；信心即态度自信是与态度或评价相关的确定程度。中心性态度通常也涉及强烈的情感反应，并且相对明显，这些态度往往经常被激活，并与记忆中的知识结构密切相关。明晰度指当一个人发现另一种对目标的态度令人反感时，态度是明确的，当许多其他的立场是可接受时，态度是不明确的。其次，在情感前因中，情感比认知评估更能预测行为：当过去的行为被认为是强制性的，认知评估的发展受到抑制，情感的回忆可能会受到阻碍；一旦行为通过重复的过去经验成为习

# 第四章
## 消费者品牌忠诚度理论模型构建及假设

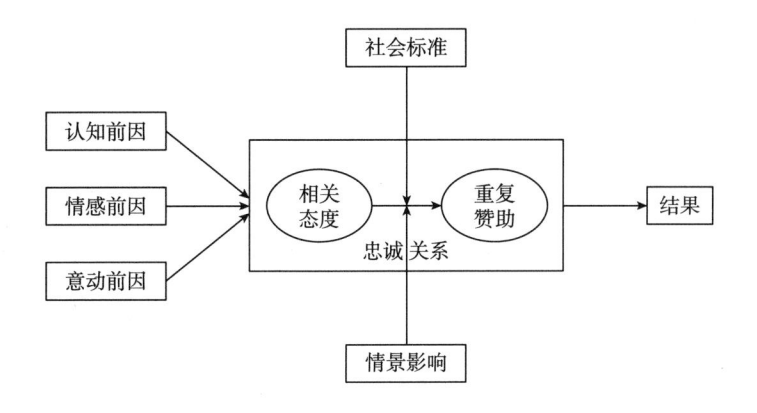

**图 4-1 Alan S. Dick 和 Kunal Basu 消费者忠诚框架**

惯性行为,它就变得相对不需要认知评估,并且在特定的领域内可以由过去的情感经验指导。情绪好的人比情绪差的人更倾向于自我满足,因此,环境设计有助于诱导良好的情绪,可以加强态度—行为关系。生理影响即最初的影响可能是通过提供一种熟悉的和首选的感官体验来刺激的,比如通过在商店使用芳香的气味或通过引人注目的广告来唤起首选的消费体验。满意度是消费者对品牌购买后的反应被认为是通过预期和感知的表现相匹配而产生的。由此产生的满意/不满意被认为是忠诚的前因。最后,意动前因又称行为倾向主要包括三个方面:转换成本、沉没成本和期望。转换成本指转换供应商、品牌产品或服务所发生的货币性成本和心理成本。沉没成本,如会员费用,增加了再次光顾的可能性。期望,这些期望反映了当前和预期市场产品和消费者需求之间的契合。另外,在社会标准中,如果与态度相反,感知行为标准或角色要求可能会使其与行为无关,这需要对消费者群体进行分析,以确定目标类别中的购买是否对人际影响以及向消费者和决策影响者传达有利信息方式敏感。情境因素也可能会影响忠诚度,它包括参与态度一致行为的实际或感知的机会,例如在首选品牌缺货的情况下,通过竞争品牌的降价来鼓励品牌转换,辅之有效的店内促销,这些促销可能增加显著性。这些情境因素是可能导致态度—行为关系不一致的潜在外部

◇ 消费者品牌忠诚度的构建

事件。该模型从态度和行为两个方面反映忠诚，把客户忠诚视为个人相对态度和重复光顾之间关系的强度，品牌忠诚内部关系被认为是由社会规范和情境因素介导的。相对态度的认知前因、情感前因和意念前因被认为是忠诚的促成因素。该模型强调消费者需要外界的刺激来促成消费者内心的三项因素进而形成对某种产品、服务或品牌的心理或行为忠诚，与科特勒刺激反应模型观点相似。但此研究对忠诚前因分析时，并未从消费者的实际需求出发来划分。

第二，Ajzen，Icek 和 Martin Fishbein 的认知—情感—行为意图或行为的框架[①]和 Shun Yin Latm、Venkatesh Shankar、M. Krishna Erramilli、Bvsan Murthy 的消费者忠诚概念模型。Ajzen，Icek 和 Martin Fishbein 提出了认知—情感—行为意图或行为的框架，此框架认为消费者价值是消费者理性使用产品成本和收益之间的权衡，因此被视为认知变量，消费者满意度是一个影响变量，消费者的忠诚关注的是其行为或行为倾向。Shun Yin Latm 等对消费者价值、消费者满意、转换成本、消费者忠诚度结构之间的复杂相互关系研究从企业对消费者（B2C）环境拓展到企业间（B2B）服务环境，如图 4-2 所示。Ajzen 等在认知—情感—行为模型的基础上进行实证研究，研究结果表明：消费者忠诚有两个维度即推荐和惠顾，两个维度均与消费者满意和转换成本正相关。满意的消费者似乎倾向于重复光顾该服务供应商，并向其他消费者推荐该服务提供商；转换成本可以在金钱、时间、心理方面设置障碍以帮助服务供应商保留消费者和鼓励消费者向其他消费者推荐该服务供应商。消费者满意度在消费者价值对消费者忠诚度影响中有中介作用，并且消费者满意度完全中介了消费者价值对推荐维度的影响和部分中介对赞助的影响。可见，消费者主要通过他们的情感状态（满意度）来向其他消费者推

---

① Ajzen, Icek and Martin Fishbein, "Predicting and Understanding Consumer Behavior: Attitude – Behavior Correspondence", in Ieck Ajzen and Martin Fishbein eds., *Understanding Attitudes and Predicting Social Behavior*, Englewood Cliffs, NJ: Prentice Hall, 1980, pp. 148 – 172.

荐服务，但在考虑是否重复购买时受到他们对服务的满意度和感知价值的影响。此研究强调刺激导致反应结果，不但把忠诚度分为心理和行为两个维度，还加入了转换成本、消费者满意与消费者价值的关系研究，但此研究没有对消费者价值维度进一步划分。

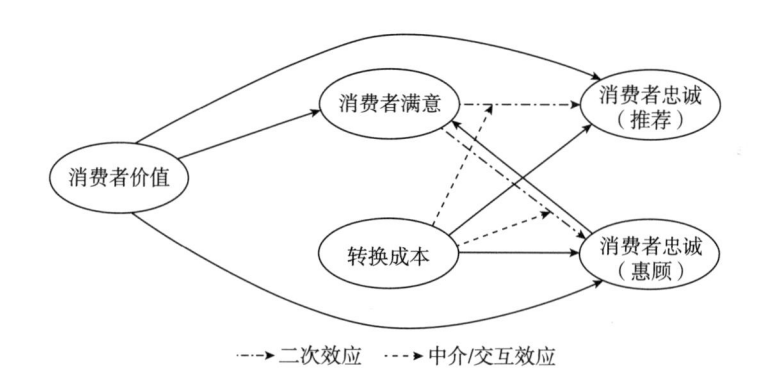

**图4-2 Shun Yin Latm 等的消费者忠诚概念模型**[①]

第三，范秀成、罗海成的基于消费者感知价值的企业竞争力研究模型。如图4-3所示，此研究以服务企业为例，认为消费者与企业之间相互作用致使消费者感知价值的形成，而消费者感知价值是消费者形成重复购买行为的重要因素。因此，此研究从消费者感知价值角度来探讨企业竞争力。此研究把消费者感知价值分为：功能价值、情感价值和社会价值，并重点对影响消费者感知价值的决定因素进行了讨论。该研究对于本书的帮助在于提出消费者感知价值的重要影响因素、三个维度及其对重购行为的影响。有效管理消费者期望对消费者感知价值形成产生积极的影响；服务过程的有效管理对顾客感知价值的形成至关重要；依据具体情况，加强情景管理，是增加消费者服务价值的有效策略。在明确了顾客感知价值的

---

① Latm, S. Y., et al., "Customer Value, Satisfaction, Loyalty, and Switching Costs: An Illustration from a Business-to-business Service Context", *Journal of the Academy of Marketing Science*, Vol. 32, No. 3, 2004, pp. 293–311.

◇ 消费者品牌忠诚度的构建

决定因素之后，服务企业还必须制定相应的服务战略，这又集中体现在企业的服务定位上，并以此作为提升顾客服务感知价值的指导思想。此研究指出感知价值是消费者重购行为的前因，并对其划分为三个维度，讨论了感知价值的前因，这些对本书具有借鉴意义，但并未进一步研究顾客感知价值三维度对品牌忠诚度的影响。

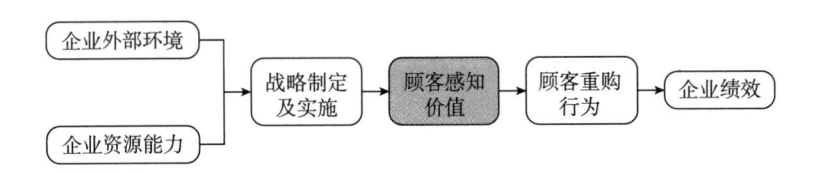

**图 4-3 范秀成、罗海成的基于消费者感知价值的企业竞争力研究模型**

### 二 本书的理论模型

本书基于消费者心理与行为和消费者行为学中著名的科特勒的刺激反应模型、Alan S. Dick 和 Kunal Basu 消费者忠诚框架、Ajzen, Icek 和 Martin Fishbein 的认知—情感—行为意图或行为的框架和 Shun Yin Latm、Venkatesh Shankar、M. Krishna Erramilli、Bvsan Murthy 的消费者忠诚概念模型结合第二章品牌形成机理的分析构建出消费者品牌忠诚度理论模型，如图 4-4 所示。消费者品牌忠诚形成的过程一方面是认知—情感状态—行为或行为倾向的过程，另一方面也是刺激—机体—反应的过程。在此模型中，认知主要是消费者对品牌感知价值和品牌转换成本的认识过程，也可以是经营主体对品牌消费者消费动机的刺激过程；品牌满意度是消费者通过品牌消费过程的认知所获取的一种良好情感状态；品牌行为忠诚和态度忠诚为消费者最终的行为和行为倾向，也可称为是消费者动机刺激的反应结果。其中，品牌感知价值是品牌消费者对品牌给其带来成本和收益衡量后的价值的认知，这种价值包含其对品牌功能或物理属性的感知效用即品牌功能价值、唤起情感或感受而获取的感知效用即品牌情感价值和与特定社会群体相关的品牌社会价值。品牌感知价值的维度划分以马斯洛需求层次理论为基础,按消费者的需求层次高低,从低到高把消费者对品牌的需求分为品牌功能价值、品牌情感价值和品牌社会价值的需求,消费者的最低层次需求满足了才会产生更高层次的需求,不同时期总会有一种占支配地位的需求来决定行为或行为倾向,这也符合范秀成和罗海成对感知价值维度的划分。品牌感知价值三维度、品牌转换成本、品牌满意度可直接促进消费者品牌行为或态度忠诚的形成。品牌感知价值三维度也可以通过品牌满意度间接影响消费者品牌行为或态度忠诚。因此,在本书模型中,品牌忠诚度的形成受品牌满意度、品牌感知价值、品牌转换成本的影响;其中品牌忠诚度由品牌态度忠诚和行为忠诚两个维度构成;品牌感知价值由品牌功能价值、品牌情感价值和品牌社会价值三个维度构成。

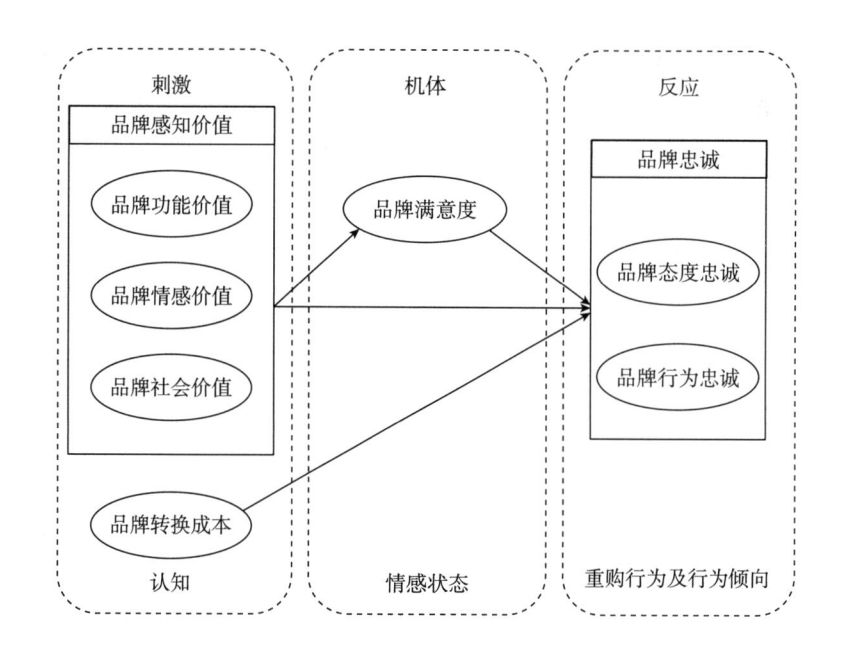

图4-4 消费者品牌忠诚度理论模型

## 第二节 相关假设的提出

### 一 直接效果假设

（一）品牌感知价值对品牌满意度和品牌忠诚度的直接效果假设

第一，品牌感知价值对品牌满意度的直接效果假设。

国内外学者对感知价值与消费者满意度的关系研究主要存在两种观点：价值因果链和满意因果链两种相对的观点。前者认为消费者感知价值是消费者满意度的前因，而后者把消费者感知价值看作前因。在这两种观点中，价值因果链为主流观点，其支持者认为，通过对消费者满意度的调查，能更好地预测其以后的行为倾向。因此，本书认为：感知价值反映了企业、消费者及产品或服务之间的本质联系，消费者满意度是消费者通过购买和使用该品牌产品或服务后所获价值的感受，品牌感知价值可促进消费者对该品牌满意度的提高，消费者的品牌满意度是消费者在消费该品牌产品或服务过程中所获得的感知价值的结果[1]；消费者对该品牌是否满意能够预测消费者未来的消费倾向，而消费者对该品牌的感知价值是消费者品牌满意的重要前提条件[2]，因此，品牌感知价值是因，消费者品牌满意是其触发的结果[3]；品牌感知价值与品牌满意度之间存在周而复始的循环影响关系，即品牌感知价值会影响品牌满意度，而对

---

[1] Hallowell, R., "The Relationships of Customer Satisfaction Customer Loyalty and Profitability: An Empirical Study", *International Journal of Service Industry Management*, Vol. 7, No. 4, 1996, pp. 27–42.

[2] Cronin, J. J., et al., "Assessing the Effects of Quality, Value and Customer Satisfaction on Consumer Behavioral Intentions in Service Environments", *Journal of Retailing*, Vol. 76, No. 2, 2000, pp. 193–218.

[3] Neal, W. D., "Satisfaction is Nice, but Value Drives Loyalty", *Marketing Research*, Vol. 22, No. 1, 1999, pp. 21–23.

# 第四章
## 消费者品牌忠诚度理论模型构建及假设

该品牌越满意的消费者会对品牌价值感知程度更高[1];企业要想不断地提高消费者对品牌的满意度,最有效的方法就是为他们提供良好的价值。基于以上观点,本书提出研究假设:

假设1-1:在品牌大米消费中,品牌功能价值对品牌满意度有显著正向影响。

假设1-2:在品牌大米消费中,品牌情感价值对品牌满意度有显著正向影响。

假设1-3:在品牌大米消费中,品牌社会价值对品牌满意度有显著正向影响。

第二,品牌感知价值对品牌忠诚度的直接效果假设。

根据第一章国内外文献综述可知,有很多学者认为品牌感知价值显著正向影响消费者对某品牌产品或服务的重复购买意愿,并当市场环境竞争很激烈时,会显著正向影响品牌忠诚度,是品牌忠诚度主要驱动因素;感知价值与消费者满意度相比,更容易引发再购买行为,忠诚的消费者往往注重情感方面和社会方面的价值,增加消费者的品牌感知价值可以有效维系企业与目标消费者的情感联系[2];企业可以通过感知价值影响消费者的行为,提高其品牌忠诚度[3]。因此,品牌感知价值对品牌忠诚度具有显著正向影响。本书从消费者需求角度把品牌感知价值具体化为功能价值、情感价值和社会价值三个维度,并推测三者对品牌忠诚度均具有显著正向影响。因为品牌忠诚度会受品牌产品或服务的质量、价格等多因素的影响,而这些因素实质是功能价值的体现,作为理性的消费者,追求功能最大化是其最基本的需求。然后,在最基本的功能价值的基

---

[1] Heskett, James, L., et al., "Putting the Service Profit Chain to Work", *Harvard Business Review*, Vol. 72, No. 2, 1994, pp. 164-174.

[2] Butz, H. E. J., Goodstein, L. D., "Measuring Customer Value: Gaining the Strategic Advantage", *Organizational Dynamics*, No. 24, 1996, pp. 63-77.

[3] Yonggui Wang, et al., "An Integrated Framework for Customer Value and Customer-Relationship-Management Performance: A Customer-based Perspective from China", *Journal of Service Theory and Practice*, Vol. 14, No. 2/3, 2004, pp. 301-315.

◇ 消费者品牌忠诚度的构建

础上，消费者还会注重该品牌消费过程是否能带来身心愉悦的精神感受和体验，从而对该品牌产生喜欢、依赖的情感态度，进而保持对该品牌忠诚的态度和重复购买的行为。最后，消费者消费某品牌的最高需求层次是社会价值。消费者在进行产品或服务的品牌选择过程中，不仅仅考虑该品牌提供产品或服务的质量、价格、实用性等功能价值和由喜欢而产生的情感价值，同时还会受到社会或周围参照群体对此品牌认知等因素的影响。消费者消费该品牌的产品和服务是一种或者实现自我，或者彰显社会地位，或者寻求社会归属的行为。当消费者感知该品牌能满足其社会价值的需求时，这种感知会促进购买行为重复出现，不但会保持忠诚的行为，还会令其主动宣传该品牌。基于以上观点，本书提出研究假设：

假设2-1：在品牌大米消费中，品牌功能价值对品牌态度忠诚有显著正向影响。

假设2-2：在品牌大米消费中，品牌情感价值对品牌态度忠诚有显著正向影响。

假设2-3：在品牌大米消费中，品牌社会价值对品牌态度忠诚有显著正向影响。

假设3-1：在品牌大米消费中，品牌功能价值对品牌行为忠诚有显著正向影响。

假设3-2：在品牌大米消费中，品牌情感价值对品牌行为忠诚有显著正向影响。

假设3-3：在品牌大米消费中，品牌社会价值对品牌行为忠诚有显著正向影响。

（二）品牌转换成本对品牌忠诚度的直接效果假设

转换成本使消费者享受了企业提供超值服务和热情友善的交流，同时避免了转换其他品牌而产生财务、精神和体力上的耗费，在一定程度上留住了曾经购买和使用过该品牌的消费者，使消费者产生了消费和使用该品牌产品或服务的习惯，这些习惯会影响到消费者对该品牌的满意程度。当消费者产生消费习惯的惯性思维后，放弃当前品牌而选择其他品牌产品或服务时，会感到心理上不安全、不习惯，很容易产生对其他品牌不满意，反而增加了该品牌产品或服务的重购行为和意向。因此，品牌转换成本通过为消费者提供更多的价值让消费者不仅在行动上同时也在态度上表现出积极忠诚。通过第一章国内外文献综述可知，转换成本包含很多类型，不同类型的转换成本对品牌忠诚度的影响不同，其中关系转换成本和财务转换成本会加强消费者的积极情感，增加购买意向；品牌转换成本会加强消费者的积极感受，增加其对该品牌产品或服务的购买意向，转换成本越高，品牌忠诚度越高，即品牌转换成本与品牌忠诚度之间存在正向相关关系。基于以上观点，本书提出研究假设：

假设4-1：在品牌大米消费中，品牌转换成本对品牌态度忠诚有显著正向影响。

假设4-2：在品牌大米消费中，品牌转换成本对品牌行为忠诚有显著正向影响。

（三）品牌满意度对品牌忠诚度的直接效果假设

通过第一章文献综述可知，很多学者认为消费者对该品牌满意程度越高，消费者再购意向就越高，消费者对该品牌忠诚度越高，消费者满意度对品牌忠诚度有着直接的影响；消费者满意度对品牌忠诚度的影响程度根据消费者的满意程度不同而不同，当消费者满意度较高时，消费者满意度对该品牌忠诚度的影响就较强；当消费者满意度较低时，消费者满意度对该品牌忠诚度的影响就较弱。以Oliver为代表支持消费者满意度对忠诚直接正相关的学者们认为：消费者从该品牌的消费中得到了意想不到的与其他品牌不同的价值时，会从潜在期望层次上得到满足，然后感到快乐，形成消费者对该品牌的忠诚。因此，消费者对该品牌感到满意是品牌忠诚的前提条件，满意程度增加会减少消费者不满和抱怨情况，并增加重购意愿。只有满意的消费者才可能成为该品牌忠诚的客户，品牌忠诚度随着消费者满意度的不同而变化，满意的消费者对品牌忠诚度比不满意的消费者更强[1]，累积满意度对重复意向具有积极影响[2]。基于以上观点，本书提出研究假设：

假设5-1：在品牌大米消费中，品牌满意度对品牌态度忠诚有显著正向影响。

假设5-2：在品牌大米消费中，品牌满意度对品牌行为忠诚有显著正向影响。

## 二 品牌满意度的中介效果假设

1994年，哈佛商学院的Heskett教授在其研究的服务利润链模型中提出企业盈利的决定因素为品牌忠诚度，品牌忠诚度的一个重要影响因素是消费者的品牌满意度，而在品牌消费过程中消费者感到的价值又是满意的重要影响因素。在美国顾客满意度指数（ACSI）模型与欧洲顾客满意度指数（ECSI）模型中，均把感知价值设为消费者满意的前置因素，忠诚度设为消费者满意度的后置因素。当与品牌的良好互动的净价值超过了消极互动的价值时，就会产生积极的感知价值[3]，购买某品牌的感知价值对零售环节中购物者心理反应具有影响，即对满意度有影响，而满意度只是品牌感知价值带来积极情感结果的一个后果，品牌满意在品牌感知价值和购买意愿之间起到完全链式中介作用；同时消费者所体验的感知价值越高，重复使用或购买的行为倾向越高，可见，消费者感知价值在促成消费者品牌忠诚过程中发挥着重要作用。由此推测，品牌感知价值、品牌满意度、品牌忠诚度之间有着紧密的联系，消费者感知价值通常通过对消费者满意的影响进一步来施加对消费者品牌忠诚度

---

[1] Abu-ElSamen, A., et al., "An Empirical Model of Customer Service Quality and Customer Loyalty in an International Electronics Company", *International Journal of Electronic Business*, Vol. 10, 2012, pp. 39 – 63.

[2] Zhao, L., et al., "Assessing the Effects of Service Quality and Justice on Customer Satisfaction and the Continuance Intention of Mobile Value – added Services: An Empirical Test of a Multidimensional Model", *Decision Support Systems*, Vol. 52, 2012, pp. 645 – 656.

[3] Christodoulides, G., et al., "Conceptualising and Measuring the Equity of Online Brands", *Journal of Markeing Management*, Vol. 22, 2006, pp. 799 – 825.

的影响。满意度对消费者感知价值与品牌忠诚度之间关系有影响，消费者感知价值先作用于消费者满意度，然后通过消费者满意度来影响品牌忠诚度，即感知价值对品牌忠诚度的影响路径中，消费者满意度作为中介变量。基于以上观点，本书提出研究假设：

假设6-1：在品牌大米消费中，品牌满意度在品牌功能价值与品牌态度忠诚间具有中介效应。

假设6-2：在品牌大米消费中，品牌满意度在品牌情感价值与品牌态度忠诚间具有中介效应。

假设6-3：在品牌大米消费中，品牌满意度在品牌社会价值与品牌态度忠诚间具有中介效应。

假设7-1：在品牌大米消费中，品牌满意度在品牌功能价值与品牌行为忠诚间具有中介效应。

假设7-2：在品牌大米消费中，品牌满意度在品牌情感价值与品牌行为忠诚间具有中介效应。

假设7-3：在品牌大米消费中，品牌满意度在品牌社会价值与品牌行为忠诚间具有中介效应。

### 三 品牌大米消费者特征的调节作用假设

根据消费者心理和行为理论，有共同特征的消费者形成的群体通常具有共同的消费目的和利益，他们在需求和市场行为上存在预期的相似性。消费群体的研究可以为企业进行市场细分提供了有力的依据，为不同类的消费者制定专门的信息、产品和服务变得越来越重要。消费群体的划分方式有很多种，本书把消费者按其性别、年龄、教育程度和收入水平进行划分。首先，性别区分。性别上的区分在很多行业已经应用。对于品牌大米的选择，女性消费者可能通常比男性消费者更加货比三家，因此，男性与女性消费者的购买行为和品牌忠诚度可能会有差异。其次，年龄区分。不同年龄消费者的需求和欲望是显著不同的，尽管同一年龄段的消费者在其他很多方面也不尽相同，但他们通常有相同的文化体验和一系列伴随终身的价值观①。再次,教育程度的区分。不同的文化程度消费者对于大米品牌的认知差异较大,购买行为和品牌忠诚度也会存在差异。一般来讲,消费者文化程度越高,消费者对某品牌所传达价值信息接受能力也就越高,购买频率也就越高,从而形成品牌忠诚②。文化程度越低的消费者,选择品牌时往往可能更受品牌所传递情感方面的信息所吸引,而形成品牌忠诚。最后,收入水平的区分。收入水平往往与社会地位紧密相关。同等社会地位的消费者消费品位常常相似,不同社会地位的消费者消费观念不同。因此,本书将探索品牌大米消费者特征在品牌感知价值或品牌转换成本影响品牌忠诚度过程中是否具有调节作用,并提出研究假设:

假设 8-1:品牌大米消费者性别在品牌功能价值和品牌态度忠诚之间具有调节效应。

假设 8-2:品牌大米消费者年龄在品牌功能价值和品牌态度忠诚之间具有调节效应。

假设 8-3:品牌大米消费者教育程度在品牌功能价值和品牌态度忠诚之间具有调节效应。

假设 8-4:品牌大米消费者收入水平在品牌功能价值和品牌态度忠诚之间具有调节效应。

假设 9-1:品牌大米消费者性别在品牌情感价值和品牌态度忠诚之间具有调节效应。

假设 9-2:品牌大米消费者年龄在品牌情感价值和品牌态度忠诚之间具有调节效应。

假设 9-3:品牌大米消费者教育程度在品牌情感价值和品牌态度忠诚之间具有调节效应。

假设 9-4:品牌大米消费者收入水平在品牌情感价值和品牌态度忠诚之间具有调节效应。

---

① 迈克尔·所罗门:《消费者行为学》,中国人民大学出版社 2014 年版。
② 刘瑞峰:《消费者特征与特色农产品购买行为的实证分析——基于北京、郑州和上海城市居民调查数据》,《中国农村经济》2014 年第 5 期。

# 第四章
## 消费者品牌忠诚度理论模型构建及假设

假设10-1：品牌大米消费者性别在品牌社会价值和品牌态度忠诚之间具有调节效应。

假设10-2：品牌大米消费者年龄在品牌社会价值和品牌态度忠诚之间具有调节效应。

假设10-3：品牌大米消费者教育程度在品牌社会价值和品牌态度忠诚之间具有调节效应。

假设10-4：品牌大米消费者收入水平在品牌社会价值和品牌态度忠诚之间具有调节效应。

假设11-1：品牌大米消费者性别在品牌转换成本和品牌态度忠诚之间具有调节效应。

假设11-2：品牌大米消费者年龄在品牌转换成本和品牌态度忠诚之间具有调节效应。

假设11-3：品牌大米消费者教育程度在品牌转换成本和品牌态度忠诚之间具有调节效应。

假设11-4：品牌大米消费者收入水平在品牌转换成本和品牌态度忠诚之间具有调节效应。

假设12-1：品牌大米消费者性别在品牌功能价值和品牌行为忠诚之间具有调节效应。

假设12-2：品牌大米消费者年龄在品牌功能价值和品牌行为忠诚之间具有调节效应。

假设12-3：品牌大米消费者教育程度在品牌功能价值和品牌行为忠诚之间具有调节效应。

假设12-4：品牌大米消费者收入水平在品牌功能价值和品牌行为忠诚之间具有调节效应。

假设13-1：品牌大米消费者性别在品牌情感价值和品牌行为忠诚之间具有调节效应。

假设13-2：品牌大米消费者年龄在品牌情感价值和品牌行为忠诚之间具有调节效应。

假设13-3：品牌大米消费者教育程度在品牌情感价值和品牌

行为忠诚之间具有调节效应。

假设13-4：品牌大米消费者收入水平在品牌情感价值和品牌行为忠诚之间具有调节效应。

假设14-1：品牌大米消费者性别在品牌社会价值和品牌行为忠诚之间具有调节效应。

假设14-2：品牌大米消费者年龄在品牌社会价值和品牌行为忠诚之间具有调节效应。

假设14-3：品牌大米消费者教育程度在品牌社会价值和品牌行为忠诚之间具有调节效应。

假设14-4：品牌大米消费者收入水平在品牌社会价值和品牌行为忠诚之间具有调节效应。

假设15-1：品牌大米消费者性别在品牌转换成本和品牌行为忠诚之间具有调节效应。

假设15-2：品牌大米消费者年龄在品牌转换成本和品牌行为忠诚之间具有调节效应。

假设15-3：品牌大米消费者教育程度在品牌转换成本和品牌行为忠诚之间具有调节效应。

假设15-4：品牌大米消费者收入水平在品牌转换成本和品牌行为忠诚之间具有调节效应。

## 第三节 本章小结

在本章中，首先通过对以前学者三个研究模型进行评述；其次以第二章的消费者品牌形成机理分析为基础同时参考本章的相关研究模型构建了消费者品牌忠诚度的理论模型，并对该模型的基本原理进行阐述；最后提出了15个研究假设：品牌感知价值对品牌满意度和品牌忠诚度的直接影响假设；品牌转换成本对品牌忠诚度的直接影响假设；品牌满意度对品牌忠诚度的直接影响假设；品牌满意度在品牌感知价值—品牌忠诚度路径中具有中介效应假设；品牌大米消费者的性别、年龄、教育程度和收入水平在品牌感知价值与品牌态度忠诚之间具有调节效应假设；品牌大米消费者的性别、年龄、教育程度和收入水平在品牌感知价值与品牌行为忠诚之间具有调节效应假设。

# 第五章 大米品牌忠诚度问卷设计与预测试

## 第一节　问卷内容的设计

　　调查问卷主要内容包括介绍部分、甄别问题、受访者特征、理论模型中各变量的测量量表部分和结束语。首先，在介绍部分标明调查目的。其次，设置甄别问题："你购买过拥有专有的企业或产品标识的品牌大米吗？"并在此题下方注释："这里的大米品牌必须有大米经营主体专有的企业或产品标识！如从大米品牌名称上看：福临门五常长粒香，其中福临门为企业标识，五常为产地标识，长粒香为大米品类标识；又如五梁红五常稻花香2号，其中五梁红为产品标识，五常为产地标识，稻花香2号为大米品类标识！"通过此问题剔除那些只购买大米区域品牌的消费者及从未购买过品牌大米的消费者，筛选出企业或产品标识的品牌大米消费者作为研究对象。然后，调研受访者特征，调查内容包括被调研对象的性别、年龄、学历和月可供支配收入水平。再次，量表部分采用李克特七点量表，量表题项设计是根据国内外专家学者的观点和理论，并咨询多位专家意见基础上改进后的结果。另外，通过对品牌大米消费者

# 第五章 大米品牌忠诚度问卷设计与预测试

的焦点小组访谈以增进初始量表各题项陈述的可理解性。最后，结束语，表达对受访者的感谢。由于本书各变量均涉及消费者心理方面，因此以问卷调查形式收集数据更加合适。在整个问卷设计和编制过程中，量表设计是最重要的环节。作为一种在市场研究方面最广泛应用的量表形式，李克特量表的优势在于其设计的简易性和可操作性，其主要形式有：4点式、5点式、6点式、7点式和10点式。学者普遍认为，像在线调查和纸笔调查这种形式，7点量表或10点量表更为适用，因此，本书采用李克特七点量表，答案从1非常不同意到7非常同意，共计31项题项。

## 第二节 预调查和初始量表的修正方法

在进行大规模问卷调查之前，为了检测量表的可行性和可靠性，并确保正式问卷调查工作顺利开展，本书进行了问卷的预调查（见附录B）。预调查问卷主要通过网络发放，保证被调查对象的随机性，共发放216份问卷，最终筛选出200份问卷。预调查的目的有两个，即保障量表的信度和效度。首先，量表信度也称量表可靠性，即指同一组调查题项是否具有一致的特征。本书由于采取多重方式计分，因此测量量表信度主要采用克朗巴哈α信度系数法。问卷量表内各构面信度视Cronbach's α系数大小而定，其值越高表示信度越高。根据Nunnally[①]所提出的标准，在探索性研究中，Cronbach's α系数达0.6或0.7即可，如果所测量项目的Cronbach's α系数超过0.70，则可以认为获得的效果很好，因而本书把0.7作为标准。同时，本书采用CITC（Corrected Item – Total Correction）净化量表测量题项，须同时满足以下两个标准方可删除此题项：第一，

---

[①] Nunnally, Jim C., *Psychometric Theory*, 2nd edition, New York：McGraw – Hill, 1978.

◇ 消费者品牌忠诚度的构建

修正后项目总相关系数小于 0.3；第二，若删除此题项，Cronbach's α 值会提高，整体信度会提升。其次，量表构面效度分析，即测量具有共同特征的题项或测验会落在同一个因素构面上，题项或测验值之间具有高度的相关关系，且与其他构面题项具有显著差异，也就是收敛效度和区别效度。在构面效度方面，本书采用 KMO 样本测度（Kaiser-Meyer-Olkin Measure of Sampling Adequacy）和巴特莱特球体检验（Bartlett's Test of Sphericity）两种方法来检验测量构面题项的效度。首先，采用因子分析法来对量表的构面效度进行验证。使用 KMO（Kaiser-Meyer-Olkin）测度样本数据是否可以进行因子分析的标准是：如果 KMO 检验值过小，则做因子分析不适合；当 KMO 检验值越接近于 1，则做因子分析越适合。具体来说，当 KMO 检验值在 0.5 以下，则非常不适合因子分析；当 KMO 检验值在 0.5—0.6，则做因子分析很勉强；当 KMO 检验值在 0.6—0.7，则做因子分析不太适合；当 KMO 检验值在 0.7—0.8，适合做因子分析；当 KMO 检验值在 0.8—0.9，很适合做因子分析；当 KMO 检验值在 0.9 以上，非常适合做因子分析。然后进行探索性因子分析，检验研究中各维度划分的合理性。本书采用因子分析法中的主成分分析法，利用最大方差法做出旋转矩阵，并将特征值大于 1 作为因子提取的标准。对因子负荷低于 0.5 的题项进行删除。通常认为，在同一构面中，题项的因子载荷值越大（一般 0.5 以上），则收敛效度越高；所属构面的题项符合这个条件越多，则量表区别效度越高[1]。

---

[1] F. N. Keruulinger, *Foundations of Behavioral Research*, New York: Holt, Rinehart and Winston, 1986.

# 第五章 大米品牌忠诚度问卷设计与预测试

## 第三节 初始量表的设计及修正

### 一 品牌的感知价值初始量表设计及修正

（一）品牌感知价值初始量表设计

关于品牌感知价值的测量，不同学者有不同认识。有的学者从总体上利用单维度、多题项量表测量品牌感知价值，如 Hunt[①]等学者。还有很多学者认为品牌感知价值是多维度的复杂变量：Sheth、Newman 和 Gross 以香烟为研究对象，得出品牌价值五个维度（社会、情感、功能、认知和条件价值）的结论；Sweeney 和 Soutar 在总结其他研究的基础上，将价格从功能价值中分离出来，并去掉了认知价值和条件价值，把感知价值划分为：情感价值、价格价值、质量价值和社会价值，并探索出关于耐用品消费者感知价值的量表，其量表共包含 19 个题项。范秀成、罗海成在总结 Sweeney 和 Soutar 等以前学者观点的基础上，把感知价值分为功能价值、情感价值和社会价值三个维度，其中功能价值包含了 Sweeney 和 Soutar 所说的质量价值和价格价值。刘敬严将感知价值决定要因定为功能价值、情感价值和社会价值，每个构面用 3 个题项进行计量，同时把这三个维度作为反映消费者心理需求从高到低的层次。本书基于以上学者观点和马斯洛需求层次理论，按品牌消费者心理需求高低程度把品牌感知价值分为三维度：功能价值、情感价值和社会价值，并参考以上学者的量表题项设计结合品牌大米实际销售情况，设计了品牌感知价值的量表题项，见表 5-1。

---

[①] Hunt, S. D., Morgan, R. M., "Relationship Marketing in the Era of Network Competition", *Marketing Management*, Vol. 3, No. 1, 1994, pp. 19-28.

表5-1　　　　　　　　　品牌感知价值的量表

| 变量 | 构面符号 | 题项符号 | 题项 |
|---|---|---|---|
| 品牌感知价值 | 品牌功能价值 FVP | FVP1 | 该品牌大米好吃 |
| | | FVP2 | 该品牌大米性价比不错 |
| | | FVP3 | 该品牌大米绿色健康，质量可靠 |
| | | FVP4 | 该品牌大米价格经济划算 |
| | 品牌情感价值 EVP | EVP1 | 我喜欢该大米品牌 |
| | | EVP2 | 我有购买该大米品牌的冲动 |
| | | EVP3 | 购买和食用该品牌大米的过程都令我开心 |
| | | EVP4 | 该大米品牌给我的感觉很好 |
| | 品牌社会价值 SVP | SVP1 | 该品牌大米在我周围亲朋好友中很受欢迎 |
| | | SVP2 | 选择消费该品牌大米是我生活品质的体现 |
| | | SVP3 | 该大米品牌口碑一直很好 |
| | | SVP4 | 消费该大米品牌是我所处社会阶层或群体的体现 |

（二）品牌感知价值初始量表修正

本书采用 SPSS20 计算品牌感知价值各个维度 Cronbach's α 系数和各指标的 CITC 指数，计算结果如表 5-2 所示。测量品牌感知价值的三个维度即品牌功能价值、品牌情感价值和品牌社会价值，共有 12 个题项。从表中可看出，品牌功能价值的第四个题项、品牌情感价值的第一个题项和品牌社会价值的第三个题项校正的项总计相关系数分别为 -0.053、-0.062 和 0.04，均小于标准 0.3，符合删除标准，因此予以删除。删除这些项目后，品牌功能价值题项的 Cronbach's α 系数可由 0.5990 提高到 0.8323，品牌情感价值题项的 Cronbach's α 系数可由 0.6333 提高到 0.8523，品牌社会价值题项的 Cronbach's α 系数可由 0.6045 提高到 0.8341。删除这三个项目后，三维度整体信度均有所提高，均超过 0.8，显示出修订后的量表信度较好，量表内部具有一致性。然后，对剩下的 9 个题项做探索性因子分析如表 5-3 和表 5-4 所示。检验结果显示 KMO 值为 0.842，Bartlett 的球形度检验近似卡方 = 937.600，显著性概率 P = 0.000，小于 0.01 显著水平，则表明样本数据很适合做进一步的因子分析。最后采用最大方差法的旋转正交矩阵提取主要成分，特征值超过 1 的因子予以保留。可以从表 5-3 得知：特征值超过 1 的有三个因子，三个因子累计方差解释百分率达到 76.281%。然后，从表 5-4 来看因子载荷，9 个题项所属各个因子的载荷系数均超过了 0.7，远远超过最低标准 0.5，说明各维度收敛效度很好。通过正交旋转矩阵可知，各维度不存在交叉横跨因子的题项情况，具有良好的区别效度。通过对预调查数据的测试，剔除不合理题项，最终得到品牌感知价值 9 个题项、三个维度各 3 个题项。

**表 5-2　品牌感知价值三维度测量的 CICT 与信度分析**

| 维度 | 题项 | 修正前 校正的项总计相关性 | 修正前 项已删除的 Cronbach's Alpha 值 | 修正前 Cronbach's Alpha 值 | 修正后 校正的项总计相关性 | 修正后 项已删除的 Cronbach's Alpha 值 | 修正后 Cronbach's Alpha 值 |
|---|---|---|---|---|---|---|---|
| 品牌功能价值 | FVP1 | 0.538 | 0.411 | 0.5990 | 0.699 | 0.763 | 0.8323 |
|  | FVP2 | 0.617 | 0.338 |  | 0.758 | 0.701 |  |
|  | FVP3 | 0.587 | 0.351 |  | 0.627 | 0.837 |  |
|  | FVP4 | **−0.053** | 0.832 |  | — | — |  |
| 品牌情感价值 | EVP1 | **−0.062** | 0.852 | 0.6333 | — | — | 0.8523 |
|  | EVP2 | 0.684 | 0.353 |  | 0.762 | 0.756 |  |
|  | EVP3 | 0.644 | 0.382 |  | 0.761 | 0.757 |  |
|  | EVP4 | 0.546 | 0.464 |  | 0.649 | 0.862 |  |
| 品牌社会价值 | SVP1 | 0.544 | 0.430 | 0.6045 | 0.689 | 0.777 | 0.8341 |
|  | SVP2 | 0.558 | 0.395 |  | 0.690 | 0.782 |  |
|  | SVP3 | **0.040** | 0.834 |  | — | — |  |
|  | SVP4 | 0.598 | 0.395 |  | 0.716 | 0.753 |  |

◇ 消费者品牌忠诚度的构建

表 5-3　　　　　　　　　　解释总方差

| 成分 | 初始特征值 合计 | 初始特征值 方差占比 | 初始特征值 方差累计占比 | 提取平方和载入 合计 | 提取平方和载入 方差占比 | 提取平方和载入 方差累计占比 | 旋转平方和载入 合计 | 旋转平方和载入 方差占比 | 旋转平方和载入 方差累计占比 |
|---|---|---|---|---|---|---|---|---|---|
| 1 | 4.705 | 52.282 | 52.282 | 4.705 | 52.282 | 52.282 | 2.313 | 25.700 | 25.700 |
| 2 | 1.113 | 12.371 | 64.653 | 1.113 | 12.371 | 64.653 | 2.286 | 25.398 | 51.099 |
| 3 | 1.047 | 11.628 | 76.281 | 1.047 | 11.628 | 76.281 | 2.266 | 25.183 | 76.281 |
| 4 | 0.509 | 5.661 | 81.942 | | | | | | |
| 5 | 0.461 | 5.118 | 87.060 | | | | | | |
| 6 | 0.378 | 4.201 | 91.261 | | | | | | |
| 7 | 0.336 | 3.728 | 94.990 | | | | | | |
| 8 | 0.251 | 2.784 | 97.773 | | | | | | |
| 9 | 0.200 | 2.227 | 100.000 | | | | | | |

表 5-4　　　　　品牌感知价值探索性因子分析结果

| 品牌感知价值题项 | 成分 1 | 成分 2 | 成分 3 |
|---|---|---|---|
| FVP1 | 0.216 | **0.839** | 0.159 |
| FVP2 | 0.210 | **0.858** | 0.211 |
| FVP3 | 0.206 | **0.731** | 0.293 |
| EVP2 | **0.866** | 0.147 | 0.244 |
| EVP3 | **0.843** | 0.265 | 0.191 |
| EVP4 | **0.754** | 0.237 | 0.235 |
| SVP1 | 0.241 | 0.216 | **0.797** |
| SVP2 | 0.239 | 0.149 | **0.825** |
| SVP4 | 0.186 | 0.308 | **0.803** |
| KMO 适合度检验值 = 0.842 | | | |
| Bartlett 的球形度检验 | 近似卡方 = 937.600 | | |
| | 自由度 df = 36 | | |
| | 显著性 P = 0.000 | | |

## 二 品牌满意度初始量表设计及修正

（一）品牌满意度初始量表设计

1989 年由 Claes Fornell 设计，瑞典建立的全国性顾客满意度指数（SCSB）模型中，衡量顾客满意度的三个方面是满意度、与期望的差距和同理想产品与服务的比较；顾客满意度受两个因素影响，即顾客期望和价值感知。在瑞典建立了顾客满意度指数后，美国的顾客满意度指数（ACSI）于 1994 年建立，其对 SCSB 模型进行了修正，从价值感知里分离出了质量感知，并从总体质量感知、顾客期望和价值感知三个方面来看顾客满意度；顾客满意包括商品满意、服务满意和社会满意三个维度。国内的学者张新安对顾客满意度的测量采用顾客对满意度的整体评估、感知实绩与理想实绩的差距和顾客感知实绩与期望实绩的差距。于洪彦把顾客满意度分为三种情况，即同理想产品差距的实际感受、与顾客期望比较的实际感受和顾客整体满意程度。顾客满意度主要取决于消费者需求实际与期望的比较和实际与理想的比较，差距越小，消费越会满意。实际感受与理想产品的差距可以体现企业产品或服务的改进潜力。整体满意程度是基于上述各方面对该品牌的产品或服务总体满意程度。基于以上学者的研究成果结合品牌大米实际销售情况，本书对品牌满意度题项设计如表 5-5 所示。

表 5-5　　　　　　　　　品牌满意度的量表

| 变量 | 构面符号 | 题项符号 | 题项 |
| --- | --- | --- | --- |
| 品牌满意度 | CS | CS1 | 该品牌的购买经历令我满意 |
|  |  | CS2 | 我觉得选择该大米品牌是个正确的决定 |
|  |  | CS3 | 该大米品牌提供的产品和服务与我的预期相符 |
|  |  | CS4 | 与其他大米品牌相比，该品牌更令我满意 |
|  |  | CS5 | 该大米品牌与我心目中理想大米品牌相符 |
|  |  | CS6 | 总体来说，我对该大米品牌非常满意 |

## (二) 品牌满意度初始量表修正

从表 5-6 可以看出，测量品牌满意度的题项中，第一、第二项校正的项总计相关系数分别为 0.158、0.087，均小于标准 0.3，符合删除标准，因此予以删除。删除这两项，品牌满意的 Cronbach's α 系数可由 0.6251 提高到 0.8489，整体信度提高。然后同样对剩下 4 个题项做探索性因子分析如表 5-7 所示，通过 KMO 值和 Bartlett 球体检验可知：KMO 值为 0.792，Bartlett 球体检验的卡方值为 345.9774，Bartlett 球体检验的显著性概率为 0.000，小于 0.01 显著水平，表明预调查数据适合做进一步因子分析。采用最大方差法做出旋转正交矩阵，保留特征值超过 1 的因子，得到四个题项均在品牌满意度这个构面下，且各题项的因子载荷均超过了 0.8，说明该因子收敛效果很好。通过探索性因子分析最终得到关于品牌满意的四个题项。

表 5-6　品牌满意度的 CITC 和信度分析

| 题项 | 修正前 校正的项总计相关性 | 修正前 项已删除的 Cronbach's Alpha 值 | 修正前 Cronbach's Alpha 值 | 修正后 校正的项总计相关性 | 修正后 项已删除的 Cronbach's Alpha 值 | 修正后 Cronbach's Alpha 值 |
|---|---|---|---|---|---|---|
| CS1 | **0.158** | 0.658 | 0.6251 | — | — | 0.8489 |
| CS2 | **0.087** | 0.699 | | — | — | |
| CS3 | 0.505 | 0.528 | | 0.686 | 0.809 | |
| CS4 | 0.470 | 0.540 | | 0.640 | 0.828 | |
| CS5 | 0.475 | 0.530 | | 0.695 | 0.809 | |
| CS6 | 0.601 | 0.497 | | 0.747 | 0.786 | |

表 5-7　消费者品牌满意的探索性因子分析结果

| 题项 | 因子 |
|---|---|
| CS3 | 0.83 |
| CS4 | 0.80 |

续表

| 题项 | 因子 |
|---|---|
| CS5 | 0.84 |
| CS6 | 0.87 |
| KMO 适合度检验值 = 0.792 | |
| Bartlett 的球形度检验 | 近似卡方 = 345.9774 |
|  | 自由度 df = 6 |
|  | 显著性 P = 0.000 |

### 三 品牌转换成本初始量表设计及修正

**（一）品牌转换成本初始量表设计**

Klemperer 提出消费者品牌之间切换存在巨大成本，包含至少三种类型：交易成本、学习成本以及人工或合同成本。Fornell 认为当消费者想要转换其他品牌时，将面临的障碍包括：搜索成本、交易成本、学习成本、忠实的客户折扣、客户习惯、情绪成本和认知努力、买方的财务、社会和心理逻辑风险。Lee 等把转换成本划分为消费者搜寻服务、产品、利益或价格等信息所付出的代价即交易成本和消费者在品牌转换过程中所必须付出时间和精力的代价即搜寻成本。Jones 等认为转换成本包含评估成本、风险成本、机会成本、转换后行为认知成本、沉没成本、组织成本和换前搜索成本。严浩仁在国外研究的基础上对转换成本进行具体分类，转换成本通常被划分为三类，即连续性成本（机会成本、风险成本）、学习成本（组织成本，转换前后的搜索、评估、认知成本）和沉没成本。基于上述内容，本书的品牌转换成本内容包含关系转换成本、程序转换成本、财务转换成本。因此，结合品牌大米实际销售情况，本书对品牌转换成本题项设计如表 5-8 所示。

**（二）品牌转换成本初始量表修正**

从表 5-9 可以看出，测量品牌转换成本的题项中，第二项校正的项总计相关系数为 -0.075，小于标准 0.3，符合删除标准，因此予以删除。删除这项，品牌转换成本的 Cronbach's α 系数可由 0.6253

◇ 消费者品牌忠诚度的构建

表 5-8　　　　　　　　　品牌转换成本的量表

| 变量 | 构面符号 | 题项符号 | 题项 |
|---|---|---|---|
| 品牌转换成本 | SWC | SWC1 | 如果改为购买其他品牌大米，我会失去原有购买该品牌大米的一些优惠及关系 |
| | | SWC2 | 如果改为购买其他品牌大米，我还要在路途上花费更多的时间和体力 |
| | | SWC3 | 如果改为购买其他品牌大米，我会花很多时间和精力了解其他品牌大米的相关信息 |
| | | SWC4 | 如果改为购买其他品牌大米，需要更多的花费 |
| | | SWC5 | 如果改为购买其他品牌大米，对我来说很不舒服 |

表 5-9　　　　　　　品牌转换成本的 CITC 和信度分析

| 题项 | 修正前 校正的项总计相关性 | 修正前 项已删除的 Cronbach's Alpha 值 | 修正前 Cronbach's Alpha 值 | 修正后 校正的项总计相关性 | 修正后 项已删除的 Cronbach's Alpha 值 | 修正后 Cronbach's Alpha 值 |
|---|---|---|---|---|---|---|
| SWC1 | 0.413 | 0.554 | 0.6253 | 0.446 | 0.766 | 0.7610 |
| SWC2 | **-0.075** | 0.761 | | — | — | |
| SWC3 | 0.627 | 0.425 | | 0.673 | 0.637 | |
| SWC4 | 0.475 | 0.525 | | 0.509 | 0.730 | |
| SWC5 | 0.544 | 0.488 | | 0.624 | 0.671 | |

提高到 0.7610，整体信度提高。另外，从修正后的表中可以看到，第一个题项中的项已删除的 Cronbach's α 值为 0.766 大于修正后的整体 Cronbach's α 值 0.7610，但本书并未对此项目进行删除，原因是其校正的项总计相关系数为 0.446 超过了标准值 0.3，也就是删除标准的两个条件中，有一个条件未满足。然后同样对剩下 4 个题项做探索性因子分析如表 5-10 所示，通过 KMO 值和 Bartlett 球体检验可知：KMO 值为 0.739（最低标准为 0.7），Bartlett 球体检验的近似卡方为 209.202，Bartlett 球体检验的 P=0.000，小于 0.01 显著水平，表明预调查取得的样本数据适合做进一步因子分析。采

用最大方差法做出旋转正交矩阵,保留特征值超过1的因子,得到四个题项均在品牌转换成本这个构面下,且各题项的因子载荷均超过了0.6,且最低标准为0.5,说明该因子收敛效果很好。通过探索性因子分析最终得到关于品牌转换成本的四个题项。

表5-10　　　　品牌转变成本的探索性因子分析结果

| 题项 | 因子 |
| --- | --- |
| SWC1 | 0.655 |
| SWC3 | 0.847 |
| SWC4 | 0.729 |
| SWC5 | 0.819 |
| KMO适合度检验值=0.739 | |
| Bartlett的球形度检验 | 近似卡方=209.202 |
|  | 自由度df=6 |
|  | 显著性P=0.000 |

### 四　品牌忠诚度初始量表设计及修正

(一) 品牌忠诚度初始量表设计

品牌忠诚度早期通过消费者的实际购买行为来界定,通常用购买频率、购买比例来测量,代表学者如Tucker和Carman等。品牌忠诚度一维度观点的缺点是单单从行为上无法有效区分消费者是真实忠诚还是由于其他因素而导致购买的虚假忠诚。因此,有些学者提出了除了从消费者购买行为来衡量品牌忠诚度,还需注重消费者的内心感受,将品牌忠诚度看作顾客对某一品牌的偏好和心理承诺,即忠诚态度,反映了顾客对某一品牌的信赖。持有这种观点的代表学者主要有Jacoby和Chestnut、Baldinger和Rubinson、Griffin等,这些学者把品牌忠诚度划分为行为忠诚和态度忠诚,即经典的品牌忠诚度二维度。虽然,后续学者又把品牌忠诚度划分为多维度,如Oliver、Punniyamoorthy和Prasanna等学者,但最为经典的品牌忠诚度二维度目前仍然被广泛应用。因此，本书对品牌态度忠诚和行为忠诚题项设计分别基于Lam、Zeithaml、Berry和Parasuraman、Oliver等学者的研究并结合品牌大米实际销售情况，如表5-11所示。

表5-11　　　　　　　　品牌忠诚度的量表

| 变量 | 构面符号 | 题项符号 | 题项 |
|---|---|---|---|
| 品牌态度忠诚 | AL | AL1 | 我会忠诚该大米品牌 |
|  |  | AL2 | 有人请我推荐大米品牌时，我会推荐该大米品牌 |
|  |  | AL3 | 我会向他人称赞该大米品牌 |
|  |  | AL4 | 我会主动向亲朋好友推荐该大米品牌 |
| 品牌行为忠诚 | BL | BL1 | 即使该品牌大米价格提高一点，我仍会选择该品牌 |
|  |  | BL2 | 我打算以后仍持续购买这个品牌大米 |
|  |  | BL3 | 我购买该品牌大米的次数超过购买其他品牌 |
|  |  | BL4 | 在购买大米时，我会优先考虑购买这个品牌大米 |

（二）品牌忠诚度初始量表修正

测量品牌忠诚度的两个维度即品牌态度忠诚和品牌行为忠诚各有4个题项，共有8个题项。从表5-12可以看出：在修正前，品牌态度忠诚与品牌行为忠诚的第一个题项校正的项总计相关系数分别为0.05和0.093，均小于标准0.3，符合删除标准，因此予以删除。删除这项目后，品牌态度忠诚的Cronbach's α系数可由0.739提高到0.917；品牌行为忠诚的Cronbach's α系数可由0.742提高到0.893。删除这两个项目后，二维度整体信度均有所提高，均超过0.8，显示出修订后的量表信度较好，量表内部具有一致性。另外，从修正后的表5-12中可以看到，若把品牌态度忠诚第四个题项删除，则已删除的Cronbach's α值为0.931大于修正后的整体

Cronbach's α 值 0.917,但本书并未对此项目进行删除,原因是其校正的项总相关系数为 0.769 超过了标准值 0.3,也就是删除标准的两个条件中,有一个条件未满足。然后,对剩下的 6 个题项做探索性因子分析如表 5-13 和表 5-14 所示,检验结果显示 KMO 值为 0.815,Bartlett 球体检验近似卡方值为 913.06,Bartlett 球体检验 P=0.000,小于 0.01 显著水平,表明样本数据适合做进一步因子分析。最后进行主成分分析,采用最大方差法做出旋转正交矩阵,保留特征值超过 1 的因子,得到的结果表明,两个因子特征值超过 1,两个因子累计方差解释百分率达到 84.376%。然后,从因子载荷来看,6 个题项所属各个因子的载荷系数均超过了 0.8,远远超过最低标准 0.5,说明各维度收敛效度很好。通过正交旋转矩阵可知,各维度不存在交叉横跨因子的题项情况,具有良好的区别效度。通过对预调查数据的测试,剔除不合理题项,最终得到品牌忠诚度 6 个题项,其中品牌态度忠诚和品牌行为忠诚各 3 个项目。

表 5-12 品牌忠诚度二维度题项测量的 CICT 与信度分析

| 维度 | 题项 | 修正前 校正的项总计相关性 | 修正前 项已删除的 Cronbach's Alpha 值 | 修正前 Cronbach's Alpha 值 | 修正后 校正的项总计相关性 | 修正后 项已删除的 Cronbach's Alpha 值 | 修正后 Cronbach's Alpha 值 |
|---|---|---|---|---|---|---|---|
| 品牌态度忠诚 | AL1 | **0.050** | 0.917 | 0.739 | — | — | 0.917 |
| | AL2 | 0.730 | 0.557 | | 0.868 | 0.852 | |
| | AL3 | 0.781 | 0.524 | | 0.865 | 0.854 | |
| | AL4 | 0.714 | 0.574 | | 0.769 | 0.931 | |
| 品牌行为忠诚 | BL1 | **0.093** | 0.893 | 0.742 | — | — | 0.893 |
| | BL2 | 0.721 | 0.578 | | 0.776 | 0.861 | |
| | BL3 | 0.746 | 0.545 | | 0.788 | 0.852 | |
| | BL4 | 0.686 | 0.591 | | 0.812 | 0.828 | |

消费者品牌忠诚度的构建

表 5-13　　　　　　　　　解释的总方差

| 成分 | 初始特征值 ||| 提取平方和载入 ||| 旋转平方和载入 |||
|---|---|---|---|---|---|---|---|---|---|
| | 合计 | 方差占比 | 方差累计占比 | 合计 | 方差占比 | 方差累计占比 | 合计 | 方差占比 | 方差累计占比 |
| 1 | 3.99 | 66.5 | 66.5 | 3.99 | 66.5 | 66.5 | 2.592 | 43.195 | 43.195 |
| 2 | 1.073 | 17.877 | 84.376 | 1.073 | 17.877 | 84.376 | 2.471 | 41.182 | 84.376 |
| 3 | 0.352 | 5.873 | 90.249 | — | — | — | — | — | — |
| 4 | 0.275 | 4.584 | 94.833 | — | — | — | — | — | — |
| 5 | 0.182 | 3.038 | 97.871 | — | — | — | — | — | — |
| 6 | 0.128 | 2.129 | 100 | — | — | — | — | — | — |

表 5-14　　　　　　品牌忠诚度的探索性因子分析结果

| | 成分 ||
|---|---|---|
| | 1 | 2 |
| AL2 | **0.905** | 0.271 |
| AL3 | **0.915** | 0.241 |
| AL4 | **0.823** | 0.322 |
| BL2 | 0.37 | **0.818** |
| BL3 | 0.192 | **0.901** |
| BL4 | 0.289 | **0.869** |
| KMO 适合度检验值 = 0.815 |||
| Bartlett 的球形度检验 | 近似卡方 = 913.06 ||
| | 自由度 df = 36 ||
| | 显著性 P = 0.000 ||

## 第四节　本章小结

本章主要是理论模型中各变量正式测量前的准备过程。在问卷设计过程中最主要的是量表的设计。为了保障问卷量表的可靠性和有效性，在大规模正式问卷调查之前，本书进行了问卷的预调查，预调查主要通过网络发放，最终获取 200 份有效问卷。然后使用 SPSS 统计分析方法对量表测量题项进行修正，由初始量表的 31 个题项最终修正为 23 个题项，最后得到了正式的调查问卷。

# 第六章 消费者品牌忠诚度模型分析与检验

## 第一节 正式问卷数据收集及预处理

### 一 正式问卷数据收集

（一）样本容量的确定

上章中通过预调查对量表进行修正，使题项数量由原来的31项最终修正到23项：品牌感知价值保留了9项，其中品牌功能价值、品牌情感价值和品牌社会价值保留各三项；品牌满意度保留了4项；品牌转换成本保留了4项；品牌忠诚度保留了6项，其中品牌态度忠诚保留了3项，品牌行为忠诚保留了3项。本书共7个变量23个测量题项，根据很多统计学文献中的经验法则，样本数量至少应该是模型题项的8倍，甚至有些学者如Mitchel[1]将经验法则扩大10—20倍，因此，为了保证研究的有效性，样本容量必须达到200个以上。

---

[1] Mitchel, R. J., et al., eds., *Path Analysis*: *Pollination*, *Design and Analaysis of Ecological Experiments*, N. Y. : Chapman and Hall, 1993, pp. 211-231.

## （二）问卷发放及收回情况

本书以品牌大米消费者为调查对象，由于大米是我国消费者日常生活中最常见的主食，因此对于问卷发放地区和调查对象需尽量分散化和随机化。样本来源分成两个部分：第一部分采用实地调查问卷方式。调查员走访各类品牌大米销售场所（批发市场、农贸市场、大米实体专卖店、大中型超市、社区小型超市或便利店超市）进行调查，调查方式采用一对一的直接采访的形式与消费者进行访谈，并填写问卷。调查时间在2017年12月到2018年9月，调查省份主要集中在吉林、辽宁、北京、广东、江苏和河北六个省份，共收回235份纸质问卷，经筛选后最终获得209份有效纸质问卷；第二部分采用网络问卷，这种问卷形式符合本书的调查对象分散化、随机化要求。通过发送问卷链接的方式使消费者在线填写问卷。网络调查问卷时间为2017年7月到2018年11月，共发放600份问卷，扣除从未购买过具有专有企业或产品标识的大米品牌消费者所答的问卷，共剩余525份，经过筛选后最终获取有效问卷483份。因此，整个调研过程共获取692份有效问卷，各省市具体收回有效问卷数量如表6-1所示。可见，本书获取的最终有效问卷总量符合标准，被调查对象很分散，随机性较强。

表6-1　　　　　　　有效问卷各省份分布情况

| 省份 | 网络问卷份数 | 百分比（％） | 纸质问卷份数 | 百分比（％） | 问卷总份数 | 百分比（％） |
| --- | --- | --- | --- | --- | --- | --- |
| 安徽 | 20 | 4.14 | | | 20 | 2.89 |
| 北京 | 21 | 4.35 | 24 | 11.48 | 45 | 6.50 |
| 福建 | 10 | 2.07 | | | 10 | 1.45 |
| 甘肃 | 7 | 1.45 | | | 7 | 1.01 |
| 广东 | 38 | 7.87 | 32 | 15.31 | 70 | 10.12 |
| 广西 | 8 | 1.66 | | | 8 | 1.16 |
| 贵州 | 2 | 0.41 | | | 2 | 0.29 |
| 海南 | 1 | 0.21 | | | 1 | 0.14 |

◇ 消费者品牌忠诚度的构建

续表

| 省份 | 网络问卷份数 | 百分比（%） | 纸质问卷份数 | 百分比（%） | 问卷总份数 | 百分比（%） |
|---|---|---|---|---|---|---|
| 河北 | 18 | 3.73 | 34 | 16.27 | 52 | 7.51 |
| 河南 | 33 | 6.83 | | | 33 | 4.77 |
| 黑龙江 | 23 | 4.76 | | | 23 | 3.32 |
| 湖北 | 21 | 4.35 | | | 21 | 3.03 |
| 湖南 | 18 | 3.73 | | | 18 | 2.60 |
| 吉林 | 8 | 1.66 | 40 | 19.14 | 48 | 6.94 |
| 江苏 | 20 | 4.14 | 42 | 20.10 | 62 | 8.96 |
| 江西 | 9 | 1.86 | | | 9 | 1.30 |
| 辽宁 | 15 | 3.11 | 37 | 17.70 | 52 | 7.51 |
| 内蒙古 | 6 | 1.24 | | | 6 | 0.87 |
| 宁夏 | 2 | 0.41 | | | 2 | 0.29 |
| 青海 | 3 | 0.62 | | | 3 | 0.43 |
| 山东 | 36 | 7.45 | | | 36 | 5.20 |
| 山西 | 21 | 4.35 | | | 21 | 3.03 |
| 陕西 | 17 | 3.52 | | | 17 | 2.46 |
| 上海 | 17 | 3.52 | | | 17 | 2.46 |
| 四川 | 28 | 5.80 | | | 28 | 4.05 |
| 天津 | 14 | 2.90 | | | 14 | 2.02 |
| 新疆 | 4 | 0.83 | | | 4 | 0.58 |
| 云南 | 9 | 1.86 | | | 9 | 1.30 |
| 浙江 | 46 | 9.52 | | | 46 | 6.65 |
| 重庆 | 8 | 1.66 | | | 8 | 1.16 |
| 合计 | 483 | 100.00 | 209 | 100.00 | 692 | 100.00 |

注：本表中的数据为四舍五入后的100%，其余表和图相同。

### （三）问卷回答偏差的控制情况

问卷调查是基于被调查对象的主观认识的调查，因此，问卷回答就可能会产生很多偏差，如Fowler[①]认为四个可能会导致被调查

---

① Fowler, F. J., *Survey Research Methods*, Thousand Oaks：SAGE Publications, 1988.

对象的非正确回答：第一，被调查对象不清楚所提问题答案；第二，被调查对象对所提问题答案信息回忆不起来；第三，虽然清楚问题答案信息，但被调查对象不想回答；第四，被调查对象对问题本身不能理解。为了避免以上偏差，增加问卷的调查效果，本书首先进行了调查前准备。第一，对于实地调查问卷：主要选择老家分别在吉林、辽宁、北京、广东、江苏、河北且沟通能力较强的学生作为调查员。在2017年年末进行集中培训，培训内容有理解问卷中的题项内容、访问技巧和模拟访问，然后学生利用其寒暑假期间在所在省份发放问卷。第二，对于网络问卷，通过把问卷链接放在微信公众号的网页上，为了尽量避免被调查对象的理解偏差还在公众号网页上又再次注明填写问卷的注意事项，然后把网页链接发到QQ、微信和邮件里，以便被调查对象在线填写。其次，网络问卷采取互动式填写，已达到问卷调查中的控制。本书网络问卷调查通过QQ和微信对被调查对象进行现场讲解和指导，并以红包形式作为通过初步筛选的被调查对象的奖励，来进一步提高问卷回答的效果。

（四）问卷筛选情况

本书对问卷筛选原则是：首先，通过问卷设置的甄别问题"你购买过拥有专有企业或产品标识的品牌大米吗？"来剔除所有从未购买过拥有专有企业或产品标识的大米品牌消费者的问卷；其次，检查问卷填写是否完整，是否符合经验判断和逻辑的一致性；再次，扣除明显答错的问卷。譬如把单项选择当成多项选择题来填写，这种情况网络问卷不存在；最后，去除可疑问卷。譬如有些被调查对象全部选择了李克特七点量表的一个分数，如果是网络问卷需去除那些回答时间过短的问卷。

**二 数据的预处理**

（一）缺失值处理

缺失值一般是由于问卷填答过程的遗漏、因对题项表达不理解拒绝填答或其他方面失误造成的。SEM分析一定要在完整的情形下

◇ 消费者品牌忠诚度的构建

工作，所以当问卷数据产生缺失值时，如果样本够多，可以直接删除有缺失值的问卷。若某一题项缺失值过多，可能表示这一题项表述可能有问题，造成了被调查对象填答困难，因此这个题项需要删除。本书数据有实地调查问卷和网络问卷两方面数据来源，其中，网络调查问卷没有缺失值的情况。因为如果有缺失值情况，网络问卷是无法提交的。为了避免缺失值问题，实地调查过程中，调查员会对被调查对象进行问答式填写。因为有缺失值的问卷极少，所以事后对问卷筛选时，采用对有缺失值的问卷一律直接删除。

（二）调研样本的基本信息及同质性检定

本书样本数据来源分成两个部分：一部分为派调查员到大米销售点现场利用纸质问卷进行调查，另一部分则利用网络问卷进行调查。当数据来源不同并需一同做数据分析时，应先检查不同来源数据是否一致。若一致，则可将不同来源数据合并分析；若不一致，则表示调查数据过程可能导致数据样本缺乏代表性，需重新抽样[1]。因此，本书采用性别、年龄、月可供支配收入和教育程度做卡方检验，因为这些数据为类别变量，所以使用 SPSS 20 进行卡方检验。受访者人口统计信息和同质性检定结果如表 6-2 所示，检验结果卡方值：性别为 2.649、年龄为 7.538、月可供支配收入为 3.663、受教育程度为 1.819，检验结果 P 值分别为 0.104、0.184、0.599、0.611，均大于 0.1，因此不拒绝虚无假设，即性别、年龄、月可供支配收入和受教育程度分别在实地问卷调查与网络问卷调查特征基本一致，所以可以将两部分数据合并成一个整体，有效问卷共计 692 份。在本次有效调查样本中，性别以女性 493 人居多占 71.2%，男性为 199 人；被调研对象的年龄结构大多 21—50 岁，占总调查人数的 90.1%，其中 20 岁及以下人数为 19 人，21—30 岁人数为 197 人，31—40 岁人数为 213 人，41—50 岁人数为 204 人，51—60 岁

---

[1] Armstrong, J. S., Overton, T. S., "Estimating Non-reponse Bias in Mail Surveys", *Journal of Marketing Research*, Vol. 14, No. 3, 1977, pp. 396-402.

# 第六章 消费者品牌忠诚度模型分析与检验

人数为 50 人，61 岁及以上人数为 9 人；被调研对象的月可供支配收入水平主要在 4000 元及以下占调查总人数的 67.2%，其中月可供支配收入在 2000 元及以下人数为 143 人，4001—6000 元人数为 136 人，6001—8000 元人数为 44 人，8001—10000 元人数为 26 人，10001 元及以上人数为 21 人；被调研对象教育程度结构中，初中及以下学历人数为 175 人，高中或中专学历人数为 195 人，大专或本科学历人数最多为 287 人，占调查对象总人数的 41.5%，硕士及以上学历的人数为 35 人。

表 6-2 受访者人口统计信息和同质性检定（人数 = 692）

| 人口变量 | | 问卷来源 | | | 百分比 | 有效百分比 | 累计百分比 | 同质性检定 | |
|---|---|---|---|---|---|---|---|---|---|
| | | 实地调研 | 网络问卷 | 合计 | | | | 卡方值 | P 值 |
| 性别 | 男 | 69 | 130 | 199 | 28.8 | 28.8 | 28.9 | 2.649 | 0.104 |
| | 女 | 140 | 353 | 493 | 71.2 | 71.2 | 100.0 | | |
| | 合计 | 209 | 483 | 692 | 100.0 | 100.0 | — | | |
| 年龄 | 20 岁及以下 | 3 | 16 | 19 | 2.7 | 2.7 | 2.7 | 7.538 | 0.184 |
| | 21—30 岁 | 57 | 140 | 197 | 28.5 | 28.5 | 31.2 | | |
| | 31—40 岁 | 77 | 136 | 213 | 30.8 | 30.8 | 62.0 | | |
| | 41—50 岁 | 58 | 146 | 204 | 29.5 | 29.5 | 91.5 | | |
| | 51—60 岁 | 11 | 39 | 50 | 7.2 | 7.2 | 98.7 | | |
| | 61 岁及以上 | 3 | 6 | 9 | 1.3 | 1.3 | 100.0 | | |
| | 合计 | 209 | 483 | 692 | 100.0 | 100.0 | — | | |
| 月可供支配收入 | 2000 元及以下 | 41 | 102 | 143 | 20.7 | 20.7 | 20.7 | 3.663 | 0.599 |
| | 2001—4000 元 | 105 | 217 | 322 | 46.5 | 46.5 | 67.2 | | |
| | 4001—6000 元 | 35 | 101 | 136 | 19.7 | 19.7 | 86.8 | | |
| | 6001—8000 元 | 16 | 28 | 44 | 6.4 | 6.4 | 93.2 | | |
| | 8001—10000 元 | 7 | 19 | 26 | 3.8 | 3.8 | 97.0 | | |
| | 10001 元及以上 | 5 | 16 | 21 | 3.0 | 3.0 | 100.0 | | |
| | 合计 | 209 | 483 | 692 | 100.0 | 100.0 | — | | |

◇ 消费者品牌忠诚度的构建

续表

| 人口变量 | | 问卷来源 | | | 百分比 | 有效百分比 | 累计百分比 | 同质性检定 | |
|---|---|---|---|---|---|---|---|---|---|
| | | 实地调研 | 网络问卷 | 合计 | | | | 卡方值 | P值 |
| 教育程度 | 初中及以下 | 53 | 122 | 175 | 25.3 | 25.3 | 25.3 | 1.819 | 0.611 |
| | 高中/中专 | 59 | 136 | 195 | 28.2 | 28.2 | 53.5 | | |
| | 大专/本科 | 83 | 204 | 287 | 41.5 | 41.5 | 94.9 | | |
| | 硕士及以上 | 14 | 21 | 35 | 5.1 | 5.1 | 100.0 | | |
| | 合计 | 209 | 483 | 692 | 100.0 | 100.0 | — | | |

(三) 样本数据的正态性检定及非正态的修正

使用结构方程进行分析时，要求样本数据多元正态分布，如果样本数据属非多元正态分布，那么在使用最大似然法（ML）进行估计时，卡方值会被高估，严重低估了标准误。然而，对样本数据的多元正态分布要求过于严苛，实务中所获取的样本数据往往不符合多元正态分布的要求。对于多元非正态数据的修正可以采取自助法（Bootsrapping）进行修正，这种方法是一种重复抽样技术。对于单变量正态分布，但并未符合多元正态分布数据，以 Bootstrap 的方式重新进行估计，若偏差较小，则可以确定使用最大似然法估计仍然具备一定的准确性。通过消费者品牌忠诚度模型正态性检定表 6-3 可知：样本数据偏态（Skewness）绝对值均小于 1，峰度（Kurtosis）绝对值均小于 7，说明样本数据中各变量均符合正态分布。根据 Kline[①] 的标准，样本单变量全部符合正态分布。然而多元正态检定值为 49.875，大于 Kline 建议标准 c.r. 值<5。因此，样本数据不符合多元正态分布。为了解最大似然法是否低估了标准误及高估了卡方值，在 95% 置信水平下执行 Bootstrap1000 次的方式对样本数据重新估计，最终得到最大似然法估计与 Bootstrap1000 次

---

① Kline, R. B. ed, *Principles and Practice of Structural Equation Modeling* (2nd ed.), New York: Guilford, 2005.

相关估计值比较表6-4。通过该表可知标准误（SE）很小，最大似然法估计的标准误与Bootstrap估计的标准误之间的差异（SE-SE）很小，两种方法的参数值差异（Bias）也很小，说明两种方法估计结果差异不大。即使样本数据偏离了多元正态分布，使用最大似然法进行估计的结果依然是较可靠的。

表6-3　　　　　　　　数据正态性检定

| Variable | min | max | skew | c. r. | kurtosis | c. r. |
|---|---|---|---|---|---|---|
| SWC1 | 1.000 | 7.000 | -0.054 | -0.575 | -0.546 | -2.931 |
| SWC3 | 1.000 | 7.000 | -0.227 | -2.443 | -0.478 | -2.568 |
| SWC4 | 1.000 | 7.000 | -0.073 | -0.784 | -0.590 | -3.168 |
| SWC5 | 1.000 | 7.000 | -0.174 | -1.867 | -0.282 | -1.514 |
| AL2 | 1.000 | 7.000 | -0.641 | -6.879 | 0.357 | 1.918 |
| AL3 | 1.000 | 7.000 | -0.672 | -7.212 | 0.389 | 2.090 |
| AL4 | 1.000 | 7.000 | -0.393 | -4.220 | -0.001 | -0.008 |
| BL2 | 1.000 | 7.000 | -0.398 | -4.275 | -0.148 | -0.795 |
| BL3 | 1.000 | 7.000 | -0.578 | -6.205 | -0.251 | -1.348 |
| BL4 | 1.000 | 7.000 | -0.729 | -7.828 | 0.109 | 0.586 |
| CS3 | 1.000 | 7.000 | -0.340 | -3.654 | -0.257 | -1.379 |
| CS4 | 1.000 | 7.000 | -0.668 | -7.171 | 0.306 | 1.645 |
| CS5 | 1.000 | 7.000 | -0.393 | -4.219 | -0.260 | -1.397 |
| CS6 | 1.000 | 7.000 | -0.541 | -5.809 | 0.104 | 0.556 |
| SVP1 | 1.000 | 7.000 | -0.715 | -7.677 | 0.231 | 1.239 |
| SVP2 | 1.000 | 7.000 | -0.344 | -3.698 | -0.420 | -2.258 |
| SVP4 | 1.000 | 7.000 | -0.611 | -6.557 | 0.164 | 0.879 |
| EVP2 | 1.000 | 7.000 | -0.203 | -2.182 | -0.087 | -0.467 |
| EVP3 | 1.000 | 7.000 | -0.310 | -3.324 | -0.254 | -1.363 |
| EVP4 | 1.000 | 7.000 | -0.385 | -4.133 | 0.056 | 0.302 |
| FVP1 | 1.000 | 7.000 | -0.405 | -4.352 | 0.124 | 0.667 |
| FVP2 | 1.000 | 7.000 | -0.750 | -8.059 | 0.915 | 4.911 |
| FVP3 | 1.000 | 7.000 | -0.103 | -1.102 | -0.149 | -0.803 |
| Multivariate | | | | | 128.591 | 49.875 |

表6-4 最大似然法估计与Bootstrap1000次相关估计值比较

| Parameter | | | SE | SE – SE | Mean | Bias | SE – Bias |
|---|---|---|---|---|---|---|---|
| FVP | <--> | EVP | 0.034 | 0.001 | 0.627 | -0.001 | 0.001 |
| FVP | <--> | SVP | 0.032 | 0.001 | 0.677 | -0.001 | 0.001 |
| FVP | <--> | CS | 0.031 | 0.001 | 0.711 | -0.001 | 0.001 |
| FVP | <--> | SWC | 0.037 | 0.001 | 0.46 | -0.002 | 0.001 |
| FVP | <--> | AL | 0.031 | 0.001 | 0.656 | 0 | 0.001 |
| FVP | <--> | BL | 0.036 | 0.001 | 0.679 | 0 | 0.001 |
| EVP | <--> | SVP | 0.031 | 0.001 | 0.718 | -0.002 | 0.001 |
| EVP | <--> | CS | 0.027 | 0.001 | 0.713 | -0.001 | 0.001 |
| EVP | <--> | SWC | 0.033 | 0.001 | 0.641 | -0.001 | 0.001 |
| EVP | <--> | AL | 0.026 | 0.001 | 0.691 | -0.002 | 0.001 |
| EVP | <--> | BL | 0.033 | 0.001 | 0.653 | -0.001 | 0.001 |
| SVP | <--> | CS | 0.023 | 0.001 | 0.707 | -0.002 | 0.001 |
| SVP | <--> | SWC | 0.033 | 0.001 | 0.555 | -0.003 | 0.001 |
| SVP | <--> | AL | 0.031 | 0.001 | 0.688 | -0.002 | 0.001 |
| SVP | <--> | BL | 0.03 | 0.001 | 0.709 | 0 | 0.001 |
| CS | <--> | SWC | 0.035 | 0.001 | 0.625 | -0.004 | 0.001 |
| CS | <--> | AL | 0.024 | 0.001 | 0.7 | -0.002 | 0.001 |
| CS | <--> | BL | 0.026 | 0.001 | 0.726 | -0.002 | 0.001 |
| AL | <--> | SWC | 0.03 | 0.001 | 0.589 | -0.003 | 0.001 |
| BL | <--> | SWC | 0.029 | 0.001 | 0.617 | -0.003 | 0.001 |
| BL | <--> | AL | 0.029 | 0.001 | 0.732 | -0.002 | 0.001 |

# 第二节 描述性统计分析

这部分内容将使用SPSS 20对本书样本特征进行描述性统计，针对品牌感知价值、品牌满意度、品牌转换成本和品牌忠诚度的集中程度及离散情况进行描述性分析，以了解各构面变量的集中趋势及离散情况，并进行初步解释。

## 一 品牌感知价值的描述性统计分析

从表6-5可知,品牌感知价值的三个维度测量题项均值得分均大于4分,总体上表明品牌消费者通过所选的品牌获取了相应的感知价值,其中品牌功能价值均值得分普遍高于品牌情感价值和品牌社会价值。这说明现阶段品牌大米吸引消费者主要集中在大米品牌功能价值方面,譬如在口感、功能、性价比和健康安全等方面吸引消费者购买,这也是目前大米经营主体所关注的主要方面。社会价值的标准差和方差较大,说明消费者在此项目选择时认识差别较大。

表6-5 品牌感知价值题项的均值、标准差及方差情况

| 构面符号 | 测量题项 | 均值 | 标准差 | 方差 |
| --- | --- | --- | --- | --- |
| FVP1 | 该品牌大米好吃 | 5.27 | 1.174 | 1.377 |
| FVP2 | 该品牌大米性价比不错 | 5.42 | 1.156 | 1.336 |
| FVP3 | 该品牌大米绿色健康,质量可靠 | 5.07 | 1.193 | 1.422 |
| EVP2 | 我有购买该大米品牌的冲动 | 4.35 | 1.435 | 2.058 |
| EVP3 | 购买和食用该品牌大米的过程都令我开心 | 4.14 | 1.476 | 2.178 |
| EVP4 | 该大米品牌给我的感觉很好 | 4.52 | 1.391 | 1.935 |
| SVP1 | 该品牌大米在我周围亲朋好友中很受欢迎 | 5.05 | 1.429 | 2.043 |
| SVP2 | 选择消费该品牌大米是我生活品质的体现 | 4.59 | 1.564 | 2.445 |
| SVP4 | 消费该大米品牌是我所处社会阶层或群体的体现 | 5.02 | 1.418 | 2.011 |

## 二 品牌满意度的描述性统计分析

从表6-6可以看出,品牌满意度测量项目均值均超过4分,说明目前品牌大米消费者对其所购买的大米品牌都是较满意的,但离达到消费者心理预期和符合其心目中理想品牌还有一定的差距。"该大米品牌与我心目中理想大米品牌相符"此项目标准差和方差较大,说明消费者对所购买大米品牌与心中理想大米品牌认识程度有一定的差异。

◇ 消费者品牌忠诚度的构建

表6-6　　　品牌满意度题项的均值、标准差及方差情况

| 构面符号 | 测量题项 | 均值 | 标准差 | 方差 |
| --- | --- | --- | --- | --- |
| CS3 | 该大米品牌提供的产品和服务与我的预期相符 | 4.99 | 1.381 | 1.907 |
| CS4 | 与其他大米品牌相比，该品牌更令我满意 | 5.27 | 1.391 | 1.934 |
| CS5 | 该大米品牌与我心目中理想大米品牌相符 | 4.69 | 1.556 | 2.421 |
| CS6 | 总体来说，我对该大米品牌非常满意 | 5.20 | 1.349 | 1.820 |

### 三　品牌转换成本的描述性统计分析

从表6-7可以看出，品牌转换成本各测量题项得分均值都大于3.96分，说明目前大米各品牌转换时都存在一定的障碍。其中"如果改为购买其他品牌大米，我会花很多时间和精力了解其他品牌大米的相关信息"项目得分最高，表明目前，品牌转换障碍中，品牌程序转换成本最大，其次是品牌关系和财务转换成本。

表6-7　　　品牌转换成本题项的均值、标准差及方差情况

| 构面符号 | 测量题项 | 均值 | 标准差 | 方差 |
| --- | --- | --- | --- | --- |
| SWC1 | 如果改为购买其他品牌大米，我会失去原有购买该品牌大米的一些优惠及关系 | 3.96 | 1.633 | 2.668 |
| SWC3 | 如果改为购买其他品牌大米，我会花很多时间和精力了解其他品牌大米的相关信息 | 4.47 | 1.547 | 2.394 |
| SWC4 | 如果改为购买其他品牌大米，需要更多的花费 | 4.25 | 1.623 | 2.633 |
| SWC5 | 如果改为购买其他品牌大米，对我来说很不舒服 | 4.32 | 1.518 | 2.303 |

### 四　品牌忠诚度的描述性统计分析

从表6-8可以看出，品牌忠诚度的各测量题项的均值得分均大于4分，说明消费者对其所购买的品牌均比较忠诚。但品牌行为忠诚的标准差和方差普遍比品牌态度忠诚高。这说明在购买大米时，消费者的大米品牌购买的行为倾向和最终购买行为所受的影响因素很可能是不同的。

**表 6-8　品牌忠诚度题项的均值、标准差及方差情况**

| 构面符号 | 测量题项 | 均值 | 标准差 | 方差 |
| --- | --- | --- | --- | --- |
| AL2 | 有人请我推荐大米品牌时，我会推荐该大米品牌 | 4.61 | 1.343 | 1.803 |
| AL3 | 我会向他人称赞该大米品牌 | 4.68 | 1.372 | 1.883 |
| AL4 | 我会主动向亲朋好友推荐该大米品牌 | 4.42 | 1.409 | 1.987 |
| BL2 | 我打算以后仍持续购买这个品牌大米 | 4.76 | 1.446 | 2.091 |
| BL3 | 我购买该品牌大米的次数超过购买其他品牌 | 4.80 | 1.662 | 2.761 |
| BL4 | 在购买大米时，我会优先考虑购买这个品牌大米 | 5.13 | 1.541 | 2.375 |

## 第三节　量表的信度与效度检验

根据 Hair 等[1]的标准：一个构面若具有收敛效度，则第一，因子载荷量需大于等于 0.7；第二，多元相关系数平方需大于等于 0.5；第三，组成信度需大于等于 0.7；第四，平均方差萃取量需大于 0.5；第五，Cronbach's α 值大于等于 0.7。通过表 6-9 可知，所有测量题项的因子载荷量均在 0.738—0.882，多元相关系数平方均在 0.545—0.778，组成信度在 0.818—0.895，平均方差萃取量在 0.600—0.717 均符合标准，Cronbach's α 值在 0.816—0.894。说明各构面变量均具有良好内部一致性和可靠性。通过构面区别效度表 6-10 的矩阵可知：对角线的值为每个构面平均方差萃取量的平方根，矩阵上除对角线上以外的值为某一构面与其他构面间的相关系数。各构面与其他构面的相关系数均小于其平均方差萃取量的平方根，说明各构面有很好的区别效度。另外，对于模型中的多重共线

---

[1] Hair, et al., *Multivariate Data Analysis* (7th ed.), Upper Saddle River, N. J. Prentice Hall, 2010, pp. 121-123.

◇ 消费者品牌忠诚度的构建

性进行检验,其方法很多,譬如相关矩阵法、方差膨胀因子法、辅助回归模型法等。其中相关矩阵法要求:如果解释变量之间的相关系数超过0.9,则说明该模型中存在共线性问题;如果相关系数大于0.8,则说明该模型可能存在共线性问题。通过上表可知,各个潜变量之间的皮尔逊相关系数均小于0.75,因此本模型没有多重共线性的情况。经过上述信度、收敛效度、区别效度及多重共线性检验分析,可知量表设计及数据质量良好。

表6-9　　　　　　　　　信度及收敛效度

| 测量指标 | | 标准化因素负荷量 Std. | 多元相关系数平方 SMC | 组成信度 CR | 平均方差萃取量 AVE | 克朗巴哈系数 Cronbach's Alpha |
|---|---|---|---|---|---|---|
| FVP | FVP3 | 0.738 | 0.545 | 0.818 | 0.600 | 0.816 |
| | FVP2 | 0.786 | 0.618 | | | |
| | FVP1 | 0.799 | 0.638 | | | |
| EVP | EVP4 | 0.772 | 0.596 | 0.835 | 0.628 | 0.834 |
| | EVP3 | 0.814 | 0.663 | | | |
| | EVP2 | 0.790 | 0.624 | | | |
| SVP | SVP4 | 0.833 | 0.694 | 0.859 | 0.670 | 0.856 |
| | SVP2 | 0.788 | 0.621 | | | |
| | SVP1 | 0.833 | 0.694 | | | |
| CS | CS6 | 0.882 | 0.778 | 0.895 | 0.680 | 0.894 |
| | CS5 | 0.830 | 0.689 | | | |
| | CS4 | 0.796 | 0.634 | | | |
| | CS3 | 0.788 | 0.621 | | | |
| BL | BL4 | 0.882 | 0.778 | 0.883 | 0.715 | 0.88 |
| | BL3 | 0.813 | 0.661 | | | |
| | BL2 | 0.841 | 0.707 | | | |

续表

| 测量指标 | | 标准化因素负荷量 Std. | 多元相关系数平方 SMC | 组成信度 CR | 平均方差萃取量 AVE | 克朗巴哈系数 Cronbach's Alpha |
|---|---|---|---|---|---|---|
| AL | AL4 | 0.810 | 0.656 | 0.884 | 0.717 | 0.882 |
| | AL3 | 0.878 | 0.771 | | | |
| | AL2 | 0.851 | 0.724 | | | |
| SWC | SWC5 | 0.782 | 0.612 | 0.872 | 0.630 | 0.87 |
| | SWC4 | 0.854 | 0.729 | | | |
| | SWC3 | 0.779 | 0.607 | | | |
| | SWC1 | 0.756 | 0.572 | | | |

表 6-10　　　　　　　构面的区别效度

| | AVE | FVP | EVP | SVP | CS | BL | AL | SWC |
|---|---|---|---|---|---|---|---|---|
| FVP | 0.600 | **0.775** | | | | | | |
| EVP | 0.628 | 0.628 | **0.792** | | | | | |
| SVP | 0.670 | 0.678 | 0.72 | **0.819** | | | | |
| CS | 0.680 | 0.712 | 0.714 | 0.709 | **0.825** | | | |
| BL | 0.715 | 0.68 | 0.654 | 0.708 | 0.728 | **0.846** | | |
| AL | 0.717 | 0.656 | 0.693 | 0.69 | 0.701 | 0.734 | **0.847** | |
| SWC | 0.630 | 0.463 | 0.643 | 0.558 | 0.629 | 0.62 | 0.592 | **0.794** |

## 第四节　消费者品牌忠诚度模型分析及假设检验

　　通过前面的信效度等分析，奠定了品牌忠诚度理论模型分析的基础。为了进一步验证变量之间的路径关系，本书利用 AMOS 20 对消费者品牌忠诚度理论模型进行假设检验。在结构方程理论模型检验时，模型配适度指标越好，代表模型与样本数据越拟合。结构方程模型常见的配适度指标及评价标准如表6-11所示。

**表6-11　　结构方程模型常见配适度指标评价标准**

| 常见配适度指标 | 评价标准 |
| --- | --- |
| $\chi^2$ | 卡方值越大，表示模型越不合适，值越小越好 |
| $\chi^2$与自由度的比值 | Ullman[1]认为2以内称为模型配适度良好；Kline[2]建议3以内是可以接受的；一般比较宽松认定为5以内即可认为模型的配适度可以接受（Schumacker和Lomax）[3] |
| 配适度指标（GFI） | 当大于0.9时，表示模型有良好的配适度 |
| 调整后的配适度指标（AGFI） | 当大于0.9时，表示模型有良好的配适度，但有学者建议可酌量放宽到0.8（MacCallum和Hong）[4] |
| 平均近似误差均方根（RMSEA） | 一般认为其值小于0.05表示模型完全拟合，而有的学者建议其值小于0.06[5]，即表示模型完全拟合；一般认为其值小于0.08，即表示模型能够很好拟合；RMSEA<0.10，即表示模型中等拟合；RMSEA>0.10，即表示模型的拟合度很差 |

在本书第四章中，构建了消费者品牌忠诚度的理论模型，该理论模型具体包含两个子模型即消费者品牌行为忠诚模型和消费者品牌态度忠诚模型，且本书已针对这两个子模型提出了研究假设。根据图6-1和图6-2两个子模型运行结果可知，在经Bollen-Stine P值修正前消费者品牌行为忠诚模型和消费者品牌态度忠诚模型的适

---

[1] Ullman, J. B., "Structure Equation Modeling", in Tabachnick, B. G., Fidell, L. S., *Using Multivariate Statistics* (4th ed.), Needham Heights, M. A.: Allyn and Bacon, 2001, pp. 653-771.

[2] Rex B. Kline, *Principles and Practice of Structural Equation Modeling*, Third Edition, The Guilford Press, 2010.

[3] Schumacker, Randall, E., Richard G. Lomax, eds., *A Beginner's Guide to Structural Equation Modeling*, 2th ed., Mahwah, N. J.: Lawrence Erlbaum Associates, 2004.

[4] MacCallum, R. C., and Hong, S., "Power Analysis in Covariance Structure Modeling Using GFI and AGFI", *Multivariate Behavioral Research*, Vol. 32, 1997, pp. 193-210.

[5] Hu, Land, P. M. Bentler, "Cutoff Criteria for Fit Indexes in Covariance Structure Analysis: Conventional Criteria versus New Alternatives", *Structural Equation Modeling*, Vol. 6, No. 1, 1999, pp. 1-55.

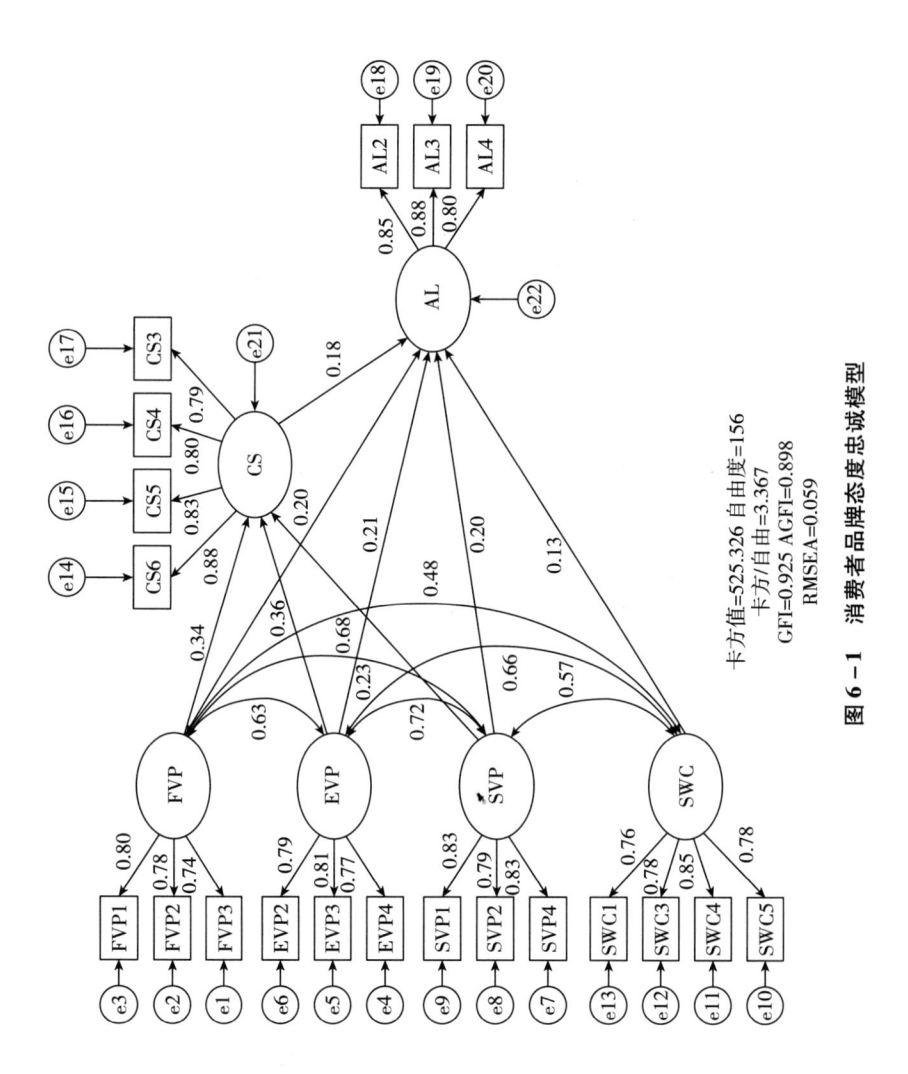

# 第六章
## 消费者品牌忠诚度模型分析与检验

图 6-1 消费者品牌态度忠诚模型

— 147 —

◇ 消费者品牌忠诚度的构建

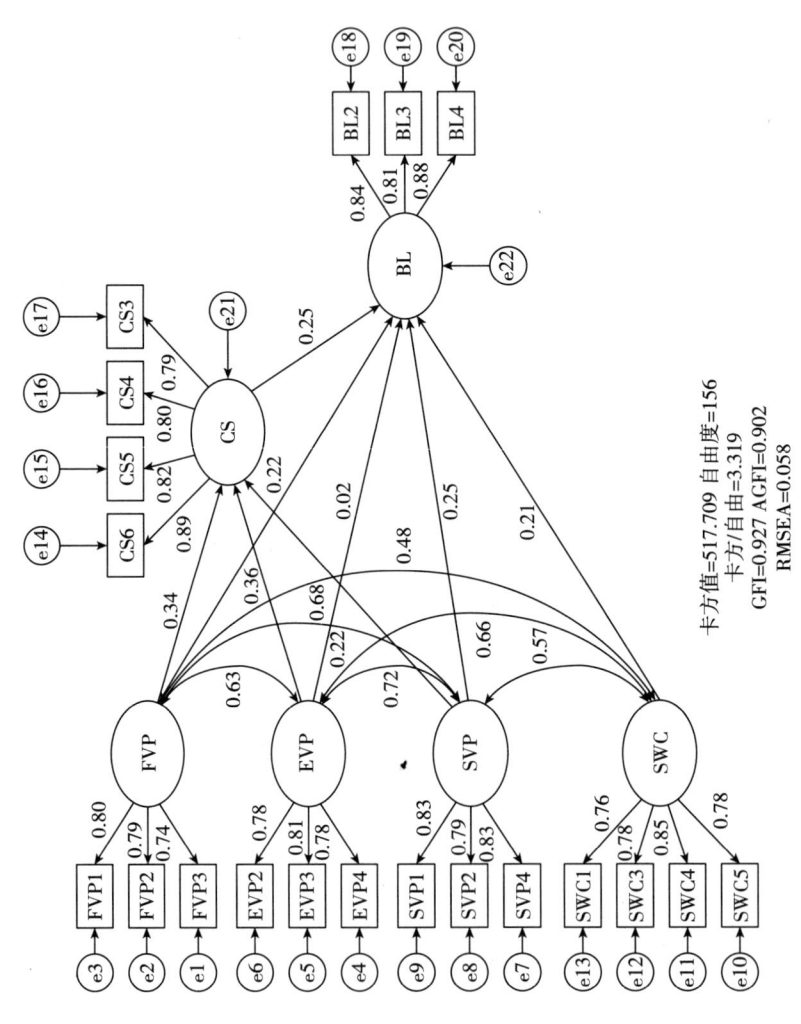

图6-2 消费者品牌行为忠诚模型

# 第六章 消费者品牌忠诚度模型分析与检验

配度一般，如卡方与自由度的比值均超过3，平均近似误差均方根均大于0.05，且P值拒绝$H_0$假设（样本共变异数矩阵与模型期望共变异矩阵是没有差异的）。但由于SEM为大样本分析，卡方值自然就大，所以P值很容易拒绝$H_0$假设。因此，Bollen和Stine[①]提出用bootsrap的方式加以修正，且利用Amos内建Bollen – Stine p – value correction method的功能进行P值校正。执行bootsrap2000次后发现两个子模型的2000个模型卡方值均优于原始样本卡方值，因此可确定原始模型P值显著纯粹是因为样本数大所造成的。如表6 – 12所示，校正后的两个子模型配适度中卡方与自由度的比值均小于2；配适度指标（GFI）、调整后的配适度指标（AGFI）均大于0.9；平均近似误差均方根（RMSEA）均小于0.03，经修正后的配适度良好。

表6 – 12　Bollen – Stine P Correction 模型前后配适指标对比

| 配适度指标 | 理想要求标准 | 经Bollen – Stine P值修正前 态度忠诚模型 | 经Bollen – Stine P值修正前 行为忠诚模型 | 经Bollen – Stine P值修正后 态度忠诚模型 | 经Bollen – Stine P值修正后 行为忠诚模型 |
|---|---|---|---|---|---|
| $\chi^2$ | 越小越好 | 525.326（P=0.000） | 517.709（P=0.000） | 188.73（P=1） | 191.15（P=1） |
| $\chi^2$与自由度的比值 | 小于3 | 3.367 | 3.319 | 1.21 | 1.23 |
| 配适度指标（GFI） | 大于0.9 | 0.925 | 0.927 | 0.98 | 0.98 |
| 调整后的配适度指标（AGFI） | 大于0.9 | 0.898 | 0.902 | 0.97 | 0.97 |
| 平均近似误差均方根（RMSEA） | 小于0.08 | 0.059 | 0.058 | 0.02 | 0.02 |

如表6 – 13和表6 – 14所示，两个子模型的大部分路径系数均

---

[①] Bollen, K. A., Stine, R. A., "Bootstrapping Goodnessq – of – fit Measures in Structural Equation Model", *Sociological and Research*, Vol. 21, 1992, pp. 205 – 229.

◇ 消费者品牌忠诚度的构建

是显著的。首先，在消费者品牌态度忠诚模型中，所有的变量路径系数均达到显著。对品牌态度忠诚影响从大到小分别为：品牌的功能价值、品牌情感价值、品牌社会价值、品牌满意度和品牌转换成本。其次，在消费者品牌行为忠诚模型中，绝大部分变量路径系数达到显著。对品牌行为忠诚影响从大到小分别为：品牌的功能价值、品牌社会价值、品牌满意度和品牌转换成本，其中品牌情感价值对于品牌行为忠诚的系数 P 值为 0.734，未达显著。因此，假设 3-2"在品牌大米消费中，品牌情感价值对品牌行为忠诚有显著正向影响"不成立。各变量直接效果假设的检验结果具体情况如表 6-15 所示。

表 6-13　　消费者品牌态度忠诚模型分析结果

|  |  |  | Estimate | S. E. | C. R. | P | Label |
|---|---|---|---|---|---|---|---|
| CS | <--- | FVP | 0.452 | 0.067 | 6.771 | *** | par_15 |
| CS | <--- | EVP | 0.397 | 0.058 | 6.798 | *** | par_16 |
| CS | <--- | SVP | 0.228 | 0.056 | 4.096 | *** | par_17 |
| AL | <--- | FVP | 0.253 | 0.071 | 3.584 | *** | par_18 |
| AL | <--- | EVP | 0.221 | 0.07 | 3.155 | *** | par_19 |
| AL | <--- | SVP | 0.195 | 0.056 | 3.478 | *** | par_20 |
| AL | <--- | CS | 0.176 | 0.057 | 3.092 | *** | par_21 |
| AL | <--- | SWC | 0.129 | 0.043 | 2.999 | *** | par_22 |
| FVP3 | <--- | FVP | 1 |  |  |  |  |
| FVP2 | <--- | FVP | 1.022 | 0.054 | 18.963 | *** | par_1 |
| FVP1 | <--- | FVP | 1.057 | 0.055 | 19.234 | *** | par_2 |
| EVP4 | <--- | EVP | 1 |  |  |  |  |
| EVP3 | <--- | EVP | 1.103 | 0.052 | 21.164 | *** | par_3 |
| EVP2 | <--- | EVP | 1.048 | 0.051 | 20.678 | *** | par_4 |
| SVP4 | <--- | SVP | 1 |  |  |  |  |
| SVP2 | <--- | SVP | 1.042 | 0.046 | 22.802 | *** | par_5 |
| SVP1 | <--- | SVP | 1.01 | 0.041 | 24.484 | *** | par_6 |
| SWC5 | <--- | SWC | 1 |  |  |  |  |

续表

|  |  |  | Estimate | S. E. | C. R. | P | Label |
|---|---|---|---|---|---|---|---|
| SWC4 | <--- | SWC | 1.166 | 0.05 | 23.136 | *** | par_7 |
| SWC3 | <--- | SWC | 1.019 | 0.048 | 21.082 | *** | par_8 |
| SWC1 | <--- | SWC | 1.049 | 0.051 | 20.484 | *** | par_9 |
| CS6 | <--- | CS | 1 |  |  |  |  |
| CS5 | <--- | CS | 1.083 | 0.039 | 28.057 | *** | par_10 |
| CS4 | <--- | CS | 0.929 | 0.035 | 26.174 | *** | par_11 |
| CS3 | <--- | CS | 0.914 | 0.035 | 25.774 | *** | par_12 |
| AL2 | <--- | AL | 1 |  |  |  |  |
| AL3 | <--- | AL | 1.059 | 0.037 | 28.278 | *** | par_13 |
| AL4 | <--- | AL | 0.99 | 0.04 | 24.932 | *** | par_14 |

注：***表示 $P<0.01$。

表6-14　　消费者品牌行为忠诚模型分析结果

|  |  |  | Estimate | S. E. | C. R. | P | Label |
|---|---|---|---|---|---|---|---|
| CS | <--- | FVP | 0.458 | 0.067 | 6.823 | *** | a1 |
| CS | <--- | EVP | 0.396 | 0.058 | 6.776 | *** | a2 |
| CS | <--- | SVP | 0.228 | 0.056 | 4.078 | *** | a3 |
| BL | <--- | FVP | 0.306 | 0.073 | 4.159 | *** | par_19 |
| BL | <--- | EVP | 0.024 | 0.071 | 0.34 | 0.734 | par_20 |
| BL | <--- | SVP | 0.257 | 0.058 | 4.404 | *** | par_21 |
| BL | <--- | CS | 0.252 | 0.059 | 4.292 | *** | b |
| BL | <--- | SWC | 0.21 | 0.045 | 4.708 | *** | par_22 |
| FVP3 | <--- | FVP | 1 |  |  |  |  |
| FVP2 | <--- | FVP | 1.031 | 0.054 | 18.939 | *** | par_5 |
| FVP1 | <--- | FVP | 1.065 | 0.056 | 19.198 | *** | par_6 |
| EVP4 | <--- | EVP | 1 |  |  |  |  |
| EVP3 | <--- | EVP | 1.099 | 0.052 | 21.176 | *** | par_7 |
| EVP2 | <--- | EVP | 1.04 | 0.05 | 20.599 | *** | par_8 |
| SVP4 | <--- | SVP | 1 |  |  |  |  |
| SVP2 | <--- | SVP | 1.046 | 0.046 | 22.845 | *** | par_9 |

◇ 消费者品牌忠诚度的构建

续表

|  |  |  | Estimate | S. E. | C. R. | P | Label |
|---|---|---|---|---|---|---|---|
| SVP1 | <--- | SVP | 1.012 | 0.041 | 24.466 | *** | par_10 |
| SWC5 | <--- | SWC | 1 |  |  |  |  |
| SWC4 | <--- | SWC | 1.169 | 0.05 | 23.31 | *** | par_11 |
| SWC3 | <--- | SWC | 1.015 | 0.048 | 21.082 | *** | par_12 |
| SWC1 | <--- | SWC | 1.043 | 0.051 | 20.455 | *** | par_13 |
| CS6 | <--- | CS | 1 |  |  |  |  |
| CS5 | <--- | CS | 1.074 | 0.038 | 27.982 | *** | par_14 |
| CS4 | <--- | CS | 0.927 | 0.035 | 26.397 | *** | par_15 |
| CS3 | <--- | CS | 0.91 | 0.035 | 25.866 | *** | par_16 |
| BL2 | <--- | BL | 1 |  |  |  |  |
| BL3 | <--- | BL | 1.121 | 0.045 | 24.844 | *** | par_17 |
| BL4 | <--- | BL | 1.129 | 0.041 | 27.622 | *** | par_18 |

注：*** 表示 $P<0.01$。

表6-15　　　　　　直接效果研究假设检验结果

| 假设 | 研究结论 |
|---|---|
| 假设1-1：在品牌大米消费中，品牌功能价值对品牌满意度有显著正向影响 | 成立 |
| 假设1-2：在品牌大米消费中，品牌情感价值对品牌满意度有显著正向影响 | 成立 |
| 假设1-3：在品牌大米消费中，品牌社会价值对品牌满意度有显著正向影响 | 成立 |
| 假设2-1：在品牌大米消费中，品牌功能价值对品牌态度忠诚有显著正向影响 | 成立 |
| 假设2-2：在品牌大米消费中，品牌情感价值对品牌态度忠诚有显著正向影响 | 成立 |
| 假设2-3：在品牌大米消费中，品牌社会价值对品牌态度忠诚有显著正向影响 | 成立 |
| 假设3-1：在品牌大米消费中，品牌功能价值对品牌行为忠诚有显著正向影响 | 成立 |
| 假设3-2：在品牌大米消费中，品牌情感价值对品牌行为忠诚有显著正向影响 | 不成立 |

续表

| 假设 | 研究结论 |
| --- | --- |
| 假设3-3：在品牌大米消费中，品牌社会价值对品牌行为忠诚有显著正向影响 | 成立 |
| 假设4-1：在品牌大米消费中，品牌转换成本对品牌态度忠诚有显著正向影响 | 成立 |
| 假设4-2：在品牌大米消费中，品牌转换成本对品牌行为忠诚有显著正向影响 | 成立 |
| 假设5-1：在品牌大米消费中，品牌满意度对品牌态度忠诚有显著正向影响 | 成立 |
| 假设5-2：在品牌大米消费中，品牌满意度对品牌行为忠诚有显著正向影响 | 成立 |

# 第五节　消费者品牌忠诚度模型交叉效度检验

由前面章节内容可知，本书对模型各构面测量题项的设计是基于相关学者的理论和观点，本书通过对品牌大米消费者预调查进而对品牌忠诚度模型各构面测量题项进行探索性删减分析，最后通过正式调研进行实证分析。为了避免模型的修正是按所调查的数据为基础而非理论为基础，即所谓的资料驱动（Data Driven），Anderson和Gerbing[1]建议在结构方程模型分析结束并且模型配适度通过的情况下，进行交叉效度分析，以确定模型经过修正后，是否符合本书样本调研数据以外的其他数据样本，模型是否具有稳定性。因此，本书把正式调研数据样本随机分成两群（50∶50），并将两群做比较。随机分两群比较的目的是探究模型适配于此样本数据，是否也

---

[1] Anderson, J. C., Gerbing, D., "The Effect of Sampling Erro on Convergence, Improper Solutions, and Goodness-of-fit Indices for Maximum Likelihood Confirmatory Factor Analysis", *Psychometrika*, Vol. 49, 1984, pp. 155-173.

◇ 消费者品牌忠诚度的构建

适配于其他样本。这种分析称为多群组同时分析（Simultaneous Analysis of Several Groups）①。交叉效度检验采用依次设定多群组在模型中的路径和对应参数相等，如果 P 值显著，证明多群组之前所设定的路径或参数是有差别的，如果不显著，证明多群组之前所设定的路径或参数无差别。设定多群组在模型中路径所有对应参数均相等的检验又称全部恒等性检验（Test for Full Invariance），这种检验比较严格。因此，有的学者认为结构残差（Structural Residuals）和测量残差（Measurement Residuals）全等过于苛刻，即使不全等，也不会影响交叉效度检验②。

## 一 消费者品牌态度忠诚模型交叉效度检验

如表 6-16 所示，先将两群的因子载荷设定等同，品牌态度忠诚模型中如果 14 个因子载荷设定相同（DF = 14），卡方值增加 8.662（CMIN = 738.425 - 729.763 = 8.662），检定结果 P = 0.852，大于 0.1，未达到显著。这说明 14 个因子载荷假设相同是可以接受的，因此这 14 个因子载荷全相等。在上一步设定各因子载荷相等的限制基础上，再设定 8 条路径系数的相同（DF = 22 - 14 = 8），卡方值增加 9.145（CMIN = 747.57 - 738.425 = 9.145），检定结果 P = 0.33，超过 0.1，未达显著。这表示这 8 条结构路径系数全部相等是可以接受的。在上两步限制的基础上，再假设 10 个变异数及共变异数的设定相同（DF = 32 - 22 = 10），卡方值增加 13.27（CMIN = 760.841 - 747.57 = 13.27），检定结果 P 值 = 0.209，大于 0.1，未达显著，说明 10 个变异数及共变异数相同是可以接受的。在以上限定的基础上，设定结构残差及测量残差相同的检定中，P 值显不显著都不重要，Byrne 认为太过严苛，即使不全等也不会影响其交叉

---

① 吴明隆：《结构方程模型——AMOS 的操作与应用》（第二版），重庆大学出版社 2017 年版，第 371—465 页。

② Byrne, B. M. ed., *Structural Equation Modeling with AMOS: Basic Concepts, Applications, and Programming* (2nd Ed.), New York: Routledge, 2010.

效度。同时，Cheung 和 Rensvold[①] 建议 ΔCFI 小于等于 | 0.01 | 以内，则两模型没有实务上的差异。Little[②] 也提出 ΔTLI 小于等于 0.05 作为没有差异的标准。通过品牌态度忠诚模型群组不变性比较表 6-16 可知：ΔTLI 和 ΔCFI 均符合标准，且各模型 RMSEA 均小于 0.05，PCLOSE 值均未达显著，说明各模型适配度较好，数据均与各模型相匹配。因此，可以认为随机所分的两群组全等，品牌态度忠诚模型具有稳定性，符合交叉效度的标准。

表 6-16　　消费者品牌态度忠诚模型群组不变性比较

| Model | $\chi^2$ | DF | ΔDF | $\Delta\chi^2$ | P | ΔCFI | ΔTLI | RMSEA | PCLOSE |
|---|---|---|---|---|---|---|---|---|---|
| Unconstrained | 729.763 | 312 | — | — | 0 | — | — | 0.044 | 0.991 |
| Measurement weights | 738.425 | 326 | 14 | 8.662 | 0.852 | 0.001 | -0.003 | 0.043 | 0.998 |
| Structural weights | 747.57 | 334 | 8 | 9.145 | 0.33 | 0 | -0.001 | 0.042 | 0.999 |
| Structural covariances | 760.841 | 344 | 10 | 13.27 | 0.209 | 0 | -0.001 | 0.042 | 1 |
| Structural residuals | 761.233 | 346 | 2 | 0.393 | 0.822 | 0 | 0 | 0.042 | 1 |
| Measurement residuals | 808.365 | 366 | 22 | 47.524 | 0.001 | 0.003 | 0 | 0.042 | 1 |

## 二　消费者品牌行为忠诚模型交叉效度检验

检验品牌行为忠诚模型交叉效度的方法与上一部分内容相同，先将随机分成的两群因子载荷设定等同，如表 6-17 所示：假设该模型 14 个因子载荷设定相同（DF = 14），卡方值增加 9.866（CMIN = 749.673 - 739.807 = 9.866），检定结果 P = 0.772，大于 0.1，未达到显著，这说明 14 个因子载荷假设相同是可以接受的。在第一步的基础上再假定 8 条路径系数相同（DF = 22 - 14 = 8），卡

---

[①] Cheung, G. W., Rensvold, R. B., "Evaluating Goodness-of-Fit Indexes for Testing Measurement Invariance", *Structural Equation Modeling*, Vol. 9, No. 2, 2002, pp. 233-255.

[②] Little, T. D., "Mean and Covariance Structures (MACS) Analyses of Cross-Culture Data: Practical and Theoretical Issues", *Multivariate Behavioral Research*, Vol. 32, No. 1, 1997, pp. 53-76.

方值增加 13.316（CMIN = 762.989 - 749.673 = 13.316），检定结果 P = 0.101，超过 0.1，未达显著。这表示 8 条结构路径系数全部相等是可以接受的。在前两步的基础上，假设 10 个变异数及共变异数的设定相同（DF = 32 - 22 = 10），卡方值增加 12.912（CMIN = 775.901 - 762.989 = 12.912），检定结果 P 值 = 0.229，大于 0.1，未达显著，说明 10 个变异数及共变异数相同是可以接受的。通过品牌行为忠诚模型的群组不变性比较表 6 - 17 可知：ΔTLI 均小于 0.05 和 ΔCFI 绝对值均小于 0.01，且各模型 RMSEA 均小于 0.05，PCLOSE 值均未达显著，说明各模型适配度较好，数据均与各模型相匹配。因此，可以认为随机所分的两群组全等，品牌行为忠诚模型具有稳定性，符合交叉效度的标准。

表 6 - 17　　消费者品牌行为忠诚模型群组不变性比较

| Model | $\chi^2$ | DF | ΔDF | Δ$\chi^2$ | P | ΔCFI | ΔTLI | RMSEA | PCLOSE |
|---|---|---|---|---|---|---|---|---|---|
| Unconstrained | 739.807 | 312 | — | — | 0 | — | — | 0.045 | 0.985 |
| Measurement weights | 749.673 | 326 | 14 | 9.866 | 0.772 | 0 | -0.003 | 0.043 | 0.996 |
| Structural weights | 762.989 | 334 | 8 | 13.316 | 0.101 | -0.001 | -0.001 | 0.043 | 0.998 |
| Structural covariances | 775.901 | 344 | 10 | 12.912 | 0.229 | 0 | -0.001 | 0.043 | 0.999 |
| Structural residuals | 775.917 | 346 | 2 | 0.016 | 0.992 | 0 | -0.001 | 0.042 | 0.999 |
| Measurement residuals | 807.222 | 366 | 22 | 31.305 | 0.051 | -0.001 | -0.002 | 0.042 | 1 |

# 第六节　消费者品牌忠诚度竞争模型比较

本书两个子模型因变量是品牌态度忠诚和行为忠诚，如果两个构面高度相关，可以合并成一个构面，没有必要分为两个子模型进行分别比较各个自变量对品牌态度忠诚和品牌行为忠诚的影响。因此，此部分内容在于探讨品牌功能价值、品牌情感价值、品牌社会

# 第六章
## 消费者品牌忠诚度模型分析与检验

价值、品牌满意度和品牌转换成本对品牌态度忠诚与品牌行为忠诚的影响是否有所不同。本书根据 Duncan[①] 建议，采用非标准化系数检定，涉及公式如下，Z 值的绝对值大于 1.96，则表示两子模型非标准化回归系数有显著差异；反之则没有。

$$Z = \frac{b_1 - b_2}{\sqrt{s\,e_{b1}^2 + s\,e_{b2}^2}}$$

通过竞争模型系数比较表 6-18，可以看出：品牌功能价值对品牌态度忠诚和行为忠诚的影响没有显著差异，但品牌功能价值对品牌行为忠诚影响效果较大；品牌情感价值对品牌态度忠诚和行为忠诚的影响具有显著差异，品牌情感价值对品牌态度忠诚的影响显著大于对品牌行为忠诚的影响；品牌社会价值对品牌态度忠诚和行为忠诚的影响没有显著差异，但品牌社会价值对品牌行为忠诚影响效果较大；品牌满意度对品牌态度忠诚和行为忠诚的影响没有显著差异，但品牌满意度对品牌行为忠诚影响效果较大；品牌转换成本对品牌行为忠诚的影响效果大于品牌态度忠诚，并接近显著的边缘。因此，可以看出品牌态度忠诚与品牌行为忠诚之间并非高度相关，有必要分别研究各变量对品牌态度忠诚与品牌行为忠诚的影响效果。

表 6-18　　　　　　　　竞争模型系数比较

|  | 品牌态度忠诚 | | 品牌行为忠诚 | | Z 值 |
|---|---|---|---|---|---|
|  | 非标准化系数 | 标准误 | 非标准化系数 | 标准误 |  |
| FVP | 0.253 | 0.071 | 0.306 | 0.073 | -0.5205 |
| EVP | 0.221 | 0.07 | 0.024 | 0.071 | 1.9758 |
| SVP | 0.195 | 0.056 | 0.257 | 0.058 | 0.7690 |
| CS | 0.176 | 0.057 | 0.252 | 0.059 | -0.9264 |
| SWC | 0.129 | 0.043 | 0.21 | 0.045 | 1.3014 |

---

[①] Duncan, O. D., *Introduction to Structural Equation Models*, New York: Academic Press, 1975.

## 第七节 本章小结

本章内容是理论模型中各变量正式测量和消费者品牌忠诚度模型分析和验证的过程。首先，采用网络问卷调查和实地调研两种方式进行正式调研，并对两种调研过程进行有效的控制和初步筛选。为了保证样本数据的质量，对所获取的数据进行缺失值处理、样本信息的同质性检定、基本数据的正态性检定及数据非正态性的修正。通过对正式调研数据进行描述性统计分析，说明数据的特征。其次，通过对量表进行信度和效度检验以证明量表设计和数据质量较好。最后，对品牌态度忠诚和行为忠诚结构方程适配度进行检验，并验证了各变量对品牌态度或行为忠诚的直接影响关系。为了测试已通过适配的模型是否具有稳定性，采用对样本数据随机分组的方式进行模型交叉效度分析和检验。对品牌态度忠诚和行为忠诚两个竞争模型进行比较以探讨把品牌忠诚度模型划分为两个子模型分析的必要性。

# 第七章
# 模型中介效应与调节效应检验

　　从第二章消费者品牌忠诚形成机理分析可知：消费者品牌满意度提高是消费者对消费过程认知所获取的一种良好情感状态。经营主体通过对品牌功能因素、品牌情感因素和品牌社会因素的刺激，不但能直接影响消费者品牌忠诚度，还很可能通过消费过程所获得满意情感状态间接正向影响品牌忠诚度。同时，消费者个性因素有可能会对各因素作用于消费者品牌忠诚形成过程产生一定影响。对各因素影响消费者品牌忠诚度路径关系分析可有助于帮助经营主体了解营销刺激后机体内部的反应情况。因此，本章有必要论证品牌满意度在品牌感知价值影响品牌忠诚度过程中的中介作用，并确定直接和间接影响程度。同时也有必要探索品牌大米消费者特征不同是否会对品牌感知价值或品牌转换成本影响品牌忠诚度的过程产生影响。

## 第一节　品牌满意度的中介效应检验

　　中介效应检验方法有很多，如 Baron 和 Kenny[1] 提出的因果

---

[1] Baron, R. M., Kenny, D. A., "The Moderator – mediator Distinction in Social Psychological Research: Conceptual, Strategic, and Statistical Considerations", *Journal of Personality & Social Psychology*, Vol. 51, No. 6, 1986, pp. 1173 – 1182.

◇ 消费者品牌忠诚度的构建

法、Clogg[①]提出的系数差异法、Sobel[②]对 Baron 和 Kenny 的因果法进行了补充提出的系数乘积法等。这些传统的中介效应的检验方法有很多缺点，譬如这些检验只是简单的 Z 检定，且其值 ±1.96 实务上不一定显著；中介效应的样本数据必须符合正态分布等问题。为了解决传统中介效应检验中存在的问题，可采用 MacKinnon[③] 提出的信赖区间法（Bootstrap Distribution of Effects），即利用 Bootstrap 的技术，重新估计间接效果的标准误、非标准化系数及信赖区间，然后计算间接效果的显著水平（Z 值）。Bootstrap 这种方法采用反复抽出、放回 2000 次，计算出总效果、间接效果和总效果的 95% 的置信区间，根据该置信区间最低值与最高值之间是否包含 0 及 Z 值绝对值是否大于 1.96 来判断该效果是否存在。三个效果之间的关系为：总效果（Total Effects）= 直接效果（Indirect Effects）+ 间接效果（Indirect Effects）。Baron 和 Kenny 曾指出检验中介效应是否存在的必要条件是总效果必须存在，即检验结果具有显著性。因此，如果总效果不显著，中介效应不存在。由于品牌情感价值到品牌行为忠诚总效果不显著，则检验品牌满意度的中介效果就没有必要了，因此假设 7 - 2 "在品牌大米消费中，品牌满意度在品牌情感价值与品牌行为忠诚间具有中介效应" 不成立。

## 一 品牌满意度作为品牌功能价值和品牌态度忠诚间的中介

在品牌大米消费中，品牌满意度、品牌功能价值和品牌态度忠诚的关系如图 7 - 1 所示，检验结果如表 7 - 1 所示：品牌功能价值到品牌忠诚态度路径间的总效果在 Bias - Corrected 方法下置信区间为 0.190—0.482，Percentile 方法的置信区间为 0.193—0.485，两

---

[①] Clogg, C. C., et al., "Statistical Methods for Analyzing Collapsibility in Regression Models", *Journal of Educational Statistics*, Vol. 17, No. 1, 1992, pp. 51 - 74.

[②] Sobel, M. E., "Aysmptotic Confidence Intervals for Indirect Effects in Structural Equation Models", In S. Leinhardt (ed.), *Sociological Methodology*. San Francisco: Jossey - Boss, 1982, pp. 290 - 212.

[③] MacKinnon, D. P. ed., *Introduction to Statistical Mediation Analysis*, Mahwah, N. J.: Lawrence Erlbaum Associates, 2008.

区间内均不含0，且Z等于4.427大于1.96，因此可确定总效果显著；直接效果在Bias-Corrected方法下置信区间为0.097—0.413，Percentile方法的置信区间为0.107—0.422，两区间均不含0，且Z等于3.2大于1.96，因此可确定直接效果显著；间接效果在Bias-Corrected方法下置信区间为0.029—0.149，Percentile方法的置信区间为0.025—0.142，两区间均不含0，且Z等于2.663大于1.96，因此可确定间接效果显著。从上面结果可以看出，品牌功能价值对品牌态度忠诚的总影响（0.079+0.253=0.332）包括直接影响（0.253）和间接影响（0.079）。品牌满意度在品牌功能价值影响品牌态度忠诚过程中起到了部分中介的作用。因此，前面假设6-1"在品牌大米消费中，品牌满意度在品牌功能价值与品牌态度忠诚间具有中介效应"是成立的。

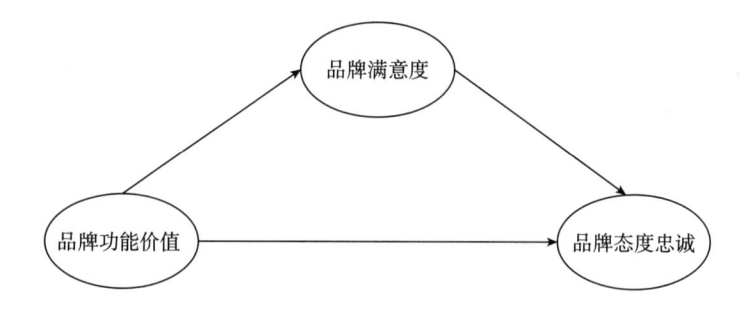

图7-1 品牌功能价值对品牌态度忠诚的直接和间接影响

**二 品牌满意度作为品牌情感价值和品牌态度忠诚间的中介**

在品牌大米消费中，品牌满意度、品牌情感价值和品牌态度忠诚的关系如图7-2所示，检验结果如表7-2所示：品牌情感价值到品牌忠诚态度路径间的总效果在Bias-Corrected方法下置信区间为0.147—0.442，Percentile方法的置信区间为0.143—0.436，两区间内均不含0，且Z等于3.986大于1.96，因此可确定总效果显著；直接效果在Bias-Corrected方法下置信区间为0.081—0.372，

◇ 消费者品牌忠诚度的构建

表 7-1　品牌功能价值对品牌态度忠诚的直接和间接影响

| Relationships | | Point estimate | Product of coefficients | | | Bootstrap 2000 time 95% CI | | | | | |
|---|---|---|---|---|---|---|---|---|---|---|---|
| | | | | | | Bias-Corrected 95% CI | | | Percentile 95% CI | | |
| | | | SE | Z | | Lower | Upper | P | Lower | Upper | P |
| FVP-CS-AL | Indirect Effects | 0.079 | 0.03 | 2.633 | | 0.029 | 0.149 | 0.001*** | 0.025 | 0.142 | 0.002*** |
| FVP-CS-AL | Direct Effects | 0.253 | 0.079 | 3.20 | | 0.097 | 0.413 | 0.003*** | 0.107 | 0.422 | 0.002*** |
| FVP-CS-AL | Total Effects | 0.332 | 0.075 | 4.427 | | 0.190 | 0.482 | 0.001*** | 0.193 | 0.485 | 0.001*** |

注：*** 表示 $P < 0.01$。

表 7-2　品牌情感价值对品牌态度忠诚的直接和间接影响

| Relationships | | Point estimate | Product of coefficients | | | Bootstrap 2000 time 95% CI | | | | | |
|---|---|---|---|---|---|---|---|---|---|---|---|
| | | | | | | Bias-Corrected 95% CI | | | Percentile 95% CI | | |
| | | | SE | Z | | Lower | Upper | P | Lower | Upper | P |
| EVP-CS-AL | Indirect Effects | 0.070 | 0.027 | 2.593 | | 0.027 | 0.139 | 0.001*** | 0.022 | 0.131 | 0.002*** |
| EVP-CS-AL | Direct Effects | 0.221 | 0.075 | 2.947 | | 0.081 | 0.372 | 0.004*** | 0.076 | 0.369 | 0.005*** |
| EVP-CS-AL | Total Effects | 0.291 | 0.073 | 3.986 | | 0.147 | 0.442 | 0.001*** | 0.143 | 0.436 | 0.001*** |

注：*** 表示 $P < 0.01$。

Percentile 方法的置信区间为 0.076—0.369，两区间均不含 0，且 Z 等于 2.947 大于 1.96，因此可确定直接效果显著；间接效果在 Bias - Corrected 方法下置信区间为 0.027—0.139，Percentile 方法的置信区间为 0.022—0.131，两区间均不含 0，且 Z 等于 2.593 大于 1.96，因此可确定间接效果显著。从上面结果可以看出品牌情感价值对品牌态度忠诚的总影响（0.070 + 0.221 = 0.291）包括直接影响（0.221）和间接影响（0.07）。品牌满意度在品牌情感价值影响品牌态度忠诚过程中起到了部分中介的作用。因此前面假设 6 - 2 "在品牌大米消费中，品牌满意度在品牌情感价值与品牌态度忠诚间具有中介效应" 是成立的。

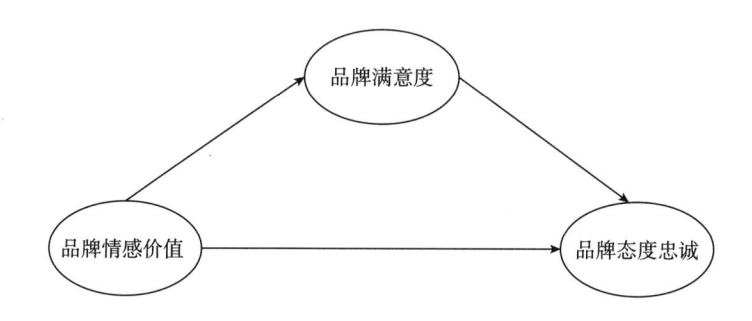

图 7 - 2　品牌情感价值对品牌态度忠诚的直接和间接影响

### 三　品牌满意度作为品牌社会价值和品牌态度忠诚间的中介

在品牌大米消费中，品牌满意度、品牌社会价值和品牌态度忠诚的关系如图 7 - 3 所示，检验结果如表 7 - 3 所示：品牌社会价值到品牌忠诚态度路径间的总效果在 Bias - Corrected 方法下置信区间为 0.101—0.382，Percentile 方法的置信区间为 0.099—0.380，两区间内均不含 0，且 Z 等于 3.264 大于 1.96，因此可确定总效果显著；直接效果在 Bias - Corrected 方法下置信区间为 0.057—0.335，Percentile 方法的置信区间为 0.058—0.336，两区间均不含 0，且 Z 等于 2.786 大于 1.96，因此可确定直接效果显著；间接效果在 Bias -

Corrected 方法下置信区间为 0.013—0.085，Percentile 方法的置信区间为 0.009—0.078，两区间均不含 0，且 Z 等于 2.222 大于 1.96，因此可确定间接效果显著。从上面结果可以看出品牌社会价值对品牌态度忠诚的总影响（0.040 + 0.195 = 0.235）包括直接影响（0.195）和间接影响（0.040）。品牌满意度在品牌社会价值影响品牌态度忠诚过程中起到了部分中介的作用。因此前面假设 6-3"在品牌大米消费中，品牌满意度在品牌社会价值与品牌态度忠诚间具有中介效应"是成立的。

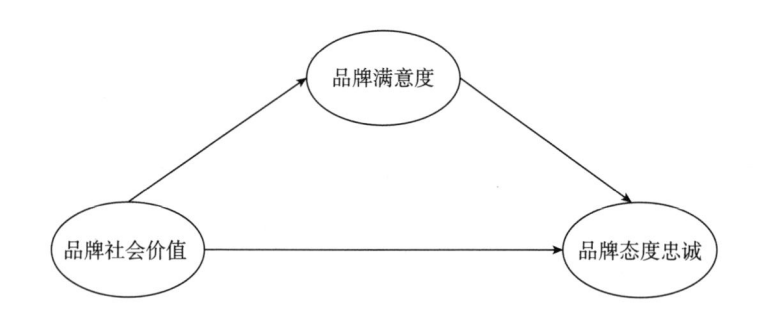

图 7-3 品牌社会价值对品牌态度忠诚的直接和间接影响

### 四 品牌满意度作为品牌功能价值和品牌行为忠诚间的中介

在品牌大米消费中，品牌满意度、品牌功能价值和品牌行为忠诚的关系如图 7-4 所示，检验结果如表 7-4 所示：品牌社会价值到品牌忠诚度行为路径间的总效果在 Bias-Corrected 方法下置信区间为 0.247—0.595，Percentile 方法的置信区间为 0.248—0.599，两区间内均不含 0，且 Z 等于 4.839 大于 1.96，因此可确定总效果显著；直接效果在 Bias-Corrected 方法下置信区间为 0.126—0.488，Percentile 方法的置信区间为 0.127—0.489，两区间均不含 0，且 Z 等于 3.29 大于 1.96，因此可确定直接效果显著；间接效果在 Bias-Corrected 方法下置信区间为 0.053—0.2，Percentile 方法的置信区间为 0.051—0.195，两区间均不含 0，且 Z 等于 3.19 大于

## 第七章 模型中介效应与调节效应检验

**表7-3 品牌社会价值对品牌态度忠诚的直接和间接影响**

| Relationships | | Point estimate | Product of coefficients | | | Bootsrap 2000 time 95% CI | | | | | |
|---|---|---|---|---|---|---|---|---|---|---|---|
| | | | | | | Bias-Corrected 95% CI | | | Percentile 95% CI | | |
| | | | SE | Z | | Lower | Upper | P | Lower | Upper | P |
| SVP-CS-AL | Indirect Effects | 0.040 | 0.018 | 2.222 | | 0.013 | 0.085 | 0.001*** | 0.009 | 0.078 | 0.003*** |
| SVP-CS-AL | Direct Effects | 0.195 | 0.070 | 2.786 | | 0.057 | 0.335 | 0.008*** | 0.058 | 0.336 | 0.008*** |
| SVP-CS-AL | Total Effects | 0.235 | 0.072 | 3.264 | | 0.101 | 0.382 | 0.003*** | 0.099 | 0.380 | 0.003*** |

注：***表示 $P<0.01$。

**表7-4 品牌功能价值对品牌行为忠诚的直接和间接影响**

| Relationships | | Point estimate | Product of coefficients | | | Bootsrap 2000 time 95% CI | | | | | |
|---|---|---|---|---|---|---|---|---|---|---|---|
| | | | | | | Bias-Corrected 95% CI | | | Percentile 95% CI | | |
| | | | SE | Z | | Lower | Upper | P | Lower | Upper | P |
| FVP-CS-BL | Indirect Effects | 0.115 | 0.036 | 3.19 | | 0.053 | 0.2 | 0.001*** | 0.051 | 0.195 | 0.001*** |
| FVP-CS-BL | Direct Effects | 0.306 | 0.093 | 3.29 | | 0.126 | 0.488 | 0.002*** | 0.127 | 0.489 | 0.002*** |
| FVP-CS-BL | Total Effects | 0.421 | 0.087 | 4.839 | | 0.247 | 0.595 | 0.001*** | 0.248 | 0.599 | 0.001*** |

注：***表示 $P<0.01$。

1.96，因此可确定间接效果显著。从上面结果可以看出品牌功能价值对品牌行为忠诚的总影响（0.115 + 0.306 = 0.421）包括直接影响（0.306）和间接影响（0.115）。品牌满意度在品牌功能价值影响品牌行为忠诚过程中起到了部分中介的作用。因此前面假设 7 – 1 "在品牌大米消费中，品牌满意度在品牌功能价值与品牌行为忠诚间具有中介效应"是成立的。

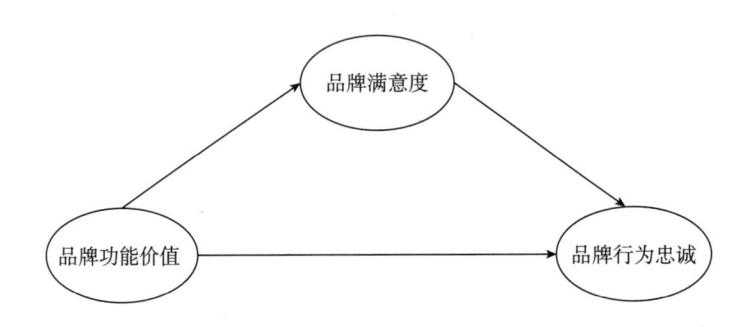

**图 7 – 4　品牌功能价值对品牌行为忠诚的直接和间接影响**

### 五　品牌满意度作为品牌社会价值和品牌行为忠诚间的中介

在品牌大米消费中，品牌满意度、品牌社会价值和品牌行为忠诚的关系如图 7 – 5 所示，检验结果如表 7 – 5 所示：品牌社会价值到品牌忠诚度行为路径间的总效果在 Bias – Corrected 方法下置信区间为 0.188—0.458，Percentile 方法的置信区间为 0.191—0.463，两区间内均不含 0，且 Z 等于 4.551 大于 1.96，因此可确定总效果显著；直接效果在 Bias – Corrected 方法下置信区间为 0.124—0.401，Percentile 方法的置信区间为 0.134—0.406，两区间均不含0，且 Z 等于 3.779 大于 1.96，因此可确定直接效果显著；间接效果在 Bias – Corrected 方法下置信区间为 0.022—0.116，Percentile 方法的置信区间为 0.018—0.106，两区间均不含 0，且 Z 等于 2.478 大于 1.96，因此可确定间接效果显著。从上面结果可以看出，品牌社会价值对品牌行为忠诚的总影响（0.057 + 0.257 = 0.314）包括

# 第七章 模型中介效应与调节效应检验

表7-5 品牌社会价值对品牌行为忠诚的直接和间接影响

| Relationships | | Point estimate | Product of coefficients ||| Bootsrap 2000 time 95% CI ||||||
|---|---|---|---|---|---|---|---|---|---|---|---|
| | | | | | | Bias-Corrected 95% CI ||| Percentile 95% CI |||
| | | | SE | Z | | Lower | Upper | P | Lower | Upper | P |
| SVP-CS-BL | Indirect Effects | 0.057 | 0.023 | 2.478 | | 0.022 | 0.116 | 0.001*** | 0.018 | 0.106 | 0.003*** |
| SVP-CS-BL | Direct Effects | 0.257 | 0.068 | 3.779 | | 0.124 | 0.401 | 0.001*** | 0.134 | 0.406 | 0.001*** |
| SVP-CS-BL | Total Effects | 0.314 | 0.069 | 4.551 | | 0.188 | 0.458 | 0.001*** | 0.191 | 0.463 | 0.001*** |

注：*** 表示 $P<0.01$。

直接影响（0.257）和间接影响（0.057）。品牌满意度在品牌社会价值影响品牌行为忠诚过程中起到了部分中介的作用。因此前面假设7-3"在品牌大米消费中，品牌满意度在社会价值与品牌行为忠诚间具有中介效应"是成立的。

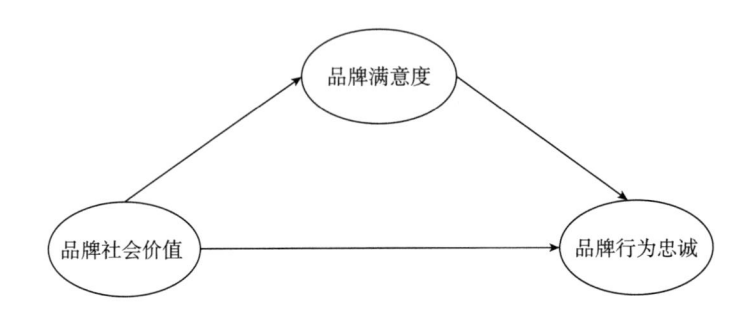

**图7-5 品牌社会价值对品牌行为忠诚的直接和间接影响**

# 第二节 品牌大米消费者特征调节效应的检验

对品牌大米消费者特征调节效应的检验，首先，需要把品牌大米消费者按消费者性别、年龄、教育程度、收入水平特征进行分组；其次，采用温忠麟等[①]的调节效应分析方法进行检验。当调节变量为类别变量时，调节效应分析方法为分组结构方程分析。这种方法可利用 Amos 的 Manage Models，先设定 A1 = A2，即设定两组非标准系数相等，若非标准系数的差异显著，则调节效应显著。为了避免其他变量的影响，我们需重新设定消费者特征调节效应理论模型如图7-6所示。样本分组除性别按男女分组外，其他消费者特征

---

① 温忠麟等：《调节效应与中介效应的比较和应用》，《心理学报》2005年第2期。

第七章 模型中介效应与调节效应检验

分组均以前面的表6-2受访者人口统计信息分组为基础,把样本数据按30分及70分位数进行分割,并根据实际情况可以适当放宽,这种样本数据分割方式能使数据平均数差异最大[①]。通过样本数据中年龄的描述性统计,年龄分为六部分,按AMOS对分类变量的干扰要求,分为高低两组。具体分组如下:30岁以下为年龄较低组,包含了20岁以下及21—30岁的被调查对象,41岁以上为年龄较高组,两组的频率累计率分别为31%以下及62%以上。通过受访者教育程度的信息,教育程度分为四个部分。按AMOS对分类变量的干扰要求,根据样本数据特征高低两组分组如下:初中及以下为学历较低组,大专及本科以上为学历较高组,两组频率累计率分别为25.3%以下及53.5%以上,分割标准适当放宽是可以接受的。通过样本数据中月可供支配收入水平的信息,月可供支配收入水平分为六个部分。按AMOS对分类变量的干扰要求,根据样本数据特征高低两组分组如下:月可供支配收入水平2000元以下为收入水平较低组,4001元以上为收入水平较高组,两组频率累计率分别为20.3%以下及67.2%以上,分割标准适当放宽仍然是可以接受的。

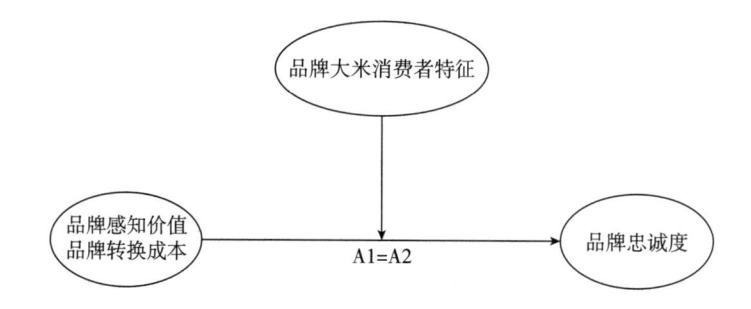

**图7-6 消费者特征的调节效应理论模型**

首先,通过检验消费者特征是否在品牌感知价值或品牌转换成本影响品牌忠诚度过程中具有调节效应可知:消费者特征在品牌感

---

[①] Cureton, E. E., "The Upper and Lower Twenty-seven Percent Rule", *Pshc hometrika*, Vol. 22, No. 3, 1957, pp. 293-296.

知价值或品牌转换成本影响品牌行为忠诚过程中的调节效应不显著，这说明没有明显证据表明性别、年龄大小、学历高低、收入多少会对品牌感知价值或品牌转换成本和品牌行为忠诚的关系具有影响。因此，假设12、假设13、假设14、假设15均不成立。其次，消费者特征在品牌感知价值或品牌转换成本影响品牌态度忠诚过程中的调节效应有些存在。由表7-6可知：品牌大米消费者教育程度对品牌情感价值和品牌态度忠诚关系具有调节作用，即假设9-3成立；品牌大米消费者收入水平对品牌情感价值和品牌态度忠诚的关系具有调节作用，即假设9-4成立；其余假设均不成立。根据表7-7不同分组下的品牌情感价值到品牌态度忠诚的路径标准系数和非标准系数的比较可知：品牌大米消费者教育程度越低，越会因品牌情感价值而对该大米品牌形成态度忠诚；品牌大米消费者收入水平越低，越会因品牌情感价值而对该大米品牌形成态度忠诚。

表7-6　　　　　　　　消费者特征的调节效应

| Model | DF | CMIN | P | NFI Delta-1 | IFI Delta-2 | RFI rho-1 | TLI rho2 |
|---|---|---|---|---|---|---|---|
| 教育程度 | | | | | | | |
| H9-3：EVP-AL | 1 | 7.225 | 0.007*** | 0.004 | 0.004 | 0.006 | 0.006 |
| 收入水平 | | | | | | | |
| H9-4：EVP-AL | 1 | 6.366 | 0.012** | 0.005 | 0.005 | 0.006 | 0.006 |

注：***表示p<0.01，**表示p<0.05。

表7-7　　　　　不同分组的标准系数与非标准系数比较

| | 标准系数 | 非标准系数 | P |
|---|---|---|---|
| 教育程度较低 | | | |
| EVP-AL | 0.821 | 0.983 | *** |
| 教育程度较高 | | | |
| EVP-AL | 0.615 | 0.647 | *** |
| 收入水平较低 | | | |

续表

| | 标准系数 | 非标准系数 | P |
|---|---|---|---|
| EVP – AL | 0.842 | 0.85 | *** |
| 收入水平较高 | | | |
| EVP – AL | 0.66 | 0.568 | *** |

注：\*\*\*表示 p<0.01。

## 第三节　本章小结

本章内容是对各变量对品牌忠诚度的非直接影响关系的验证。首先，采用信赖区间法对品牌满意度作为品牌感知价值（功能价值、情感价值和社会价值）影响品牌态度或品牌行为忠诚过程的中介效应进行检验；其次，采用结构方程分组分析法对消费者特征是否对品牌感知价值或品牌转换成本影响品牌忠诚度的过程具有调节作用进行检验。通过本章的中介和调节效应检验，各研究假设检验结果如表7-8所示。

表7-8　　　中介和调节效果研究假设检验结果

| 研究假设 | 研究结论 |
|---|---|
| 假设6-1：在品牌大米消费中，品牌满意度在品牌功能价值与品牌态度忠诚间具有中介效应 | 成立 |
| 假设6-2：在品牌大米消费中，品牌满意度在品牌情感价值与品牌态度忠诚间具有中介效应 | 成立 |
| 假设6-3：在品牌大米消费中，品牌满意度在品牌社会价值与品牌态度忠诚间具有中介效应 | 成立 |
| 假设7-1：在品牌大米消费中，品牌满意度在品牌功能价值与品牌行为忠诚间具有中介效应 | 成立 |
| 假设7-2：在品牌大米消费中，品牌满意度在品牌情感价值与品牌行为忠诚间具有中介效应 | 不成立 |

◇ 消费者品牌忠诚度的构建

续表

| 研究假设 | 研究结论 |
| --- | --- |
| 假设7-3：在品牌大米消费中，品牌满意度在品牌社会价值与品牌行为忠诚间具有中介效应 | 成立 |
| 假设8-1：品牌大米消费者性别在品牌功能价值和品牌态度忠诚之间具有调节效应 | 不成立 |
| 假设8-2：品牌大米消费者年龄在品牌功能价值和品牌态度忠诚之间具有调节效应 | 不成立 |
| 假设8-3：品牌大米消费者教育程度在品牌功能价值和品牌态度忠诚之间具有调节效应 | 不成立 |
| 假设8-4：品牌大米消费者收入水平在品牌功能价值和品牌态度忠诚之间具有调节效应 | 不成立 |
| 假设9-1：品牌大米消费者性别在品牌情感价值和品牌态度忠诚之间具有调节效应 | 不成立 |
| 假设9-2：品牌大米消费者年龄在品牌情感价值和品牌态度忠诚之间具有调节效应 | 不成立 |
| 假设9-3：品牌大米消费者教育程度在品牌情感价值和品牌态度忠诚之间具有调节效应 | 成立 |
| 假设9-4：品牌大米消费者收入水平在品牌情感价值和品牌态度忠诚之间具有调节效应 | 成立 |
| 假设10-1：品牌大米消费者性别在品牌社会价值和品牌态度忠诚之间具有调节效应 | 不成立 |
| 假设10-2：品牌大米消费者年龄在品牌社会价值和品牌态度忠诚之间具有调节效应 | 不成立 |
| 假设10-3：品牌大米消费者教育程度在品牌社会价值和品牌态度忠诚之间具有调节效应 | 不成立 |
| 假设10-4：品牌大米消费者收入水平在品牌社会价值和品牌态度忠诚之间具有调节效应 | 不成立 |
| 假设11-1：品牌大米消费者性别在品牌转换成本和品牌态度忠诚之间具有调节效应 | 不成立 |
| 假设11-2：品牌大米消费者年龄在品牌转换成本和品牌态度忠诚之间具有调节效应 | 不成立 |

续表

| 研究假设 | 研究结论 |
| --- | --- |
| 假设11-3：品牌大米消费者教育程度在品牌转换成本和品牌态度忠诚之间具有调节效应 | 不成立 |
| 假设11-4：品牌大米消费者收入水平在品牌转换成本和品牌态度忠诚之间具有调节效应 | 不成立 |
| 假设12-1：品牌大米消费者性别在品牌功能价值和品牌行为忠诚之间具有调节效应 | 不成立 |
| 假设12-2：品牌大米消费者年龄在品牌功能价值和品牌行为忠诚之间具有调节效应 | 不成立 |
| 假设12-3：品牌大米消费者教育程度在品牌功能价值和品牌行为忠诚之间具有调节效应 | 不成立 |
| 假设12-4：品牌大米消费者收入水平在品牌功能价值和品牌行为忠诚之间具有调节效应 | 不成立 |
| 假设13-1：品牌大米消费者性别在品牌情感价值和品牌行为忠诚之间具有调节效应 | 不成立 |
| 假设13-2：品牌大米消费者年龄在品牌情感价值和品牌行为忠诚之间具有调节效应 | 不成立 |
| 假设13-3：品牌大米消费者教育程度在品牌情感价值和品牌行为忠诚之间具有调节效应 | 不成立 |
| 假设13-4：品牌大米消费者收入水平在品牌情感价值和品牌行为忠诚之间具有调节效应 | 不成立 |
| 假设14-1：品牌大米消费者性别在品牌社会价值和品牌行为忠诚之间具有调节效应 | 不成立 |
| 假设14-2：品牌大米消费者年龄在品牌社会价值和品牌行为忠诚之间具有调节效应 | 不成立 |
| 假设14-3：品牌大米消费者教育程度在品牌社会价值和品牌行为忠诚之间具有调节效应 | 不成立 |
| 假设14-4：品牌大米消费者收入水平在品牌社会价值和品牌行为忠诚之间具有调节效应 | 不成立 |
| 假设15-1：品牌大米消费者性别在品牌转换成本和品牌行为忠诚之间具有调节效应 | 不成立 |

◇ 消费者品牌忠诚度的构建

续表

| 研究假设 | 研究结论 |
| --- | --- |
| 假设15-2：品牌大米消费者年龄在品牌转换成本和品牌行为忠诚之间具有调节效应 | 不成立 |
| 假设15-3：品牌大米消费者教育程度在品牌转换成本和品牌行为忠诚之间具有调节效应 | 不成立 |
| 假设15-4：品牌大米消费者收入水平在品牌转换成本和品牌行为忠诚之间具有调节效应 | 不成立 |

# 第八章 研究结论及应用价值

## 第一节 本书主要结论

为了增强我国大米品牌的竞争力和稳定大米经营主体的市场份额,本书对如何提高消费者大米品牌忠诚度问题进行了研究。首先,为了体现大米经营主体的个体差异性,本书把大米品牌界定为大米经营主体的企业或产品品牌,研究如何增强个体品牌竞争能力。其次,对消费者品牌忠诚度形成机理进行分析并结合相关理论作为理论模型构建的基础。再次,在我国大米产业、市场背景分析下,构建了消费者品牌忠诚度的理论模型。最后,通过理论模型中各变量的测量和实证分析,验证了消费者品牌忠诚度的影响因素、影响程度和影响品牌忠诚度的不同路径关系。通过以上内容的论证,本书得出了以下具体结论:

第一,从对我国大米产业和市场现状分析可知,我国大米市场供需结构不平衡。这种不平衡导致我国大米品牌营销存在很多问题,如大米市场监管体系不完善,大米企业、产品品牌和大米区域品牌发展不协调;大米品牌营销投入少,大米品牌定位不精准,大米经营主体服务意识差,大米产业链销售终端品牌传播效果衰减和大米品牌延伸程度不够等。这些问题对我国大米消费者品牌忠诚度

◇ 消费者品牌忠诚度的构建

产生直接或间接的影响。

第二，消费者品牌忠诚形成的过程既是认知—情感状态—行为或行为倾向的过程，又是刺激—机体—反应的过程。认知主要是消费者对品牌感知价值和品牌转换成本的认识过程，也可以是经营主体对品牌消费者消费动机的刺激过程；品牌满意度是消费者通过品牌消费过程的认知所获取的一种良好情感状态；品牌行为忠诚和态度忠诚为消费者最终的行为和行为倾向，也可称为是消费者动机刺激的反应结果。通过消费过程认知所获得的良好情感状态有助于形成消费者的品牌忠诚，这种良好的情感状态可能是满意、偏爱、认同等。因此，经营主体对这些认知施加影响可达到刺激消费者重复购买动机形成的目的，从而使品牌消费者形成对该品牌的忠诚，这便是刺激后机体的反应结果。

第三，品牌功能价值、品牌情感价值、品牌社会价值、品牌满意度和品牌转换成本均正向影响消费者的品牌态度忠诚。在品牌大米消费过程中，此五个因素对消费者品牌态度忠诚影响程度从大到小。品牌功能价值、品牌社会价值、品牌满意度和品牌转换成本均正向影响消费者的品牌行为忠诚。在品牌大米消费过程中，此四个因素对消费者品牌行为忠诚的影响程度从大到小。

第四，至少在目前品牌大米消费阶段中，消费者对品牌功能价值需求在消费者需求中占据最主要地位。因为，品牌感知价值三维度对品牌满意度和品牌忠诚度的影响程度从大到小分别为：品牌功能价值、品牌情感价值和品牌社会价值。因此，消费者在选择某大米品牌时，最为看重的是大米质量、价格、口感和健康等基本功能。品牌功能性需求仍是消费者对大米品牌最基本的需求，是大米经营主体目前需要重视的主要因素。同时也说明了，即使目前消费者生活水平提高了，但其对大米这种产品的需求仍集中处于最低层次。通过品牌社会价值对品牌忠诚度的影响是显著的结论可知：品牌大米消费者会对与社会阶层、朋友圈等定位相一致的大米品牌有需求。当此需求满足时，会产生良好的情绪状态而对该大米品牌从

## 第八章 研究结论及应用价值

态度到行为上保持忠诚。因此，品牌社会价值也是消费者品牌忠诚形成的重要影响因素。

第五，品牌情感价值虽对品牌满意度和品牌态度忠诚的形成产生直接的影响，却无证据表明其对品牌行为忠诚形成直接影响。这说明在品牌大米消费过程中，大米经营主体提高品牌的情感价值直接导致消费者重购行为的概率很低，但却可增加消费者对该大米品牌的好感和购买行为倾向。从对品牌态度忠诚影响程度来看，品牌情感价值仅次于品牌功能价值。因此，在品牌大米消费过程中，品牌情感价值有利于提高消费者对该品牌的满意度和促进口碑的形成。

第六，品牌满意度在品牌感知价值三维度影响品牌态度忠诚的过程中具有部分中介作用；品牌满意度在品牌功能价值或品牌社会价值影响品牌行为忠诚的过程中具有部分中介作用。品牌功能价值、品牌情感价值和品牌社会价值到品牌忠诚度的路径间接效果由大到小。这说明在品牌大米消费过程中，消费者对其消费所获得的品牌功能价值、品牌情感价值和品牌社会价值的认知达到情感满意状态，这种满意并非是一次性的而是累积性的，这种满意来源于对消费者现实或潜在需求的满足，达到一定程度形成对该品牌的态度忠诚。消费者对品牌功能价值和品牌社会价值的认知可以通过使消费者满意达到一定程度从而形成品牌的行为忠诚。在品牌感知价值中，品牌功能价值与品牌社会价值相比，其增加更能使消费者满意从而形成对品牌的忠诚。以上间接效果均小于其直接效果，因此间接影响均非形成消费者品牌忠诚的主要路径。

第七，教育程度对品牌情感价值和品牌态度忠诚之间关系具有调节作用；收入水平对品牌情感价值和品牌态度忠诚之间关系具有调节作用。可见，在我国的大米市场中，教育程度越低或收入水平越低的消费者在选购品牌时更容易因品牌情感因素而对该品牌形成态度忠诚，更有倾向向他人推荐购买。

第八，无明显的证据表明品牌大米消费者特征在品牌感知价值或品牌转换成本影响品牌行为忠诚过程中具有调节作用，所以可以认为品牌消费者特征对消费者持续重购行为干扰不明显，这也体现出在我国大米市场中不同特征的品牌大米消费者做出真正购买决策的理性方面；无明显证据表明消费者特征在品牌功能价值、品牌社会价值或品牌转换成本三者中任何一者影响品牌态度忠诚过程中具有调节作用，这说明：不同特征品牌大米消费者对这几方面的认知基本相同；没有明显证据表明性别或年龄在品牌情感价值影响品牌态度忠诚过程中具有调节作用，这表明：性别和年龄不同的品牌大米消费者对品牌情感价值和品牌态度忠诚关系的认知基本无差别。

## 第二节　应用价值

从研究结论可知品牌感知价值（功能价值、情感价值和社会价值）、品牌满意度和品牌转换成本对品牌态度忠诚或品牌行为忠诚的影响程度和路径关系。这些结论可在大米经营主体和政府等相关机构大米品牌建设方面具有应用价值。在以下内容中，前六项和第七项分别为大米经营主体和政府提高消费者大米品牌忠诚度的有效途径。

### 一　提高消费者大米品牌功能价值

从研究结论可知：现阶段，消费者对大米品牌功能价值需求在消费者需求中占据最主要地位，与大米品牌忠诚度其他影响因素相比，对大米品牌忠诚度的影响程度最大，因此提高消费者大米品牌功能价值可以有效地提高消费者大米品牌忠诚度。提高消费者大米品牌功能价值的途径如下：

第一，大米品牌以品牌大米质量提升为先。质量是产品最基本的特征，其质量优劣对该大米品牌发展具有直接的影响。日本和泰国品牌大米质量稳定性获得中国消费者的青睐，国内大米目前所缺乏的就是质量的稳定性，质量的稳定性可以使该大米品牌赢得口

# 第八章
研究结论及应用价值

碑、增加消费者的回购率和吸引更多的消费者。目前影响大米质量的因素很多,譬如原粮品质、加工品质、真菌毒素等生物性风险,重金属污染、农药残留污染、转基因等化学性风险。因此,大米经营主体应该建立有效的品质质量管理和监督体系,即从采购原粮、生产加工、包装储运、销售乃至到售后服务各环节的质量都必须严格把控。首先,选育优良的稻种。优良的稻种直接与后期的生长、管理、病虫害等预防和抵抗及水稻产量有关。优良稻种不是转基因水稻,而是有机非转基因的品种。稻种的培育需要专家们不断地研究和试验,同时也需要产研结合。其次,水稻种植需规模化、标准化。从稻谷的种植、施肥、灌溉、除草、成分检测等各个环节均遵循科学化标准,进行严格化操作。再次,稻米加工质量控制。稻谷脱壳、碾米时尽量减少断米和碎米的增加,提高优质米的整米率,通过色选、抛光处理使大米颗粒晶莹剔透、饱满诱人,提高大米的外观质量和档次。大米加工中,采用先进的加工技术最大限度地提高整精米率,并保留大米绝大部分营养成分和降低碎米率进而来实行各项质量控制措施。只有提高优质米的产出率,才能取得更大的经济效益。最后,科学储运。我国2014年一则"麻雀抢食码头散落大米死亡"的消息令所有人震惊和忧虑,这也说明了粮食在储运过程中质量控制不到位会导致大米污染。根据我国《粮食流通管理条例》,运输粮食不得使用被污染的运输工具或者包装材料,因此在储运过程中的质量控制重点主要集中在大米储藏的保鲜技术和仓库运输车辆的卫生上,防止大米在储运中发霉变质和发生污染。

第二,品牌大米定价与大米品牌定位相结合。消费者对大米品牌功能性感知价值的重要一方面就是价格的感知,消费者认为品牌大米价格越合理,其从该大米品牌获取的功能价值越多。另一方面品牌产品合理定价的前提是品牌合理的定位,譬如北大荒大米市场定位为:"好米源自北大荒""滋养过1/2中国人的好大米""非转基因";北显大米市场定位为:"为耕者谋利,为食者造福",产品系列全面,贴近百姓生活;崇明岛大米市场定位为:"2小时现磨生态大米",面对高端消费者,以现磨鲜米为主要卖点。因此,大米经营主体应根据每种品牌大米的特征和优势为每个大米品牌锁定自己的客户群体和目标市场,然后对该品牌大米进行定位,使其目标市场能识别出该大米品牌独特的内涵和形象。只有先对大米品牌进行定位,才能使品牌大米获取了竞争优势,为合理定价奠定基础。品牌大米定价不仅要考虑成本,还要对竞争对手同种档次大米产品进行市场调查,将其价格作为参考价格。更重要的是,定价还要考虑消费者价值,以消费者需求为导向,从消费者心理出发,使其以此价格购买该品牌大米不但不会觉得价格不合理,反而还增加其对该大米品牌的满意度和忠诚度。譬如奢侈品完全不是按成本来定价的,而是根据消费者价值来定价的,消费者希望产品价格达到某一高度,这样购买后才能获得其社会地位和心理的满足感或者觉得送人才有面子。另外,品牌大米定价还得考虑大米经营主体的形象、美誉度和知名度等,如果该大米经营主体这些方面做得比竞争对手好,由于长久积累的信誉使消费者对其品牌产生足够的信任,即使品牌大米定价贵于竞争对手同档次产品,消费者也会购买。

第三,消费者参与有利于提升消费者品牌功能感知价值。根据整合营销理论,市场营销要以消费者为核心,强调与用户沟通互动等交互式的营销传播,这就是需要消费者的参与。消费者与品牌大米经营主体进行互动,会使消费者与企业产生更强的共创关系,同时也能增加该大米品牌价值的认知。首先,大米经营主体与消费者进行沟通,才能使大米经营主体真正地按照消费者真实需求选择农田并组织种植相应的产品提供相应的服务,从而实现消费者定制自己所需功能价值的品牌大米。譬如大米私人定制模式使消费者成了半个农场的主人,还可以通过手机 APP 远程实时查看稻米长势及收储情况。这是 2017 年中国大米品牌论坛上,黑龙江东禾农业集团有限公司推出的一种时髦的大米营销模式。这种销售模式使消费者可以全程监管,自己吃自己定制的大米很放心。尝试这种消费者参与销售模式的大米经营主体越来越多,2018 年吉林大米也在福建地区

# 第八章
研究结论及应用价值

推出这种销售模式，取得了良好的效果。然后，消费者参与可以降低其对品牌产品的感知风险，提高消费者品牌功能价值。品牌大米是否质量好、营养健康，对于消费者来说很难判断。消费者和大米经营主体之间存在信息不对称的现象，消费者因此会担心大米经营主体所提供的产品可能存在质量等方面的风险。通过消费者参与，即大米经营主体提供条件使消费者可以深入了解品牌大米种植、生产加工、运输销售、服务各环节相关信息，增加消费者对品牌大米各环节及服务认知，以减少消费者的感知损失，降低消费者的感知风险，从而有利于增加消费者大米品牌功能价值。

## 二 提高消费者大米品牌情感价值

根据研究结论，大米品牌情感价值虽无证据显示会直接引起大米品牌行为忠诚，但可用于提升大米品牌满意度和态度忠诚，有利于大米品牌口碑的形成，有利于把潜在消费者转换成现实消费者。提高消费者大米品牌情感价值的途径是情感营销。因为，在中国市场上，各种大米品牌林立，大米品牌之间的竞争愈演愈烈，各大米经营主体均承受巨大的压力。尤其随着互联网网购和电子商务的快速发展，很多消费者往往借助在线平台来了解产品和品牌信息来进行购买决策。在决策过程中，消费者并不完全是一个理性经济人，有时掺杂着情感因素，也就是说消费者会因为自己对某个品牌的情感驱使而进行购买。消费者对品牌情感主要来源于对该品牌的体验，品牌体验可使消费者对品牌形成独特的印象，勾起其购买欲望而产生购买行为；从消费者对品牌情感的延伸来看，消费者对品牌情感关系从弱到强依次是品牌情绪、品牌情感、品牌至爱、品牌依恋[1]。为了使消费者情感与大米品牌更加紧密，推动大米品牌情感营销十分必要。情感营销是整合营销实施的一种策略，情感营销目标就是通过蕴含情感的包装、促销、广告、设计等，引起消费者心

---

[1] 苏勇等：《品牌情感的形成及其拓展——基于情感营销的研究综述》，《中国流通经济》2018年第6期。

◇ 消费者品牌忠诚度的构建

灵上的共鸣，进而满足消费者个性差异及需求，提高消费者的品牌情感价值。因此，大米品牌营销需蕴含情感，大米品牌情感营销可从以下几个方面入手：

第一，大米品牌情感营销需品牌情感价值与功能价值相结合。英国营销学者彼得·查维顿（Peter Cheverton）在其所从事的大客户咨询工作中应用了克兰菲尔德大学的研究成果，并取得了不错的效果。因此在他看来，客户是个性鲜明、情感丰富的个体集合，大客户的忠诚度从两个方面来实现：第一，满足其物质的需求；第二，满足其个人情感需求。只有准确地把握客户的特征、情感及需求，并设计和执行有效的策略，使双方的个人情感达到某个水平，客户忠诚将会成为自然普遍的现象[①]。因此，大米品牌营销应该是蕴含情感的品牌营销。在大米品牌情感营销中，大米产品和服务是最基本的情感载体，是情感营销的基础。在大米品牌情感营销中，大米经营主体应将丰富的情感和人性理念注入大米产品和服务设计中，提高消费者情感价值，使大米产品蕴含的情感直击消费者心灵深处，俘获消费者的心。因此，大米品牌的产品功能价值是其情感价值的载体，两者缺一不可。大米品牌情感营销体现在大米产品设计、包装、名称和服务诸多方面，譬如令人温暖的企业标识，动情、真诚和贴心的服务。曾经上过中央台的吉林省通化柳河富硒大米有一个令消费者觉得很温情的品牌名：大米姐，这个命名给消费者一种自然、淳朴的感觉；大米姐品牌标志由太阳橙、草绿色和棕褐色组成并与品牌名称相配合，给消费者一种真实感和亲切感。还有台湾品牌旺旺，表达对消费者的祝福：家旺、人旺、生意旺。每逢过年时旺旺集团就会推出红色包装的旺旺大礼包，是走亲访友时送给孩子们最好的礼物，这也是消费者对旺旺品牌情感的认知。因此，在大米品牌情感营销中，需要品牌情感价值与功能价值并重。

---

① 彼得·查维顿：《大客户识别、选择和管理》，李丽主译，中国劳动社会保障出版社 2003 年版，第 32 页。

# 第八章
## 研究结论及应用价值

情感因素除了融入品牌产品和服务当中外,还需要融入价格、折扣、支付方式、销售方式、店铺装修、运输仓储、促销、广告、公共关系、营业推广及人员等上,整体给消费者阳光和煦、春意融融之感,以取得综合效果。

第二,要对大米品牌情感进行定位。开展情感营销需要找准市场定位,选对情感主题,获取目标消费者情感上的共鸣。情感营销需要真正了解不同年龄、不同生活环境、不同个性、不同生活经历的消费者的情感需求差异,从而选择不同的沟通方式与各类消费者进行情感沟通,提高情感沟通的成功性,最终把产品销售出去。如果大米经营主体没有找准消费者情感需求的触动点而贸然展开品牌情感营销,不仅不会达到打动消费者的目的,还会增加企业的营销成本,甚至还会造成消费者的流失,进而给企业带来损失。目前,市场上经常被采用的情感主题有:爱情、亲情、友情等。譬如臻友稻五常民乐大米10秒央视广告片中就有这样的情景:一位年轻妈妈喂自己孩子吃大米饭,孩子吃得满脸都是,年轻的妈妈露出慈爱的笑容,这则广告给消费者一种母亲关爱的温暖之感。

第三,良好的客户关系可提高消费者的品牌情感价值。良好的客户关系在商业行为中最重要的是服务,在消费者享受企业服务的过程中,会对该企业的品牌产生感情,才能使其与该品牌建立长期稳定的关系。通过细化分析消费者的信息,对消费者进行分类,然后对于不同类的消费者应提供不同的贴心服务。譬如对成为该大米品牌会员的长期消费者生日当天送上精美的礼品和祝福,通过感动消费者而使消费者增加对该大米品牌的感情。消费者参与就是一种保持良好客户关系的方式。消费者参与可以使消费者体验到友情、亲情等归属感,促进了消费者与大米经营主体的交流和沟通,给双方均带来很多好处。消费者参与使大米经营主体品牌能赢得消费者的好感与信任,因此而获得有价值的消费者信息资源。通过这些信息资源可了解消费者潜在或现实的需求情况以及他们对大米经营主体品牌的期望和建议,从而使大米经营主体更好地满足消费者的心

◇ 消费者品牌忠诚度的构建

理需求,使其对该大米品牌产生好感。

第四,员工是品牌情感营销的执行者和传递者。员工是大米经营主体与消费者沟通的桥梁,员工是否满意和其素质如何决定了情感营销的效果。如何使员工把大米品牌所包含的情感价值传递给消费者,如何用情感感染消费者是很重要的,这就要做到大米经营主体只有在管理的全过程中善待员工、以情待之,先让员工满意了,员工才能把幸福传递给消费者;同时,要通过一系列的培训,教会员工如何把握消费者心理,将大米品牌中蕴含的情感价值传递给消费者,从而打动消费者,抓住消费者的心。

### 三 提高消费者大米品牌社会价值

根据研究结论,大米品牌社会价值是品牌大米消费者需求的最高层次,是影响消费者大米品牌忠诚度的重要因素之一。虽然大米产品在中国市场上一度被大多老百姓看成一种普通的粮食,但随着经济社会的发展,越来越多老百姓的生活态度和生活方式发生了巨大的变化,越来越强调优质的生活和个性生活。大米生产工艺的进步导致越来越多的优质米面世,为满足老百姓个性需求,大米品牌奢侈化将成为必然,大米品牌的社会价值将会在消费者消费过程中逐渐占据重要地位。品牌社会价值是超越品牌功能价值和情感价值的象征性和形象性消费价值,社会价值往往与社会经济文化和特定社会群体有关。以奢侈品品牌为例,从消费者消费心理进行划分,对奢侈品品牌感知的社会价值主要是社会导向价值和个人导向价值。前者购买奢侈品品牌为了满足消费者炫耀自己财富、社会地位、身份和从众心理的需求,并把该奢侈品品牌作为社会交流的工具,以获得社会某一特定群体的认同;这类的使用者更倾向向他人传播其所拥有的奢侈品品牌并分享其购买使用的经验,以彰显自己的生活品质和实现自己的社会价值[1];只要品牌的社会价值不贬值,这类消

---

[1] Aron O'Cass, Hmily McEwen, "Exploring Consumer Status and Conspicuous Consumption", *Journal of Consumer Behavior*, Vol. 4, No. 1, 2006, pp. 25–39.

# 第八章
## 研究结论及应用价值

费者依然会反复购买该奢侈品牌,并愿意把该奢侈品作为礼品送给他人。而后者更多地为了奢侈品所带来的高品质生活方式,达到享受和内心愉悦感受的目的,此类消费者比较关注奢侈品牌背后的内涵和价值理念,并与自己形象相配,构建自己的个性形象,这是一种自我表达的趋势[①]。这种个人导向价值的消费者随着经济社会的发展越来越多。现实中成功把大米品牌做成奢侈品牌的最典型的例子是日本 Akomeya 的米店,此米店坐落在日本东京银座,Akomeya 是一家生活方式概念店,以"饭"为核心围绕着"一碗好米饭"的概念来做。店内出售各类品质的大米,价格不菲。Akomeya 2013 年 4 月开业,至今有着极高的人气,生意格外好,仅出售大米日成交量能够达到 2000 单以上,而且还曾被米其林美食指南推荐。Akomeya 米店的成功,可为我国大米品牌建设、提高品牌的社会价值提供方向,本书总结以下几点:

第一,大米品牌实体店需体现某种生活方式。大米品牌实体店不仅仅是各种大米的体验店,更是一种生活方式的体验店。有某种生活情调的店面设计可以吸引消费者驻足,店内除了出售各种品质的大米,还可以同时出售与米饭有关的食器,以及用稻米做出的食品和酒水等。甚至可以现场挑选稻米现场烹饪,或做成美食。食与器的结合,可让店里散发出寓于日常的平淡质感。譬如在 Akomeya 店里,除了出售大米还有各种各样的调味品和与大米相关的生活器具,还有仅负责一蒸一煮的餐厅。

第二,高品质的大米品牌注重每一处细节。首先,大米品牌实体店内陈设注意细节。以 Akomeya 米店为例,其店内每一种大米的旁边都有一个记载着大米属性的卡片,上面列着相应大米的黏度、甜度及软硬度的口感信息,同时还做了大米属性来源分布图。另外,大米产品包装设计要有特色。作为优质大米品牌的大米产品最

---

[①] Andrew B. Trigg, "Veblen, Bourdieu, and Conspicuous Consumption", *Journal of Economic Issues*, Vol. 35, No. 1, 2001, pp. 99 – 115.

好经过设计师设计,可效仿茶叶和咖啡的精美包装,包装也不能一成不变,可根据季节、节日变换不同的主题。这样让消费者既觉得有趣,又觉得高档品质高,送给朋友也很有面子。

第三,大米品牌的延伸。根据品牌营销理论,品牌延伸是实现品牌整合的支撑系统,从消费者联想到经营主体的产品、技术和服务所组成的一个完整体系。首先,大米经营主体可利用现有较有知名度的大米品牌推出新功能大米产品,以此增加新功能大米产品的认知率,有效节省了新产品的销售费用,同时顺应了不断变化的消费者需求。其次,将大米品牌放大或组成联合品牌,有利于大米经营主体多元化发展。大米经营主体为创建优质大米品牌,可以与相应厂家合作,生产一些围绕大米产品相关的一些与大米包装风格一致且印有该大米品牌的附属产品,如碗盘、购物袋子、容器、杯子、筷子等生活用品,每种物件蕴含着该大米品牌所要表达的生活品质或文化。把关于此品牌大米的所有都赋予一种生活态度、生活方式及生活情趣,帮助和引导消费者形成一种消费该品牌大米的消费习惯。

### 四 合理利用大米品牌转换成本

从前面实证结果可知,大米品牌转换成本对大米品牌忠诚度具有显著的积极影响,表明转换成本在影响消费者行为决策上具有独特的作用机制。企业可通过设置品牌"退出障碍"以维持消费者品牌忠诚度。对于有效运用大米品牌的转换成本提高消费者大米品牌忠诚度,大米经营主体可以从以下几个方面进行:

第一,增加自己品牌的差异性、品牌大米的品种及其功能的多样性。大米经营主体自己品牌与其他竞争对手品牌差异性越大,且品牌大米品种越全,其品牌大米功能性越多样,该大米品牌的转换成本越高。另外还需要大米经营主体在整个产品营销过程从细节入手,处处彰显本大米品牌的与众不同和全面满足消费者的需求。大米经营主体需不断地与消费者互动沟通,把其品牌大米功能特色传递给消费者,这样能给消费者带来一种该大米品牌无可替代的感

## 第八章 研究结论及应用价值

觉,提高其经济风险成本、评估成本和品牌关系损失成本,增加消费者的转换障碍。其次,利用大米品牌转换成本吸引新的消费者。最后,大米经营主体应主动向新的消费者提供关于该大米产品的详细信息和该品牌的价值信息,以降低消费者放弃目前所消费的大米品牌转换为本大米品牌的转换成本,减少消费者的顾虑,进而从竞争对手那里争取到消费者。

第二,在补偿新消费者的同时,为其提高未来的转换成本,以使消费者对该大米品牌忠诚。大米经营主体可通过最大的优惠来补贴给新的消费者以吸引他转换该品牌,同时为了避免消费者可能流失,需要通过完善和细化会员、积分制度等,切实有效,合情合理地筑起转换成本壁垒。大米经营主体应结合目标市场和消费者的实际情况,将转换成本准确地传递给消费者,并要做到与竞争品牌的明确区分。从利益获取和成本规避两方面双管齐下地增加消费者对该大米品牌的认同,提高其对该品牌的忠诚。

第三,对老顾客优惠升级,维持现有消费者,避免采用不提高自己大米品牌产品和服务品质水平而通过设置高退出障碍胁迫消费者的做法。要善待自己的老顾客,以品牌产品和服务质量吸引他们加之以优惠升级的方式留住他们。从长远来看,大米经营主体把自己品牌做精才是可持续发展之道,转换成本设置要艺术巧妙,巧妙的转换成本设置会增加消费者的满意度,会促使消费者忠诚的形成,有利于大米经营主体品牌健康地发展。然后,该品牌定制化服务是提高品牌转换成本很有效的手段。对于重要高质量的消费者可提供定制化服务,这种独特的服务需要买卖双方信息进一步的沟通,并就一系列的细节问题进行协商和谈判,例如,定制的种植地块条件、品质、包装规格款式等。如果消费者想转换其他大米品牌将会面临更多的精力耗费、谈判成本和时间成本,这种定制化服务增加了消费者对该大米品牌的黏性。

第四,大米经营主体培养品牌大米消费者一种生活方式是设置的最好一种品牌转换成本。如前面提过的日本 Akomeya 米店,就是通过培养消费者一种对生活的态度，对简单生活的向往，对生活品质的追求而吸引消费者的，这往往是绝大多数大米品牌所缺乏的东西。购买过这种有生活情怀大米品牌的消费者若转换到其他大米品牌将会面临更多的学习成本、评估成本和认知成本等。

### 五　发挥大米品牌满意度的中介作用

根据研究结论，大米品牌满意度在大米品牌感知价值影响大米品牌忠诚度的过程中起到了中介的作用，虽然不是促进大米品牌忠诚的主要路径，但影响也不可小觑。通过消费者对大米品牌的满意度使消费者从心理和行为上形成对该大米品牌忠诚度的关键在于：准确捕捉到消费者的现实需求与潜在需求。大米经营主体通过提高大米品牌感知价值使消费者感知所获取的价值超越其预期，满足了其需求，消费者会感到满意，多次累积的满意情感状态会使消费者主动向他人推荐和传播该大米品牌，在行为上保持对该大米品牌的忠诚。大米经营主体可通过以下几个方面来使消费者满意，并准确定位消费者需求。

第一，大米经营主体可利用 CRM 等类似的客户关系管理系统，日常积累消费者的喜好、习惯、生日、家庭人口等详细资料，然后进行分析与管理。通过此系统把客户关系与大米经营主体内部各业务部门的绩效评价紧密联系在一起，激励大米经营主体内部各部门和员工，时时刻刻把消费者放在首位，长期保持消费者对该大米品牌的满意，逐渐使消费者形成对该大米品牌的忠诚。

第二，大米经营主体需关注不满意的消费者，应对不满意的消费者采取应急弱化措施，消除各种可能引起消费者不满的因素。任何品牌总会出现一些低的满意度甚至抱怨的消费者，如果不及时分析消费者低满意度的原因，采取高效措施修复和改善与消费者的关系，那么就会失去这些消费者，甚至会对该品牌造成很大不利的影响。解决的投诉者与无任何投诉记录的消费者相比往往具有更高的忠诚度。所以一旦出现消费者对大米品牌的不满意情况，大米经营主体应将客户关系维护工作细分化，对有流失倾向的抱怨消费者进一步细化,重点与其沟通和提供关怀,想方设法地挽留住消费者。同时,大米经营主体需要做些预防措施防止消费者产生抱怨情绪,这些预防措施要渗透到日常工作中,并制定奖惩措施来激励各部门有效率地执行。消费者发生抱怨等不满是无法避免的,重要的是大米经营主体的处理态度是否诚恳和合理。任何行业的企业均要把消费者当成上帝,始终把消费者的利益放在第一位。稳定忠诚的消费者和相互之间的口碑宣传才能使企业财源广进。

第三,利用消费者心理,创新需求,引导消费者需求。消费者需求往往是有差异的,不确定性的,需要大米经营主体分析和引导,帮助消费者脑海中的需求转化为现实,从而使其对该大米品牌产生好感,进而形成品牌忠诚。大米经营主体引导消费者需求的品牌营销应从以下几个方面进行:首先,营销的互动性、差异性。通过与消费者的沟通和了解,按其需求提供个性化产品和服务,树立大米品牌在消费者心中的差异化形象。譬如,大米经营主体可提供给消费者进行互动营销体验的交流平台,大米经营主体可通过该平台发布新产品推介活动和不同调查目的的问卷调查活动等对消费者需求信息进行收集,可为大米经营主体销售决策所用。线上与线下相结合的交流,全面了解消费者,以挖掘其潜在需求信息,提供差异化产品和服务。其次,营销的体验性。引导需求的一个重要的手段是消费者的体验。让消费者参与到新产品开发或新产品活动中,从感官、情感、思考、关联等方面的体验活动激发消费者需求和触动其内心。譬如通过大米品牌体验店得到了感官的体验,同时跟服务人员的沟通,消费者得到了情感上的体验;大米经营主体开展与该大米品牌有关的各种主题活动,可增加消费者的思考和行动体验;通过大米品牌的文化内涵的宣传,使消费者找到与其文化价值观的契合点,消费者的关联体验增加。

### 六 发挥消费者特征的调节作用

虽然通过情感营销可提高品牌情感价值,但大米经营主体由于财力、物力和人力有限,不可能对所有类型消费者的情感营销投入都是一样的。根据消费者特征不同，采取不同的情感营销投入，往往能达到事半功倍的效果。根据研究结论，教育程度对大米品牌情感价值和大米品牌态度忠诚之间关系具有调节作用；收入水平对大米品牌情感价值和大米品牌态度忠诚之间关系具有调节作用。品牌大米消费者特征调节效应研究可用于大米经营主体细分市场的决策，大米经营主体可针对目标消费者的需求，制定相应的策略和措施，提供超过消费者预期的产品和服务，使消费者形成较高的品牌忠诚度。对于教育程度越低，收入水平低的消费者重点进行情感营销。教育程度低的消费者在其选购大米品牌时更加感性，易受大米经营主体情感方面的营销措施的吸引和诱导；收入水平低的消费者在选购品牌大米时，因其预算有限，多会选择低价格或经济实惠的低端品牌大米产品。目前中国大米市场的低端大米价格和质量差异不大，若想吸引住收入水平低的消费者，需向他们提供符合心理价位的品牌大米产品，并运用情感方面的营销措施留住对方。因此，对教育程度低或收入水平低的消费者应加大情感营销的投入，如通过增加品牌设计、广告、促销和服务等方面吸引住此两类消费者，并与其保持良好的关系，促进其对该大米品牌的忠诚。

**七 发挥政府在大米品牌建设中的功能**

虽然大米经营主体是大米品牌培育的主体，但毕竟其能力有限，如大米质量、知识产权等品牌监管体系不完善，为所有大米经营主体提供的公共服务缺失，大米经营主体由于缺乏资金而对品牌建设投入少等。品牌培育只靠大米经营主体仍然是不够的，根据宏观经济学理论，政府是市场的守夜人，既不能直接干预市场规律的运行，又不能放任市场失灵而不顾。当发生信息不对称等市场失灵的现象时，是需要政府的行政介入的。政府的一项功能就是为市场里的各微观主体提供健康、有序的平等竞争环境，有利于以上提高消费者大米品牌忠诚度途径的实现。因此，政府在大米经营主体品牌培育方面应发挥如下监督和服务功能：

第一，大米质量管理进一步深化。大米质量的检测标准是大米

# 第八章
## 研究结论及应用价值

进入市场的质量保证,是实现大米品牌市场化的关键。以泰国为例,泰国大米检测标准复杂和详细程度堪称世界之最,其标准由泰国商务部指导,并颁布文件,且根据世界大米需求情况不断修订。这些标准对大米等级、水分含量、香米含量、碱消值、淀粉含量和完整粒平均长度都有规定,如此严格的检测标准,使泰国大米品质世界闻名。同时为了保障大米对外贸易的竞争优势,泰国对所出口的大米不仅对大米质量进行严格的检测,还对出口检测每个过程进行跟踪,保障了其大米产品在世界上的信誉。品牌大米的质量是提高大米品牌竞争力最基本要素,除政府为了保障大米质量制定严格的标准以外,还需要搭建质量追溯平台,使大米质量管理再进一步延伸。从而实现从原材料使用、种植、存储、加工到销售全过程的大米质量管控和责任的追究。政府需在各个环节给予相应的政策支持和服务,帮助大米经营主体建立标准化原材料示范基地,完善产品质量安全的追溯和检测体系,有效控制各环节的质量风险与成本。大米质量追溯平台可实现大米生产端和销售端有效对接,是集产品追溯、信息查询、质量认证和数据统计等多功能于一体的信息化管理的数据平台,从而实现了大米品牌品质保护。

第二,知识产权的保护与市场监管双管齐下。国内大米市场上,品牌侵权现象十分严重,大米经营主体知识产权很难得到有效的保护。同时,大米市场上假冒伪劣的大米横行,各种掺杂大米、质量不合格的大米到处可见,严重损害了消费者的利益,更打击了大米经营主体的创新积极性。因此政府要充分发挥其市场管理和监督职能,为众多大米经营主体提供平等有序的竞争环境。政府部门对待侵犯知识产权的行为加大执法和惩处力度,严打生产销售假冒伪劣的大米品牌的行为,清除国内大米市场的污浊气息,重拾消费者对国有品牌大米的信心。只有这样,才能有利于国内大米品牌的建设,打造出国内外知名品牌。

第三,政府的公共服务很必要。首先,政府可设计各种优惠政策旨在激励大米经营主体培育新大米品种、加工新技术、新工艺和大米新产品，鼓励大米经营主体与农户共同经营品牌，给予大米经营主体土地流转、仓储加工、冷链物流等方面的技术支持，鼓励产研结合。其次，政府要注重产区自然生态环境的保护，对大米经营主体进行关于食品卫生、质量安全和检测等方面的管理技术知识培训，并提供第三方检验和检测的服务。在保证大米质量安全的同时，帮助大米经营主体提高效率，节约成本费用。最后，政府通过招商引资，打破行业、地域等限制，支持大米经营主体之间的兼并、重组、收购等方式，培育当地规模大、资本实力雄厚、竞争能力强、全国甚至全世界有影响力的大型农企集团。另外，政府需帮助大米经营主体打通大米流通各环节。大米经营主体本身实力有限，又是个拥有自利行为的经济主体，对大米流通环节公共设施投资必然不会多。这时就需要政府出头联合民营经济主体进行粮食流通的基础设施建设，建造粮食专用的铁路、水运、公路的路线，并与各省港口、公路、铁路对接，打造辐射全国畅通无阻的现代粮食物流中心。

  第四，政府对于大米经营主体融资问题的处理需适度。目前，我国粮食企业绝大多数是中小微企业尤其是大米加工企业，品牌培育需要资金的支持，然而其融资能力有限。中小微大米经营主体资本少、抵押物不足、财务体系不健全、产权不清晰、治理结构不完善、管理方式不规范，这类企业对于银行和其他投资人来说，存在很严重的信息不对称问题，其信用及风险评估存在困难。作为自负盈亏、风险规避者的金融机构，往往不愿贷款给这类企业。在这种现状下，政府在解决中小微大米经营主体融资难的问题中，需要扮演什么角色？政府管制太多，市场就不会有效运行，微观主体就会缺乏活力；政府放任不管，市场就会失灵。因此，政府干预程度需要把握准确。首先，政府需要培育和中小微大米经营主体"门当户对"的信贷体系。如适当地降低金融业的门槛，发展中小金融机构。对于这些年来民间资本不合法的黑市资金和不规范不正规金融机构，通过一系列的地方法规对其进行约束，使其规范化运营，降

# 第八章
研究结论及应用价值

低其风险,以便于监督管理。其次,政府鼓励使用新兴金融科技应用于中小微大米经营主体融资流程。金融科技可被金融机构用于收集、处理中小微大米经营主体信息,辅助金融机构对其风险进行判断。新金融技术尤其是网络金融技术可提高中小微大米经营主体融资效率和降低其交易成本。很多互联网公司利用互联网金融平台交易数据突破了传统的抵押、担保融资。对于中小微大米经营主体来说,有了信息交换平台。在这个平台上,海量的需求信息和供给信息突破了区域的限制,通过对标竞价,极大地缩小了供求双方信息不对称的情况,为中小微大米经营主体融资提供了前所未有的便利。最后,政府需要对中小微大米经营主体信用缺失和信息不对称问题进行介入。中小微大米经营主体的信用缺失和信息不对称会导致市场失灵问题,此时政府责无旁贷。政府需完善地方金融法律法规和管理条例,规范中小微大米经营主体的经营,健全其财务制度和信息披露。

## 第三节 研究创新之处

第一,构建了消费者品牌忠诚度的理论模型。通过验证可知,品牌感知价值按消费者需求层次所划分的品牌功能价值、品牌情感价值、品牌社会价值三个维度和品牌转换成本、品牌满意度分别对品牌态度或行为忠诚的影响程度大小和彼此之间的关系。同时,在理论模型中变量测量方面,品牌忠诚度及各影响因素的量表设计经过预测试的修正和正式调研后的模型检验均证明各变量量表的有效性,此量表适用于农产品营销领域对消费者的调查,可用于后续的研究。本书所构建的理论模型是基于以往学者成果对品牌忠诚度理论应用于农产品领域进一步深化的研究。

第二,对品牌满意度在品牌感知价值三个维度与品牌态度或行为忠诚之间中介关系的论证。以往国内外学者大多曾经对品牌感知

◇ 消费者品牌忠诚度的构建

价值、品牌满意度和品牌忠诚度的关系进行论证过，也曾经证明品牌满意度对品牌感知价值和品牌忠诚度间具有部分中介效应，但很少有学者论证品牌满意度在品牌感知价值划分的三个维度和品牌忠诚度的两个维度间是否依然具有部分中介作用。本书细化了影响品牌忠诚形成的因素。因此，这也是本书的创新之一。

第三，本书证明了品牌消费者的教育程度和收入水平特征在品牌情感价值影响品牌态度忠诚过程中具有调节作用。教育程度或收入水平越低的消费者越会受情感价值因素的影响而形成对该品牌的忠诚。这有利于经营主体聚焦具体特征品牌消费者，根据其实际或潜在需求提供相应的产品和实施恰当的营销手段。

## 第四节 研究不足及设想

本书围绕着如何提高消费者对大米品牌忠诚度而展开调查分析，通过对消费者品牌忠诚形成机理进行分析，构建消费者品牌忠诚度理论模型，经过实证研究并得到一些有价值的结论。但此结论由于受一些客观和主观因素的影响，仍然具有很多的不足。

第一，假设具体化的局限。本书在分析品牌感知价值、品牌满意度和品牌转换成本作为品牌忠诚度的影响因素时，除品牌感知价值具体分为三个维度外，其他因素均仅测量了总体程度。根据以前相关学者的观点，品牌满意度、品牌转换成本均可以由多个维度构成。与此同时，品牌行为和态度忠诚测量存在同样的问题。虽然，本书得出一些有价值的结论，但对于更微观的层次的研究尚匮乏，有可能忽略一些重要的细节。

第二，未进行品牌消费者对品牌忠诚度变化的动态纵向研究。在本书中，由于时间和预算有限，对样本数据的收集是在较短时间和有限的地域完成的，并没有对品牌大米消费者进行长期跟踪调研。但品牌大米消费者形成对某一品牌的忠诚的过程，通常很漫长。尤其消费者的品牌感知价值是一个动态变化的变量，无论是在消费者从决定购买到购买之后的过程中哪个时间点都会有所变化。尽管本书把品牌感知价值分为三个维度并进行测试消费者的心理变化及其对品牌忠诚度形成的影响，但并没有考虑消费者在第一次、第二次等不同购买次数情况下，品牌大米消费者对品牌忠诚度的动态变化。

今后的研究方向除了要克服以上两种不足外，还要进行以下的研究：第一，加深对消费者品牌忠诚度形成过程的理解；第二，对如何提高消费者大米及其他产品品牌忠诚度的营销手段的研究；第三，从多个角度来研究消费者品牌忠诚形成机理；第四，把对品牌忠诚度的研究扩展到海外。选择更多国家和消费者为研究对象。通过以上四个方面研究，帮助和指导中国生产和经销主体开拓海外市场，培育具有国际竞争力的品牌。

# 附　录

## 附录 A　消费者对大米购买偏好及渠道的调查

尊敬的先生/女士：

　　您好，下面是一份关于消费者对大米购买偏好及渠道的调查问卷。我们只是想了解您在这些问题上的真实想法，您不必署名，也不会泄露你的隐私，问题也没有对错之分，所得数据纯粹作为学术研究，请放心填写全部的项目。请你仔细阅读每个题目，不要落下任何题目。您的积极参与与合作将会对我们的研究工作起到重要的推进作用，谢谢您的大力支持！

1. 您的年龄是：[单选题][必答题]

○20 岁及以下

○21—30 岁

○31—40 岁

○41—50 岁

○51—60 岁

○61 岁及以上

2. 您所在的省份：[单选题][必答题]

○安徽　○北京　○重庆　○福建　○甘肃　○广东　○广西

○贵州　○海南　○河北　○黑龙江　○河南　○香港　○湖北

○湖南　○江苏　○江西　○吉林　○辽宁　○澳门　○内蒙古
○宁夏　○青海　○山东　○上海　○山西　○陕西　○四川
○台湾　○天津　○新疆　○西藏　○云南　○浙江

3. 你在选购大米时，考虑的主要因素有：［多选题］［必答题］

□ 米粒感官

□ 口感

□ 营养成分

□ 是不是有机、绿色、无公害大米

□ 包装设计

□ 价格

□ 促销优惠

□ 产地

□ 交通便利

□ 服务周到

□ 其他

4. 您购买大米通常通过哪些渠道购买？［多选题］［必答题］

□ 批发市场

□ 农贸市场

□ 品牌大米的实体专卖店

□ 大中型超市

□ 社区小型超市或便利店

□ 品牌大米的官方销售网站

□ 网络商城（例如，天猫、京东、唯品会及其他农产品网络商城等）

□ 微商（基于微信公众号的微商与朋友圈开店的微商）

□ 其他

本次问卷到此结束，十分感谢您的支持和配合！

# 附录 B　关于大米品牌忠诚度调查（预测试版）

尊敬的先生/女士：

　　下面是一份关于消费者对大米品牌忠诚度调查的调查问卷，该调查的目的是了解您对大米品牌有关情况的认识。您的积极参与与合作将会对我们的研究工作起到重要的推进作用。我们只是想了解您在这些问题上的真实想法，您不必署名，也不会泄露你的隐私，问题也没有对错之分，所得数据纯粹作为学术研究，请放心填写全部的项目。请您仔细阅读每部分指导文字及问题，按自己的实际感受完整填写问卷。谢谢您的大力支持！

**一　个人基本情况**

1. 你购买过拥有专有企业或产品标识的品牌大米吗？［单选题］［必答题］

　　○ 购买过

　　○ 从不购买

（注：这里的大米品牌必须有大米经营主体专有的企业或产品标识！如从大米品牌名称上看福临门五常长粒香，其中福临门为企业标识，五常为产地标识，长粒香为大米品类标识；又如五梁红五常稻花香2号，其中五梁红为产品标识，五常为产地标识，稻花香2号为大米品类标识！）

2. 您的性别是：［单选题］［必答题］

　　○ 男

　　○ 女

3. 您的年龄是：［单选题］［必答题］

　　○ 20岁及以下

　　○ 21—30岁

○ 31—40 岁

○ 41—50 岁

○ 51—60 岁

○ 61 岁及以上

4. 您的可支配的月平均收入是：［单选题］［必答题］

○ 2000 元及以下

○ 2001—4000 元

○ 4001—6000 元

○ 6001—8000 元

○ 8001—10000 元

○ 10001 元及以上

5. 您的受教育程度是：［单选题］［必答题］

○ 初中及以下

○ 高中/中专

○ 大专/本科

○ 硕士及以上

6. 您所在的省份：［单选题］［必答题］

○安徽　○北京　○重庆　○福建　○甘肃　○广东　○广西

○贵州　○海南　○河北　○黑龙江　○河南　○香港　○湖北

○湖南　○江苏　○江西　○吉林　○辽宁　○澳门　○内蒙古

○宁夏　○青海　○山东　○上海　○山西　○陕西　○四川

○台湾　○天津　○新疆　○西藏　○云南　○浙江

二　对大米品牌的忠诚度调查

下面是您对您目前所选择的大米品牌的认识和评价，您预计在多大程度上符合下列问题的描述，请您对下列各问题的认可程度打分。从左到右 1 分到 7 分分别表示：非常不同意、不同意、稍微不同意、没意见、稍微同意、同意、非常同意。

1. 该品牌大米好吃［单选题］［必答题］

非常不同意　○1　○2　○3　○4　○5　○6　○7　非常同意

2. 该品牌大米性价比不错 ［单选题］［必答题］

非常不同意 ○1 ○2 ○3 ○4 ○5 ○6 ○7 非常同意

3. 该品牌大米绿色健康，质量可靠 ［单选题］［必答题］

非常不同意 ○1 ○2 ○3 ○4 ○5 ○6 ○7 非常同意

4. 该品牌大米价格经济划算 ［单选题］［必答题］

非常不同意 ○1 ○2 ○3 ○4 ○5 ○6 ○7 非常同意

5. 我喜欢该大米品牌 ［单选题］［必答题］

非常不同意 ○1 ○2 ○3 ○4 ○5 ○6 ○7 非常同意

6. 我有购买该大米品牌的冲动 ［单选题］［必答题］

非常不同意 ○1 ○2 ○3 ○4 ○5 ○6 ○7 非常同意

7. 购买和食用该品牌大米的过程都令我开心 ［单选题］［必答题］

非常不同意 ○1 ○2 ○3 ○4 ○5 ○6 ○7 非常同意

8. 该大米品牌给我的感觉很好 ［单选题］［必答题］

非常不同意 ○1 ○2 ○3 ○4 ○5 ○6 ○7 非常同意

9. 该品牌大米在我周围亲朋好友中很受欢迎 ［单选题］［必答题］

非常不同意 ○1 ○2 ○3 ○4 ○5 ○6 ○7 非常同意

10. 选择消费该品牌大米是我生活品质的体现 ［单选题］［必答题］

非常不同意 ○1 ○2 ○3 ○4 ○5 ○6 ○7 非常同意

11. 该大米品牌口碑一直很好 ［单选题］［必答题］

非常不同意 ○1 ○2 ○3 ○4 ○5 ○6 ○7 非常同意

12. 消费该大米品牌是我所处社会阶层或群体的体现 ［单选题］［必答题］

非常不同意 ○1 ○2 ○3 ○4 ○5 ○6 ○7 非常同意

13. 该品牌的购买经历令我满意 ［单选题］［必答题］

非常不同意 ○1 ○2 ○3 ○4 ○5 ○6 ○7 非常同意

14. 我觉得选择该大米品牌是个正确的决定 ［单选题］［必答题］

非常不同意 ○1 ○2 ○3 ○4 ○5 ○6 ○7 非常同意

15. 该大米品牌提供的产品和服务与我的预期相符 ［单选题］

［必答题］

非常不同意 ○1 ○2 ○3 ○4 ○5 ○6 ○7 非常同意

16. 与其他大米品牌相比，该品牌更令我满意 ［单选题］［必答题］

非常不同意 ○1 ○2 ○3 ○4 ○5 ○6 ○7 非常同意

17. 该大米品牌与我心目中理想大米品牌相符 ［单选题］［必答题］

非常不同意 ○1 ○2 ○3 ○4 ○5 ○6 ○7 非常同意

18. 总体来说，我对该大米品牌非常满意 ［单选题］［必答题］

非常不同意 ○1 ○2 ○3 ○4 ○5 ○6 ○7 非常同意

19. 如果改为购买其他品牌大米，我会失去原有购买该品牌大米的一些优惠及关系 ［单选题］［必答题］

非常不同意 ○1 ○2 ○3 ○4 ○5 ○6 ○7 非常同意

20. 如果改为购买其他品牌大米，我还要在路途上花费更多的时间和体力 ［单选题］［必答题］

非常不同意 ○1 ○2 ○3 ○4 ○5 ○6 ○7 非常同意

21. 如果改为购买其他品牌大米，我会花很多时间和精力了解其他品牌大米的相关信息 ［单选题］［必答题］

非常不同意 ○1 ○2 ○3 ○4 ○5 ○6 ○7 非常同意

22. 如果改为购买其他品牌大米，需要更多的花费 ［单选题］［必答题］

非常不同意 ○1 ○2 ○3 ○4 ○5 ○6 ○7 非常同意

23. 如果改为购买其他品牌大米，对我来说很不舒服 ［单选题］［必答题］

非常不同意 ○1 ○2 ○3 ○4 ○5 ○6 ○7 非常同意

24. 我会忠诚该大米品牌 ［单选题］［必答题］

非常不同意 ○1 ○2 ○3 ○4 ○5 ○6 ○7 非常同意

25. 有人请我推荐大米品牌时，我会推荐该大米品牌 ［单选题］［必答题］

非常不同意 ○1 ○2 ○3 ○4 ○5 ○6 ○7 非常同意

26. 我会向他人称赞该大米品牌［单选题］［必答题］

非常不同意 ○1 ○2 ○3 ○4 ○5 ○6 ○7 非常同意

27. 我会主动向亲朋好友推荐该大米品牌［单选题］［必答题］

非常不同意 ○1 ○2 ○3 ○4 ○5 ○6 ○7 非常同意

28. 即使该品牌大米价格提高一点，我仍会选择该品牌［单选题］［必答题］

非常不同意 ○1 ○2 ○3 ○4 ○5 ○6 ○7 非常同意

29. 我打算以后仍持续购买这个品牌大米［单选题］［必答题］

非常不同意 ○1 ○2 ○3 ○4 ○5 ○6 ○7 非常同意

30. 我购买该品牌大米的次数超过购买其他品牌［单选题］［必答题］

非常不同意 ○1 ○2 ○3 ○4 ○5 ○6 ○7 非常同意

31. 在购买大米时，我会优先考虑购买这个品牌大米［单选题］［必答题］

非常不同意 ○1 ○2 ○3 ○4 ○5 ○6 ○7 非常同意

本次问卷到此结束，十分感谢您的支持和配合！

# 附录 C  关于大米品牌忠诚的调查（正式版）

尊敬的先生/女士：

下面是一份关于消费者对大米品牌忠诚度调查的调查问卷，该调查的目的是了解您对大米品牌有关情况的认识。您的积极参与与合作将会对我们的研究工作起到重要的推进作用。我们只是想了解您在这些问题上的真实想法，您不必署名，也不会泄露您的隐私，问题也没有对错之分，所得数据纯粹作为学术研究，请放心填写全部的项目。请您仔细阅读每部分指导文字及问题，按自己的实际感受完整填写问卷。谢谢您的大力支持！

## 一 个人基本情况

1. 你购买过拥有专有企业或产品标识的品牌大米吗？［单选题］［必答题］

　　○ 购买过

　　○ 从不购买

（注：这里的大米品牌必须有大米经营主体专有的企业标识或产品标识！如从大米品牌名称上看：福临门五常长粒香，其中福临门为企业标识，五常为产地标识，长粒香为大米品类标识；又如五梁红五常稻花香2号，其中五梁红为产品标识！）

2. 您的性别是：［单选题］［必答题］

　　○ 男

　　○ 女

3. 您的年龄是：［单选题］［必答题］

　　○ 20岁及以下

　　○ 21—30岁

　　○ 31—40岁

　　○ 41—50岁

　　○ 51—60岁

　　○ 61岁及以上

4. 您的可支配的月平均收入是：［单选题］［必答题］

　　○ 2000元及以下

　　○ 2001—4000元

　　○ 4001—6000元

　　○ 6001—8000元

　　○ 8001—10000元

　　○ 10001元及以上

5. 您的受教育程度是：［单选题］［必答题］

　　○ 初中及以下

　　○ 高中/中专

◇ 消费者品牌忠诚度的构建

○ 大专/本科

○ 硕士及以上

6. 您所在的省份：[单选题][必答题]

○安徽　○北京　○重庆　○福建　○甘肃　○广东　○广西
○贵州　○海南　○河北　○黑龙江　○河南　○香港　○湖北
○湖南　○江苏　○江西　○吉林　○辽宁　○澳门　○内蒙古
○宁夏　○青海　○山东　○上海　○山西　○陕西　○四川
○台湾　○天津　○新疆　○西藏　○云南　○浙江

## 二　对大米品牌的忠诚度调查

下面是您对您目前所选择的大米品牌的认识和评价，您预计在多大程度上符合下列问题的描述，请您对下列各问题的认可程度打分。从左到右1分到7分分别表示：非常不同意、不同意、稍微不同意、没意见、稍微同意、同意、非常同意。

1. 该品牌大米好吃　[单选题][必答题]

非常不同意　○1　○2　○3　○4　○5　○6　○7　非常同意

2. 该品牌大米性价比不错　[单选题][必答题]

非常不同意　○1　○2　○3　○4　○5　○6　○7　非常同意

3. 该品牌大米绿色健康，质量可靠　[单选题][必答题]

非常不同意　○1　○2　○3　○4　○5　○6　○7　非常同意

4. 我有购买该大米品牌的冲动　[单选题][必答题]

非常不同意　○1　○2　○3　○4　○5　○6　○7　非常同意

5. 购买和食用该品牌大米的过程都令我开心　[单选题][必答题]

非常不同意　○1　○2　○3　○4　○5　○6　○7　非常同意

6. 该大米品牌给我的感觉很好　[单选题][必答题]

非常不同意　○1　○2　○3　○4　○5　○6　○7　非常同意

7. 该品牌大米在我周围亲朋好友中很受欢迎　[单选题][必答题]

非常不同意　○1　○2　○3　○4　○5　○6　○7　非常同意

8. 选择消费该品牌大米是我生活品质的体现　[单选题][必答题]

非常不同意　○1　○2　○3　○4　○5　○6　○7　非常同意

9. 消费该大米品牌是我所处社会阶层或群体的体现［单选题］［必答题］

非常不同意 ○1 ○2 ○3 ○4 ○5 ○6 ○7 非常同意

10. 该大米品牌提供的产品和服务与我的预期相符［单选题］［必答题］

非常不同意 ○1 ○2 ○3 ○4 ○5 ○6 ○7 非常同意

11. 与其他大米品牌相比，该品牌更令我满意［单选题］［必答题］

非常不同意 ○1 ○2 ○3 ○4 ○5 ○6 ○7 非常同意

12. 该大米品牌与我心目中理想大米品牌相符［单选题］［必答题］

非常不同意 ○1 ○2 ○3 ○4 ○5 ○6 ○7 非常同意

13. 总体来说，我对该大米品牌非常满意［单选题］［必答题］

非常不同意 ○1 ○2 ○3 ○4 ○5 ○6 ○7 非常同意

14. 如果改为购买其他品牌大米，我会失去原有购买该品牌大米的一些优惠及关系［单选题］［必答题］

非常不同意 ○1 ○2 ○3 ○4 ○5 ○6 ○7 非常同意

15. 如果改为购买其他品牌大米，我会花很多时间和精力了解其他品牌大米的相关信息［单选题］［必答题］

非常不同意 ○1 ○2 ○3 ○4 ○5 ○6 ○7 非常同意

16. 如果改为购买其他品牌大米，需要更多的花费［必答题］

非常不同意 ○1 ○2 ○3 ○4 ○5 ○6 ○7 非常同意

17. 如果改为购买其他品牌大米，对我来说很不舒服［单选题］［必答题］

非常不同意 ○1 ○2 ○3 ○4 ○5 ○6 ○7 非常同意

18. 有人请我推荐大米品牌时，我会推荐该大米品牌［单选题］［必答题］

非常不同意 ○1 ○2 ○3 ○4 ○5 ○6 ○7 非常同意

19. 我会向他人称赞该大米品牌［单选题］［必答题］

◇ 消费者品牌忠诚度的构建

非常不同意 ○1 ○2 ○3 ○4 ○5 ○6 ○7 非常同意

20. 我会主动向亲朋好友推荐该大米品牌 ［单选题］［必答题］

非常不同意 ○1 ○2 ○3 ○4 ○5 ○6 ○7 非常同意

21. 我打算以后仍持续购买这个品牌大米 ［单选题］［必答题］

非常不同意 ○1 ○2 ○3 ○4 ○5 ○6 ○7 非常同意

22. 我购买该品牌大米的次数超过购买其他品牌 ［单选题］［必答题］

非常不同意 ○1 ○2 ○3 ○4 ○5 ○6 ○7 非常同意

23. 在购买大米时，我会优先考虑购买这个品牌大米 ［单选题］［必答题］

非常不同意 ○1 ○2 ○3 ○4 ○5 ○6 ○7 非常同意

本次问卷到此结束，十分感谢您的支持和配合！

# 参考文献

［美］迈克尔·波特：《竞争战略》，陈小悦译，华夏出版社1997年版。

彼得·查维顿：《大客户识别、选择和管理》，李丽主译，中国劳动社会保障出版社2003年版。

毕淑娟：《大米市场鱼龙混杂优质难优价》，《中国联合商报》2017年12月18日。

蔡国良等：《消费者产品知识和信息推荐代理对品牌忠诚度的影响研究》，《中国软科学》2016年第10期。

蔡玉秋等：《农产品供应链品牌体系创建和运营的信用管理机制、策略研究》，《理论探讨》2014年第3期。

查金祥、王立生：《网络购物顾客满意度影响因素的实证研究》，《管理科学》2006年第1期。

陈超等：《消费者感知价值对转基因食品购买意愿的影响研究——以转基因大豆油口碑为调节变量》，《江苏农业科学》2017年第7期。

陈晓峰：《企业社会责任与顾客忠诚度关系的实证分析——基于牛乳制品消费者的视角》，《科研管理》2014年第1期。

崔登峰、黎淑美：《特色农产品顾客感知价值对顾客购买行为倾向的影响研究——基于多群组结构方程模型》，《农业技术经济》2018年第12期。

崔冬冬、张新国：《轿车品牌资产来源与提升对策》，《统计与决策》2012年第5期。

戴程：《我国农产品品牌结构评估模型及影响因子研究——基于 AHP - 模糊综合评价法的实证分析》，《福建论坛》（人文社会科学版）2014 年第 9 期。

戴程、杨建州：《浅析农产品品牌结构模式及其影响因子》，《生态经济》2013 年第 6 期。

戴程等：《中国农产品品牌结构的适应性模型》，《东南学术》2019 年第 1 期。

邓爱民等：《网络购物顾客忠诚度影响因素的实证研究》，《中国管理科学》2014 年第 6 期。

董雅丽、何丽君：《基于消费者感知价值的品牌忠诚研究》，《商业研究》2008 年第 11 期。

樊欣荣、施国洪：《移动图书馆服务质量与读者满意度、忠诚度关系研究》，《图书馆》2017 年第 2 期。

范秀成、罗海成：《基于顾客感知价值的服务企业竞争力探析》，《南开管理评论》2003 年第 6 期。

方松海、王为农：《成本快速上升背景下的农业补贴政策研究》，《管理世界》2009 年第 9 期。

郭安禧等：《旅游者感知价值维度对重游意向的影响机制——基于团队旅游者的视角》，《世界地理研究》2019 年第 1 期。

郭鑫：《顾客价值、顾客满意和转换成本对顾客忠诚影响实证研究》，《商业时代》2012 年第 10 期。

何景师、颜汉军：《基于线上线下互动融合的生鲜电商顾客体验、品牌认同与忠诚度研究》，《商业经济研究》2018 年第 7 期。

胡军华：《中国最大米业公司北大荒亏损严重销量减半》，《第一财经》2016 年 7 月。

胡彦蓉等：《服务品牌资产、顾客满意与品牌忠诚的关系研究：基于顾客的视角》，《数学的实践与认识》2015 年第 6 期。

胡振涛等：《武当道茶区域品牌忠诚影响因素的结构模型分析——基于消费者感知视角》，《中国农业资源与区划》2015 年第

1 期。

黄敏学等：《社区体验能提升消费者的品牌忠诚吗——不同体验成分的作用与影响机制研究》，《南开管理评论》2015 年第 3 期。

黄速建等：《心理契约违背对顾客忠诚度的影响研究——基于转换成本的调节效应》，《辽宁大学学报》（哲学社会科学版）2018 年第 2 期。

计建、陈小平：《品牌忠诚度行为—情感模型初探》，《外国经济与管理》1999 年第 1 期。

纪良纲、张帅衔：《论农产品品牌塑造——基于农民专业合作组织的视角》，《河北经贸大学学报》2013 年第 6 期。

蒋廉雄、卢泰宏：《形象创造价值吗？——服务品牌形象对顾客价值—满意—忠诚关系的影响》，《管理世界》2006 年第 4 期。

金立印：《服务转换成本对顾客忠诚的影响——满意度与替代者吸引力的调节效应》，《管理学报》2008 年第 6 期。

金玉芳：《消费者品牌信任研究》，博士学位论文，大连理工大学，2005 年。

P. 科特勒等：《营销管理》，中国人民大学出版社 2009 年版。

李方毅：《花钱的艺术——为品牌投资》，《销售与市场》1999 年第 8 期。

李桂华等：《要素品牌感知价值对消费者重购意向的影响——以品牌信任为中介的实证研究》，《管理现代化》2019 年第 1 期。

李季圣、李志荣：《农产品营销理论与实务》，中国农业大学出版社 2005 年版。

李建军：《基于农业产业链的农产品品牌建设模式研究》，《上海对外经贸大学学报》2015 年第 5 期。

李静：《内蒙古农产品区域品牌发展研究》，博士学位论文，内蒙古农业大学，2017 年。

李蕾等：《农产品电子商务顾客满意度和忠诚度的形成机制研究——基于感知价值和服务质量的视角》，《世界农业》2017 年第

11 期。

李先国、段祥昆：《转换成本、顾客满意与顾客忠诚：基于移动通信客户行为的研究》，《中国软科学》2011 年第 4 期。

李先国等：《虚拟品牌社区感知价值对新产品购买意愿的影响机制——基于群体认同和品牌认同的双中介视角》，《中国流通经济》2017 年第 2 期。

李玉萍：《网上转换成本对顾客重复购买意愿影响的研究》，《价格理论与实践》2014 年第 12 期。

李子键、朱战国：《国内消费者本地食品购买意愿形成机理研究——基于感知质量和感知价值的视角》，《世界农业》2017 年第 8 期。

廖毅、聂静虹：《区域品牌水果的网购意愿影响因素——以东莞市"麻涌香蕉"为例》，《地域研究与开发》2018 年第 5 期。

林春桃等：《基于转换成本调节作用的乌龙茶品牌忠诚研究——以福州消费者为例》，《茶叶科学》2013 年第 2 期。

刘敬严：《顾客感知价值决定要因与关系质量的影响研究》，《软科学》2008 年第 5 期。

刘丽、张宁：《顾客感知价值、满意度与忠诚度的关系研究——电子商务环境下的实证分析》，《信息资源管理学报》2016 年第 3 期。

刘瑞峰：《消费者特征与特色农产品购买行为的实证分析——基于北京、郑州和上海城市居民调查数据》，《中国农村经济》2014 年第 5 期。

刘晓彬、李蔚：《农产品产区品牌的经营模式及管理策略》，《农村经济》2014 年第 4 期。

刘燕等：《感知价值对酒店品牌依恋的影响机制：一个有调节的中介模型》，《旅游学刊》2019 年第 4 期。

刘振华：《感知价值对不同互补品购买意愿的影响——核心产品品牌形象的调节作用》，《商业经济研究》2017 年第 24 期。

刘振华：《顾客品牌忠诚度影响因素实证研究——以化妆品行业为例》，《财会通讯》2017年第29期。

卢秀龙、吴声怡：《基于消费者的茶叶品牌选择影响因素分析——以福州市为例》，《福建论坛》（人文社会科学版）2012年第10期。

陆国庆：《区位品牌：农产品品牌经营的新思路》，《中国农村经济》2002年第5期。

陆国庆：《区位品牌：农产品品牌经营的新思路》，《中国农村经济》2002年第5期。

陆娟、张东晗：《消费者品牌忠诚影响因素实证分析》，《财贸研究》2004年第6期。

罗子明：《消费者品牌忠诚度的构成及其测量》，《北京商学院学报》1999年第2期。

迈克尔·所罗门：《消费者行为学》，中国人民大学出版社2014年版。

欧霞、陆定光：《品牌体验对感知价值、品牌忠诚度的影响研究——以香港化妆品行业为例》，《新闻大学》2016年第3期。

乔光辉：《生态旅游目的地形象、游客满意度与忠诚度结构模型研究——以云台山世界地质公园为例》，《经济经纬》2015年第6期。

邱晔等：《功能、感官、情感：不同产品体验对顾客满意度和忠诚度的影响》，《消费经济》2017年第4期。

裘晓东、赵平：《品牌忠诚度及其测评研究》，《现代财经》（天津财经学院学报）2002年第8期。

屈云波：《品牌营销》，企业管理出版社1996年版。

桑辉：《网上顾客转换成本的影响因素及其结果的实证研究》，《南开管理评论》2007年第6期。

邵景波等：《奢侈品母品牌价值感知对延伸品购买意愿的影响——顾客满意和品牌信任的链式中介作用》，《预测》2019年第

3 期。

沈蕾、邓丽梅：《基于顾客满意度的品牌忠诚模型实证研究》，《管理评论》2006 年第 2 期。

苏宝财、林春桃：《福建乌龙茶区域品牌忠诚的影响因素分析——以福州消费者为例》，《中国农学通报》2013 年第 20 期。

苏勇等：《品牌情感的形成及其拓展——基于情感营销的研究综述》，《中国流通经济》2018 年第 6 期。

孙开功等：《基于结构方程模型的农产品品牌资产提升研究》，《统计与决策》2016 年第 10 期。

汤姆·邓肯、桑德拉·莫里亚蒂：《品牌至尊》，华夏出版社 2000 年版。

唐晓波、陈馥怡：《微信用户满意度影响因素模型及实证研究》，《情报杂志》2015 年第 2 期。

陶鹏德等：《零售商自有品牌感知价值对购买意愿影响的实证研究》，《南京社会科学》2009 年第 9 期。

万静：《感知价值与顾客多渠道购物意愿的关系探讨》，《商业经济研究》2018 年第 6 期。

汪蓉、韦恒：《理性行为视角下顾客忠诚影响顾客转换意愿的三维交互机制研究——以我国移动通信市场为例》，《哈尔滨商业大学学报》（社会科学版）2017 年第 4 期。

汪希成：《基于 SWOT 模型的特色农产品品牌创建问题分析——以新疆维吾尔自治区为例》，《农村经济》2006 年第 8 期。

王岱、杨琛：《乡村振兴背景下农产品品牌战略研究》，《价格理论与实践》2018 年第 8 期。

王丹丹：《服务企业品牌忠诚的形成路径分析——对如家、浙商银行和小南国的纵向案例研究》，《管理评论》2018 年第 7 期。

王海涛等：《猪肉品牌连锁店顾客忠诚度评价及其影响因素实证研究——基于南京市消费者的问卷调查》，《中国农业科学》2012 年第 3 期。

王建军等：《网络口碑、感知价值与消费者购买意愿：中介与调节作用检验》，《管理工程学报》2019 年第 4 期。

王军、李鑫：《区域特有农产品品牌整合的政府行为研究——以长白山人参品牌为例》，《农业经济问题》2014 年第 5 期。

王培：《顾客感知价值对茶叶广告品牌忠诚的影响研究》，《福建茶叶》2016 年第 12 期。

王晓珍等：《网购价格框架对消费者感知价值与购买意愿的影响》，《商业经济研究》2017 年第 14 期。

王雪颖等：《中国农产品品牌评价研究的内容解析》，《数据分析与知识发现》2017 年第 7 期。

卫军英、任中峰：《品牌营销》，首都经济贸易大学出版社 2009 年版。

温忠麟等：《调节效应与中介效应的比较和应用》，《心理学报》2005 年第 2 期。

吴明隆：《结构方程模型——AMOS 的操作与应用》（第二版），重庆大学出版社 2017 年版。

吴卿毅、黄斐：《在线口碑数量、效价及情绪传递对产品价值感知的影响》，《商业研究》2019 年第 6 期。

谢佩洪等：《转型时期我国 B2C 电子商务中顾客满意度影响因素的实证研究》，《科研管理》2011 年第 11 期。

许基南、李建军：《基于消费者感知的特色农产品区域品牌形象结构分析》，《当代财经》2010 年第 7 期。

许衍凤等：《基于文化契合度的老字号品牌延伸对品牌忠诚的影响研究》，《北京工商大学学报》（社会科学版）2018 年第 2 期。

薛永基等：《自然游憩品牌游客认知、感知价值与品牌忠诚》，《商业研究》2017 年第 7 期。

严浩仁：《服务业转换成本的形成机理与管理策略》，《商业经济与管理》2003 年第 8 期。

杨炏等：《功利和享乐主义视角下感知价值对购买意图的影响

研究——以手机品牌为例》，《商业经济研究》2018 年第 1 期。

于富喜：《新常态下我国农产品品牌战略管理研究》，《改革与战略》2017 年第 6 期。

于洪彦：《顾客满意度涵义诠释》，《中国统计》2003 年第 9 期。

余意峰等：《旅游者原真性感知对满意度与忠诚度的影响——基于湖北恩施州的实证研究》，《经济地理》2017 年第 1 期。

俞燕：《新疆特色农产品区域品牌：形成机理、效应及提升对策研究》，博士学位论文，华中农业大学，2015 年。

曾润喜、顿雨婷：《新媒体社会责任感知对受众品牌忠诚的影响机制——一个有调节的中介模型》，《现代传播》（中国传媒大学学报）2019 年第 4 期。

张传统：《农产品区域品牌发展研究》，博士学位论文，中国农业大学农业经济管理，2015 年。

张国政等：《农产品顾客感知价值及其对购买意愿的影响——基于认证农产品的实证分析》，《湖南农业大学学报》（社会科学版）2017 年第 2 期。

张可成、王孝莹：《我国农产品品牌建设分析》，《农业经济问题》2009 年第 2 期。

张明立等：《服务主导逻辑下品牌关系互动对品牌忠诚的影响》，《管理学报》2014 年第 8 期。

张锐等：《论品牌的内涵与外延》，《管理学报》2010 年第 7 期。

张曙光：《农产品消费者的品牌忠诚度》，《河南农业》2014 年第 22 期。

张曦：《体验营销、感知价值与顾客忠诚度关系研究——基于休闲度假酒店的经验证据》，《哈尔滨商业大学学报》（社会科学版）2016 年第 4 期。

张晓梅等：《"迎春黑蜂"品牌忠诚驱动因素实证研究》，《林业经济问题》2018 年第 3 期。

张新安等：《感知实绩、顾客满意与顾客忠诚——微观层次上的审视》，《南开管理评论》2003 年第 5 期。

张月莉等：《复杂购买行为模式下的品牌忠诚研究》，《北京理工大学学报》（社会科学版）2007 年第 6 期。

赵春燕：《基于混沌理论的原产地农产品品牌忠诚度概念模型构建》，《江苏农业科学》2015 年第 5 期。

赵相忠、张梦：《基于品牌知晓度的内容营销与品牌忠诚研究》，《商业研究》2019 年第 1 期。

赵晓华、岩甾：《绿色农产品品牌建设探析——以普洱市为例》，《生态经济》2014 年第 11 期。

郑琼娥、许安心、范水生：《福建农产品区域品牌发展的对策研究》，《福建论坛》（人文社会科学版）2018 年第 10 期。

郑秋莹等：《基于 Meta 分析的"顾客满意—顾客忠诚"关系影响因素研究》，《管理评论》2014 年第 2 期。

郑文清等：《营销策略对品牌忠诚的影响：顾客感知价值的中介作用》，《经济经纬》2014 年第 6 期。

仲伟伫等：《基于 ACSI 模型的网络购物满意度影响因素实证研究》，《软科学》2014 年第 2 期。

朱振中等：《基于品牌至爱的品牌忠诚形成机制研究》，《外国经济与管理》2014 年第 11 期。

Abu-ElSamen, A., et al., "An Empirical Model of Customer Service Quality and Customer Loyalty in an International Electronics Company", *International Journal of Electronic Business*, Vol. 10, 2012, pp. 39 – 63.

Agricultural Products: One Hundred Years of Contributions by Agricultural Economists, *American Journal of Agricultral Economic*, Vol. 92, No. 2, 2010, pp. 424 – 446.

Ailawadi, K. L., et al., "Revenue Premium as an Outcome Measure of Brand Equity", *Journal of Marketing*, No. 67, 2003, pp. 1 – 17.

Akroush, M., et al., "The Influence of Mall Shopping Environment and Motives on Shoppers Response, a Conceptual Model and 526 A. A. Abu-ELSamen empirical evidence", *International Journal of Services and Operations Management*, Vol. 10, 2011, pp. 168 – 198.

Amjad A. Abu-ELSamen, "Online Service Quality and Brand Equity: The Mediational Roles of Perceived Value and Customer Satisfaction", *Journal of Internet Commerce*, Vol. 14., No. 4, 2015, pp. 509 – 530.

Ana Maria Garcia Perez, Marian Garcia Martinez, "The Agrifood Cooperative Netchain: A Theoretical Framework to Study Its Configuration", *Acta Agriculturae Scandinavica*, Vol. 4, No. 1, 2007, pp. 31 – 39.

Anderson, E. W., Sullivan, M. W., "The Antecedents and Consequences of Customer Satisfaction", *Marketing Science*, No. 12, 1993, pp. 125 – 143.

Anderson, J. C., Gerbing, D., "The Effect of Sampling Erro on Convergence, Improper Solutions, and Goodness – of – fit Indices for Maximum Likelihood Confirmatory Factor Analysis", *Psychometrika*, Vol. 49, 1984, pp. 155 – 173.

Andrew B. Trigg, "Veblen, Bourdieu, and Conspicuous Consumption", *Journal of Economic Issues*, Vol. 35, No. 1, 2001, pp. 99 – 115.

Anne Wan – Ling Hu, Ing – San Hwang, "Measuring the Effects of Consumer Switching Costs on Switching Intention in Taiwan Mobile Telecommunication Services", *Journal of American of Business*, Vol. 9, No. 1, 2006, pp. 75 – 85.

Armstrong, J. S., Overton, T. S., "Estimating Non – reponse Bias in Mail Surveys", *Journal of Marketing Research*, Vol. 14, No. 3,

1977, pp. 396 – 402.

Aron O'Cass, Hmily McEwen, "Exploring Consumer Status and Conspicuous Consumption", *Journal of Consumer Behavior*, Vol. 4, No. 1, 2006, pp. 25 – 39.

Asseal, H., *Consumer Behavior and Marketing Action (Fourth Edition)*, PWS – KENT Publishing Company, 1992.

Astuti, J. H., Nagase, K., "Patient Loyalty to Healthcare Organizations: Relationship Marketing and Satisfaction", *International Journal of Management and Marketing Research*, Vol. 7, No. 2, 2004, pp. 39 – 56.

A. jzen, et al., "Predicting and Understanding Consumer Behavior: Attitude – Behavior Correspondence", *in eds.*, *Understanding Attitudes and Predicting Social Behavior*, Icek Ajzen and Martin Fishbein Englewood Cliffs, NJ.: Prentice Hall, 1980, pp. 148 – 172.

Baldinger, A. L., Rubinson, J., "Brand Loyalty: The Link Between Attitude and Behavior", *Journal of Advertising Research*, Vol. 36, No. 6, 1996, pp. 22 – 34.

Baloglu, S., "Dimensions of Customer Loyalty: Separating Friends from Well – wishers Cornell Hotel and Restaurant", *Administration Quarterly*, Vol. 43, No. 1, 2002, pp. 47 – 49.

Banwarl Mlttal, Walfrled M. Lassar, "Why do Customers Switch? The Dynamics of Satisfaction Versus Loyalty", *Journal of Services Marketing*, Vol. 12, No. 3, 1998, pp. 177 – 194.

Baron, R. M., Kenny, D. A., "The Moderator – mediator Distinction in Social Psychological Research: Conceptual, Strategic, and Statistical Considerations", *Journal of Personality & Social Psychology*, Vol. 51, No. 6, 1986, pp. 1173 – 1182.

Bearden, W. O., Teel, J. E., "Selected Determinants of Complaint Reports", *Journal of Marketing Research*, Vol. 20, No. 1, 1983, pp. 21 -28.

Bennett R., Blythe, J., eds., *International Marketing, Strategy Planning, Market Entry & Implementation*, Higher Education Press, 2003, p. 12.

Berry, L. L., "Cultivating Service Brand Equity", *Journal of the Academy of Marketing Science*, Vol. 28, No. 1, 2000, pp. 128 -137.

Bollen, K. A., Stine, R. A., "Bootstrapping Goodness - of - fit Measures in Structural Equation Model", *Sociological and Research*, Vol. 21, 1992, pp. 205 -229.

Bolton, R. N., Drew, J. H., "A Multistage Model of Customers' Assessments of Quality and Value", *Journal of Consumer Research*, Vol. 17, No. 4, 1991, pp. 371 -384.

Butz, H. E. J., Goodstein, L. D., "Measuring Customer Value: Gaining the Strategic Advantage", *Organizational Dynamics*, No. 24, 1996, pp. 63 -77.

Byrne, B. B. ed., *Structural Equation Modeling Using AMOS: Basic Concepts, Applications, and Programming* (2nd ed.), New York: Routledge, 2010.

Cadotte, E. R., et al., "Expectations and Norms in Models of Consumer Satisfaction", *Journal of Marketing Research*, Vol. 24, No. 3, 1987, pp. 301 -314.

Cardozo, R. N., "An Experimental Study of Customer Effort, Expectation, and Satisfaction", *Journal of Marketing Research*, Vol. 2, No. 3, 1965, pp. 244 -249.

Carman, J. M., "Correlates of Brand Loyalty: Some Positive Results", *Journal of Marketing Research*, No. 7, 1970, pp. 67 -76.

Chaska, B. W., "Growing Loyal Patients", *Physician Executive*, Vol. 32, No. 3, 2006, pp. 42 -47.

Chaudhuri, A., Holbrook, M. B., "The Chain of Effects from

Brand Trust and Brand Affect to Brand Performance: The Role of Brand Loyalty", *Journal of Marketing*, Vol. 65, No. 2, 2001, pp. 81 - 94.

Chen, H. S., et al., "A Study of Relationships Among Green Consumption Attitude, Perceived Risk, Perceived Value Toward Hydrogen - electric Motorcycle Purchase Intention", *AASRI Procedia*, No. 2, 2012, pp. 163 - 168.

Chen, Z. and A. J. Dubinsky, "A Conceptual Model of Perceived Customer Value in E - commerce: A Preliminary Investigation", *Psychology and Marketing*, Vol. 20, 2003, pp. 323 - 47.

Cheung, G. W., Rensvold, R. B., "Evaluating Goodness - of - Fit Indexes for Testing Measurement Invariance", *Structural Equation Modeling*, Vol. 9, No. 2, 2002, pp. 233 - 255.

Christodoulides, G., et al., "Conceptualising and Measuring the Equity of Online brands", *Journal of Markeing Management*, Vol. 22, 2006, pp. 799 - 825.

Churchill, Gilber A., Jr & Carol Superenant, "An Investigation into the Determinants of Consumer Satisfaction", *Journal of Marketing Research*, No. 3, 1982, pp. 491 - 504.

Civilai, L., et al., "Antecedents of Consumers Brand Engagement and Brand Loyalty", *Journal of Marketing Management*, Vol. 32, No. 5, 2016, pp. 558 - 578.

Clogg, C. C., et al., "Statistical Methods for Analyzing Collapsibility in Regression Models", *Journal of Educational Statistics*, Vol. 17, No. 1, 1992, pp. 51 - 74.

Corinne Bagoulla, et al., "Regional Production Adjustment to Import Competition: Evidence from the French Agro - Industry", *American Journal of Agricultural Economics*, Vol. 92, No. 4, 2010, pp. 1040 - 1050.

Cronin, J. J., et al., "Assessing the Effects of Quality, Value and

Customer satisfaction on Consumer Behavioral Intentions in Service Environments", *Journal of Retailing*, Vol. 76, No. 2, 2000, pp. 193 – 218.

Crosby, L. A. , "Expanding the Role of CSM in Total Quality", *International Journal Service and Management*, No. 2, 1991, pp. 5 – 19.

Cureton, E. E. , "The Upper and Lower Twenty – seven Percent Rule", *Psyc hometrika*, Vol. 22, No. 3, pp. 293 – 296.

Davis, S. , "Brand Asset Management: How Businesses can Profit from the Power of Brand ", *The Journal of Consumer Marketing*, Vol. 19, No. 4/5, 2002, pp. 351 – 358.

Deighton, John A. Henderson, Caroline, M. , "The Effects of Adverting on Brand Switching and Repeat Purchasing", *Journal of Marketing Research (JMR)*, Vol. 31, No. 1, 1994, pp. 28 – 43.

Dick, A. S. , Basu, K. , "Customer Loyalty: Toward an Integrated Conceptual Framework ", *Journal of Academy of Marketing Science*, No. 22, 1994, pp. 99 – 109.

Dodds, William B. , Kent B. Monroe, "The Effect of Brand and Price Information on Subjective Product Evaluations", *Advances in Consumer Research*, Vol. 12, 1985, pp. 85 – 90.

Duncan, O. D. , *Introduction to Structural Equation Models*, New York: Academic Press, 1975.

Ferber, R. , "*Family Decision Making and Economic Behavior: A Review*", in E. B. Sheldon (ed. ), *Family Economic Behavior*, 1973, pp. 29 – 61.

Fornell Claes, "A National Customer Satisfaction Barometer: The Swedish Experience", *Journal of Marketing*, No. 56, 1992, pp. 6 – 21.

Fornell, C. , et al. , "The American Customer Satisfaction Index: Nature, Purpose, and Findings", *Journal of Marketing*, Vol. 60,

No. 4, 1996, pp. 7 - 18.

Fowler, F. J., *Survey Research Methods*, Thousand Oaks: SAGE Publications, 1988.

Frederick F. Reichheld, "Loyalty based Management", *Harvard Business Review*, No. 3 - 4, 1993, pp. 64 - 73.

F. N. Keruulinger, *Foundations of Behavioral Research*, New York: Holt, Rinehart and Winston, 1986.

Gardial, et al., "Comparing Consumers' Recall of Prepurchase and Postpurchase Evaluation Experiences", *Journal of Consumer Research*, Vol. 20, 1994, pp. 548 - 560.

Golden, P. N., et al., "What is Quality? An Integrative Framework of Processes and States", *Journal of Marketing*, Vol. 76, No. 4, 2012, pp. 1 - 23.

Groholdt, L. K., "The Relationship between Customer Satisfaction and Loyalty: Cross - industry Differences", *Total Quality Management*, Vol. 11, No. 4, 2000, pp. 509 - 514.

HA, Y. W., Park, M. C., "Antecedents of Customer Satisfaction and Customer Loyalty for Emerging Devices in the Initial Market of Korea: an Equity Framework", *Psychology and Marketing*, Vol. 30, No. 8, pp. 676 - 689.

Hair, et al., *Multivariate Data Analysis (7th ed.)*, Upper Saddle River, NJ. Prentice Hall, 2010, pp. 121 - 123.

Haj - Salem, N., Chebat, J., "The Double - edged Sword: The Positive and Negative Effects of Switching Costs on Customer Exit and Revenge", *Journal of Business Research (in press)*, Vol. 67, No. 7, 2013, pp. 1106 - 1111.

Hallowell, R., "The Relationships of Customer Satisfaction Customer Loyalty and Profitability: An Empirical Study", *International Journal of Service Industry Management*, Vol. 7, No. 4, 1996, pp. 27 - 42.

Harris C. Loyd, Mark M. H. Goode, "The four Levels of Loyalty and the Pivotal Role of Trust: A Study of Online Service Dynamics", *Journal of Retailing*, No. 80, 2004, pp. 139 - 158.

Hartmann, P., Ibanes, V. A., "Managing Customer Loyalty in Liberalized Residential Energy Markets: The Impact of Energy Branding", *Energy Policy*, Vol. 35, No. 4, pp. 2661 - 2672.

Hashed Ahmad Mabkhot, et al., "The Influence of Brand Image and Brand Personality on Brand Loyalty, Mediating by Brand Trust: An Empirical Study", *Jurnal Pengurusan*, No. 50, 2017, pp. 1 - 18.

Heinonen, K., et al., "Customer - Dominant Logic of Service", *Journal of Service Management*, Vol. 21, No. 4, 2010, pp. 531 - 548.

Henning-Thurau, et al., "The Impact of Customer Satisfaction and Relationship Quality on Customer Retention: A Critical Reassessment and Model Development", *Psychology & Marketing*, Vol. 14, No. 8, 1997, pp. 737 - 764.

Heskett, James l., et al., "Putting the Service Profit Chain to Work", *Harvard Business Review*, Vol. 72, No. 2, 1994, pp. 164 - 174.

Hirschman, A. O., *Exit, Voice, and Loyalty: Responses to Decline in Firms, Organizations, and States*, Cambridge, MA.: Harvard University Press, 1970.

Hofimeyr, J., Rice, B., *Commitment - led Marketing: The Key to Brand Profits is in the Customer's Mind*, Cape Town: Juta, 2003, p. 86.

Howard, J. A., Sheth, J. N., *The Theory of Buyer Behavior*, New York: John Willey and Sons, 1969.

Hu, Land, P. M. Bentler, "Cutoff Criteria for Fit Indexes in Covariance Structure Analysis: Conventional Criteria Versus new Alternatives", *Structural Equation Modeling*, Vol. 6, No. 1, 1999, pp. 1 -

55.

Hu, Anne Wan – Ling, Ing – San Hwang, "Consumer Switching Costs on Switching, Measuring the Effects of Intention in Taiwan Mobile Telecommunication Services", *Journal of American Academy of Business*, Vol. 9, No. 1, 2006, pp. 75 – 85.

Hunt, S. D., Morgan, R. M., "Relationship Marketing in the Era of Network Competition", *Marketing Management*, Vol. 3, No. 1, 1994, pp. 19 – 28.

Ismail, A. R., "Experience Marketing: An Empirical Investigation", *Journal of Relationship Market*, Vol. 10, No. 3, 2011, pp. 167 – 201.

Jacoby, J., Chestnut, R. W. eds., *Brand Loyalty: Measurement and Management*, New York: John Wiley & Sons, 1978.

Jacoby, J., Olson, J. C., "An Attitudinal Model of Brand Loyalty: Conceptual Underpinnings and Instrumentation Research", *Purdue Papers in Consumer Psychology*, No. 159, 1970, pp. 14 – 20.

Jagdish N. Sheth, et al., "Why We Buy What We Buy: A Theory of Consumption Values", *Journal of Business Research*, Vol. 22, 1991, pp. 159 – 170.

Javier Sanchez, et al., "Perceived Value of the Purchase of a Tourism Product", *Tourism Management*, Vol. 27, No. 3, 2006, pp. 394 – 409.

Jill Griffin ed., *Custome Loyalty: How to Earn it and How to Keep it*, New York: Jossey – Bass, 1995.

Jonathan Lee, et al., "The Impact of Switching Costs on the Customer – Loyalty France", *Journal of Services Marketing*, Vol. 15, No. 1, 2001, pp. 35 – 48.

Jones Thomas O., W. Earl Sasser, Jr., "Why Satisfied Customers Defect", *Harvard Business Review*, Vol. 73, No. 6, 1995, pp. 88 – 99.

Jones, M. A., et al., "Why Customer Stay: Measuring the Underlying Dimensions of Services Switching Costs and Managing Their Different Strategic Outcomes", *Journal of Business Research*, Vol. 55, No. 6, 2002, pp. 427 – 532.

Jose, M. Pina, Rafael Bravo, "The Role of Perceived Value in Vertical Brand Extensions of Luxury and Premium Brands", *Journal of Marketing Management*, Vol. 31, No. 7 – 8, 2015, pp. 881 – 913.

Julia Marbach, et al., "Who are You and What do You Value? Investigating the Role of Personality Traits and Customer – perceived Value in Online Customer Engagement", *Journal of Marketing Management*, Vol. 32, No. 5 – 6, pp. 502 – 525.

Kathleen Sindell ed., *Loyalty Marketing for the Internet Age*, Dearbom Trade, 2000.

Keh, H. T., et al., "The Beautiful, the Cheerful, and the Helpful: The Effects of Service Employee Attributes on Customer Satisfaction", *Psychology and Marketing*, Vol. 30, No. 3, 2013, pp. 211 – 226.

Kevin Lane Keller ed., *Strategic Brand Management: Builiding, Measuring and Managing Brand Euity*, New Jersey: Prentice Hall, Inc., 1998.

Kim, M, D. Kliger, B. Vale, "Estimating Switching Costs: The Case of Banking", *Journal of Financial Intermediation*, Vol. 12, 2003, pp. 25 – 56.

Klemperer, D., "Markets with Consumer Switching Cost", *Quarterly Journal of Economics*, Vol. 102, No. 2, 1987, pp. 375 – 394.

Kline, R. B. ed., *Principles and Practice of Structural Equation Modeling (2nd ed)*, New York: Guilford, 2005.

Kotler, P., *Marketing Management: Analysis, Planning, Implementation, and Control (9th Edition)*, Upper Saddle River, NJ.: Prentice – Hall, 1997.

Lam, S. Y., et al., "Customer Value, Satisfaction, Loyalty,

and Switching Costs: An Illustration from a Business – to – Business Service Context", *Journal of the Academy of Marketing Science*, Vol. 32, No. 3, 2004, pp. 293 – 311.

Latom, S. Y., et al., "Customer Value, Satisfaction, Loyalty, and Switching Costs: An Illustration from a Business – to – business Service Context", *Journal of the Academy of Marketing Science*, Vol. 32, No. 3, 2004, pp. 293 – 311.

Laura Martinez – Carrasco, et al., "Quality Wines and Wines Protected by a Designation of Origin: Identifying Their Consumption Determinants", *Journal of Wine Research*, Vol. 16, No. 3, 2005, pp. 213 – 232.

Lei, J., et al., "Consumer Responses to Vertical Service Line Extensions", *Journal of Retailing*, Vol. 84, No. 3, 2008, pp. 268 – 280.

Little, T. D., "Mean and Covariance Structures (MACS) Analyses of Cross – Culture Data: Practical and theoretical Issues", *Multivariate Behavioral Research*, Vol. 32, No. 1, 1997, pp. 53 – 76.

Lovelock, C., Gummesson, E., "Whither Services Marketing? In Search of a New Paradigm and Fresh Perspectives", *Journal of Service Research*, Vol. 7, No. 1, 2004, pp. 20 – 41.

Lyong, H. C., "The Theory of Research Action Applied Brand Loyalty", *Journal of Product and Brand Management*, Vol. 7, No. 1, 1998, pp. 51 – 61.

MacCallum, R. C., and Hong, S., "Power Analysis in Covariance Structure Modeling Using GFI and AGFI", *Multivariate Behavioral Research*, Vol. 32, 1997, pp. 193 – 210.

MacKinnon, D. P. ed., *Introduction to Statistical Mediation Analysis*, Mahwah, NJ.: Lawrence Erlbaum Associates, 2008.

Melvin T. Copeland, "Relation of Consumers' Buying Habits to Marketing Methods", *Harvard Business Review*, Vol. 1, 1923, pp. 282 – 289.

Mitchel, R. J., et al., *Path Analysis: Pollination*, Design and Analaysis of Ecological Experiments, NY.: Chapman and Hall, 1993, pp. 211 – 231.

Monroe, K. B., *Pricing: Making Profitable Decisions*, New York: McGraw – Hill, 1979.

Neal W. D., "Satisfaction is Nice, but Value Drives Loyalty", *Marketing Research*, Vol. 22, No. 1, 1999, pp. 21 – 23.

Newman, Werbel, "Multivariate Analysis of Brand Loyalty for Major Household Appliances", *Journal of Marketing Research*, Vol. 10, No. 4, 1973, pp. 404 – 409.

Norman, D. A., *Emotional Design: Why We Love (or Hate) Everyday Things*, New York: Basic Books, 2005, pp. 35 – 37.

Nunnally, Jim C., *Psychometric Theory*, 2nd edition, New York: McGraw – Hill, 1978.

Oliver, R. L., "A Congitive Model of the Antecedents and Consequences of Satisfaction Decisions", *Journal of Marketing Research*, Vol. 17, No. 4, 1980, pp. 460 – 469.

Oliver, R. L., "Whence Consumer Loyalty?", *Journal of Marketing*, Vol. 63, No. 4, 1999, pp. 33 – 44.

Oliver, *Satisfaction: A Behavioral Perspective on the Consumer*, New York: Irwin /Mc Graw – Hill, 1997.

Olshavsky, R. W., Miller, J. A., "Consumer Expectations, Product Performance, Perceived Product Quality", *Journal of Marketing Research*, Vol. 9, No. 1, 1972, pp. 19 – 21.

Panagiota Sergaki, "The Role of Networks on the Conpetitiveness of Agricultural Cooperatives and Small – Medium Enterprises along the Supply Chain in Greece", *Acta Agriculturae Scandinavica*, Vol. 7, No. 2 –

4, 2010, pp. 180 – 191.

Pappu, R., Quester, "Does Customer Satisfaction Lead to Improved Brand Equity? An Empirical Examination of Two Categories of Retail Brands", *Journal of Product & Brand Management*, Vol. 15, 2006, pp. 4 – 14.

Parasuraman, A., "Reflections on Gaining Competitive Advantage through Customer Value", *Journal of the Academy of Marketing Science*, Vol. 25, 1997, p. 154.

Parasuraman, A. and Grewal, D., "The Impact of Technology on the Quality – Value – Loyalty Chain: A Research Agenda", *Journal of the Academy of Marketing Science*, Vol. 28, No. 1, 2000, pp. 168 – 174.

Park, C. Whan, Young, S. Mark, "Consumer Response to Television Commercials: The Impact of Involvement and Background Music on Brand Attitude Formation", *Journal of Marketing Research*, Vol. 23, 1986, pp. 11 – 24.

Patterson, P. G, Smith, T., "A Cross – Cultural Study of Switching Barriers and Propensity to Stay with Service Providers", *Journal of Retailing*, Vol. 79, No. 2, 2003, pp. 107 – 120.

Patterson, P. G. A., "Contingency Model of Behavioral Intentions in a Services Context", *European Journal of Marketing*, Vol. 38, No. 9/10, 2004, pp. 1304 – 1315.

Ping, Robert A., "The Effects of Satisfaction and Structural Constraints on Retailer Exiting, Voice, Loyalty, Opportunism, and Neglect", *Journal of Retailing*, Vol. 69, No. 69, 1993, pp. 320 – 352.

Porter, M., *Industries and Competitors, Competitive Strategy: Techniques for Analyzing*, The Free Press, New York, NY., 1998.

Punniyamoorthy, M., Prasanna Mohan Raj, "An Empirical Model for Brand Loyalty Measurement", *Journal of Targeting, Measurement and Analysis for Marketing*, Vol. 15, No. 4, 2007, pp. 222 – 233.

Ratchford, R. T., "The Economics of Consumer Knowledge", *Journal of Consumer Research*, No. 27, 2001, pp. 397 – 411.

Rauyruen, P., et al., "B2B Services: Linking Services Loyalty and Brand Equity", *Journal of Services Marketing*, Vol. 23, No. 2 – 3, 2009, pp. 175 – 185.

Reichheld, F. F., Teal, T., eds., *The Loyalty Effect: The Hidden Force behind Growth, Profits, and Lasting Value*, Boston, MA: Harvard Business School Press, 1996.

Rex B. Kline, *Principles and Practice of Structural Equation Modeling, Third Edition*, The Guilford Press, 2010.

Ruyter, K., et al., "On the Relationship between Perceived Service Quality, Service Loyalty and Switching Costs", *International Journal of Service Industry Management*, No. 5, 1998, pp. 436 – 450.

Samuelson, V., Zeckhauser, R., "Status Quo Bias in Decision Marketing", *Journal of Risk and Uncertainty*, No. 1, 1988, pp. 7 – 59.

Schmalensee, R, Willig, R., "Handbook of Industrial Organization", *Amsterdam: North – Holland*, Vol. 68, No. 200, 1986, pp. 25 – 41.

Schumacker, et al., eds., *A Beginner's Guide to Structural Equation Modeling, 2th ed.*, Mahwah, NJ.: Lawrence Erlbaum Associates, 2004.

Shapiro, C., Varian, H., *Information Rules*, Harvard Business School Press, Boston, Mass, 1999.

Simon, C. J., Sullivan, M. W., "Measurement and Determinants of Brand Equity: A Financial Approach", *Marketing Science*, No. 12, 1993, pp. 28 – 52.

Sirohi, N., et al., "A Model of Consumer Perception and Store loyalty Intentions for a Supermarket Retailer", *Journal of Retailing*, Vol. 74, No. 2, 1998, pp. 223 – 245.

Sobel, M. E., "Aysmptotic Confidence Intervals for Indirect Effects in Structural Equation Models", in S. Leinhardt (ed), *Sociological Methodology*, San Francisco: Jossey - Boss, 1982, pp. 290 - 212.

Sweeney, C. Jillian, Soutar, N., "Geoffrey, Consumer Perceived Value: The Development of a Multiple Item Scale", *Journal of Consumer Research*, Vol. 77, 2001, pp. 203 - 220.

Tellis, Gerard J., "Advertising Exposure, Loyalty, and Brand Purchase: A two - Stage Model of Choice", *Journal of Marketing Research*, Vol. 25, 1988, pp. 134 - 144.

Thomas Cleff, et al., "The Effect of Online Brand Experience on Brand Loyalty: A Web of Emotions", *Journal of Brand Management*, Vol. 15, No. 1, 2018, pp. 7 - 24.

Tim Josling, et al., "Understanding International Trade in Tsao, W. - C. and Y. - L. Tseng, "The Impact of Electronic Service Quality on Online Shopping Behavior", *Total Quality Management*, Vol. 22, 2011, pp. 1007 - 1024.

Tse, David K., Peter C. Wilton, "Models of Consumer Satisfaction: An Extension", *Journal of Marketing Research*, Vol. 25, No. 5, 1988, pp. 204 - 212.

Tucker, William, T., "The Development of Brand Loyalty", *Journal of Marketing Research*, 1964 (August), pp. 32 - 23.

Ullman, J., "Structure Equation Modeling", in Tabachnick, B. G., Fidell, L. S., *Using Multivariate Statistics* (4th ed.), Needham Heights, MA: Allyn and Bacon, 2001, pp. 653 - 771.

Veblen, T., *The Theory of the Leisure Class*, New York: Mentor Book, 1899.

Vigneron, F., Johnson, L. W., "A Review and a Conceptual Framework of Prestige - seeking Consumer Behavior", *Academy of Marketing Science Review*, 1999, 1 (1): 1 - 15.

Wang, Z. , et al. , "Effects of Employees' Positive Affective Displays on Customer Loyalty Intentions: An Emotions – Associal – Information Perspective", *Academy of Management*, Vol. 60, No. 1, 2017, pp. 109 – 129.

Wangenhem, F. V. , "Stituational Characteristics as Moderators of the Satisfaction Loyalty Link: An Investigation in a Business – to – Business Context", *Journal of Consumer Satisfaction, Dissatisfaction and Complain Behavior*, Vol. 16, 2003, pp. 145 – 156.

Westbrook, R. A. , "Product/Consumption – Based Affective Responses and Post – Purchase Processes", *Journal of Marketing Research*, No. 24, 1987, pp. 258 – 270.

Yi, Y. , "The Determinants of Consumer Satisfaction: The Moderating Role of Ambiguity", *Advances in Consumer Research*, No. 20, 1993, pp. 502 – 506.

Yonggui Wang, et al. , "An Integrated Framework for Customer Value and Customer – relationship – management performance: A Customer – based Perspective from China", *Journal of Service Theory and Practice*, Vol. 14, No. 2/3, 2004, pp. 301 – 315.

Yoo, B. , et al. , "An Examination of Selected Marketing Mix Elements and Brand Equity", *Academy of Marketing Science*, No. 28, 2000, pp. 195 – 211.

Zeithaml, et al. , "The Behavioral Consequences of Service Quality", *Journal of Marketing*, Vol. 60, No. 2, pp. 31 – 46.

Zeithaml, V. A. , Bitner, M. J. , *Service Marketing*, London: McGraw – Hill, 1996, p. 123.

Zeithaml, V. A. , "Consumer Perceptions of Price, Quality, and Value: A Means – end Model and Synthesis of Evidence", *Journal of Marketing*, Vol. 52, No. 3, 1988, pp. 2 – 22.

Zhao, L. , et al. , "Assessing the Effects of Service Quality and

Justice on Customer Satisfaction and the Continuance Intention of Mobile Value – added Services: An Empirical Test of a Multidimensional Model", *Decision Support Systems*, Vol. 52, 2012, pp. 645 – 656.

# 致　谢

　　博士论文终于完稿，作为上有老下有小的独生女，回想一路走来，个中滋味百味杂陈……有终于读上博士的欣喜若狂、有得知父亲患癌时的悲痛欲绝、有无心博士学习的萎靡不振、有在胡老师鼓舞下重拾信心的奋起直追，还有博士论文撰写过程中心情的起起落落……

　　感谢我的导师胡胜德教授。胡老师无论在学术上还是生活上都给予我莫大的帮助。感谢他在我博士论文开题和写作过程中细心和耐心的指导；感谢他得知我父亲患癌后对我的理解、宽容和事无巨细的照顾；感谢他时常打电话询问我需要什么帮助；感谢他在我博士论文写作过程中遇到困难而挫败时对我的鼓励和激励。正是在胡老师的帮助下，才使我在博士论文写作中，把握正确方向，坚定信心，克服各种困难，顺利完成论文。他对学术有独到的洞察力和分析方式，他学识广博具有深厚的学术素养和严谨的治学态度，他对我的教诲和熏陶是我一生最珍贵的财富；他为人正直、平易近人、幽默风趣，对自己学生如儿女般的爱护。这些对我产生巨大的影响，使我从心底里尊重和敬佩他。

　　感谢东北农大经管学院各位老师们的帮助和指点。感谢郭翔宇老师用渊博知识和幽默生动的语言教授我专业前沿知识；感谢美丽的、总是笑意盈盈的李翠霞老师用创新的思维点拨我。你们的教诲不但让枯燥的学术研究变得活泼有趣起来，还给了我很多的启发。感谢刘畅、崔宁波、田国双、张启文、王铁男等老师对我论文提供非常有价值的指导和帮助。你们的宝贵建议使我对论文的研究方向、研究重点、研究思路有了更加清晰明确的认识。

非常感谢我同班的同学们李红、姜铮、程巍、侯代男、聂明珠、王瑞峰、彭邦尼等，特别感谢李红同学帮我处理学校事情；特别感谢姜铮、程巍、侯代男同学对我的博士论文进行指导；特别感谢聂明珠同学及时通知我学校相关事宜。和你们一起度过一年脱产读博的生活，让我重温了校园生活，留下最美好的回忆。

感谢我的领导和同事们在我父亲化疗的一年时间里减轻我的工作量，使我有时间陪伴父亲就医和进行博士论文的写作。感谢你们在我最需要人安慰的时候给予我关心和温暖。感谢你们在我最需要帮助时伸出援手。

感谢我的家人。尽管父母身体不好，但也会尽量不麻烦自己的女儿，甚至还主动在生活上提供帮助，这让你们的女儿既心疼又感动。感谢我丈夫对我学业的理解，尽量提供给我写作的环境，抽出更多时间管理孩子和承担家务。